民國文化與文學^{研究文叢}

五　編

李　怡　主編

第 2 冊

國民革命與中國現代文學（中）

李　怡、蔣德均　編

國家圖書館出版品預行編目資料

國民革命與中國現代文學（中）／李怡、蔣德均 編 — 初版 —
新北市：花木蘭文化出版社，2015〔民104〕
目 4+210 面；19×26 公分
（民國文化與文學研究文叢 五編：第 2 冊）
ISBN 978-986-404-244-9（精裝）
1. 中國當代文學 2. 文學評論
541.26208   104012140

特邀編委（以姓氏筆畫為序）：

丁 帆	王德威	宋如珊
岩佐昌暲	奚 密	張中良
張堂錡	張福貴	須文蔚
馮 鐵	劉秀美	

民國文化與文學研究文叢
五 編 第 二 冊   ISBN：978-986-404-244-9

國民革命與中國現代文學（中）

編　　者	李 怡 蔣德均
主　　編	李 怡
企　　劃	四川大學現代中國文化與文學研究中心
	北京師範大學民國歷史文化與文學研究中心
總 編 輯	杜潔祥
副總編輯	楊嘉樂
編　　輯	許郁翎
出　　版	花木蘭文化出版社
社　　長	高小娟
聯絡地址	235 新北市中和區中安街七二號十三樓
	電話：02-2923-1455／傳真：02-2923-1452
網　　址	http://www.huamulan.tw 信箱 hml810518@gmail.com
印　　刷	普羅文化出版廣告事業
初　　版	2015 年 9 月
全書字數	522360 字
定　　價	五編 24 冊（精裝）新台幣 45,000 元

國民革命與中國現代文學（中）

李怡、蔣德均 編

目次

作家論

革命文學：革命與文學的歧途？
——兼析蔣光慈和茅盾的文學創作與人生抉擇

傅學敏（西華師範大學）

　　蔣光慈和茅盾登上文壇之時，正值文學革命向革命文學的轉折時期，革命文學的論爭與創作成爲上個世紀 20 年代後期的一大景觀。新的文學刊物、新的作家組織、新的文學範式、新的話語模式紛紛湧現，儼然與五四區分，成爲另一文學時代的開端。革命潮流呼嘯而至，將迎面而來的蔣光慈和茅盾捲入中心。兩人在不同的陣營筆戰，其創作卻異中有同，共同勾畫出大革命前後時局動蕩與青年心態，然而弔詭的是，一開始蔣光慈小說追隨者眾，茅盾的《蝕》遭到評論界的大力討伐，最後離開左翼文學陣營的卻是蔣光慈，茅盾則成長爲左翼文學的中堅力量。

　　儘管蔣光慈英年早逝，其成就很難與茅盾相提並論，但「革命」無疑在他們文學人生中有舉足輕重的作用。他們在創作中如何關注革命？革命使他們的創作呈現出何種風貌？爲什麼其作品會引發爭議？在革命與文學中歧路彷徨，他們的人生抉擇各自釋放出什麼信息？對於這些問題思考，其價值不在於最終的答案，而在於理解和探析早期革命文學家在平衡時代精神與文學價值時的現實困境與精神性追求。

一

　　革命文學時代是以大面積、高強度的文學論爭爲標識的。所謂大面積，是指捲入論戰的文人非常之多，魯迅、郭沫若、郁達夫、蔣光慈、茅盾、成仿吾、錢杏邨、馮乃超、楊邨人、彭康、黃藥眠、王獨清等人紛紛投入論戰，大致以以成仿吾、錢杏邨等人咄咄逼人的進攻爲一方，以魯迅、茅盾等人的

被動反擊爲另一方。所謂高強度，是指攻守雙方筆戰不斷，火力十足，甚至指名道姓，語含譏諷。然而持續三年的論爭，雙方均未反對「革命」本身，主要在理解文學與革命的關係方面有分歧。郭沫若充滿激情地認定：文學與革命是一致的，文學是革命的前驅，革命時期一定會有文學的黃金時代出現。〔註1〕成仿吾則認爲革命文學應充滿熱情，魯迅、周作人等人的創作脫離了時代要求，完全淪爲自娛自樂的趣味主義。〔註2〕魯迅則懷疑文學對政治革命的實際效果，以爲「革命文學家風起雲湧之所在，其實是並沒有革命的。」〔註3〕左聯的成立基礎以及成立之後的貌合神離在論爭中已見端倪。這場論爭推波助瀾，把正在興起的革命文學推至時代浪尖，一些資深的出版機構也舉旗支持。1928 年 4 月，泰東編輯部刊出《九期刷新徵文啓事》，向全社會徵求「代表無產階級苦痛的作品。代表時代反抗精神的作品。代表新舊勢力的衝突及其支配下現象的作品。」〔註4〕積極的市場呼應並未能解決作家的之間的認識分歧，反而在喧囂中遮蔽了問題的本質。

　　蔣光慈和茅盾均爲各方的論戰主力。蔣光慈是中國最早提倡無產階級文學的作家，他在俄羅斯親身感受過十月革命的勝利情緒，對俄羅斯無產階級文學中的力與美讚歎不已，以此爲標準，他認爲 20 年代的中國文壇漫溢著「靡靡之音」，縱觀五四新文學作家，葉紹鈞是市儈主義者，冰心是暖室的花朵，郁達夫雖然寫出了社會的黑暗，但未能指出光明的出路，所以是頹廢者，只有《女神》的作者人格雄渾，並具有反抗精神。寫實主義已不能填補中國文學內容的空虛，中國急需能把「社會的缺點、罪惡、黑暗」揭露出來的「革命的文學家」。〔註5〕他大力宣揚革命對文學的促進作用，認爲「只有革命能與作家以創造的活力，……若拋棄革命，不顧時代，是不會創造出好的東西來的。」而且革命可以解決作家在材料上的困境，與革命沒有關係的作家匱乏寫作材料，新作家卻只覺得沒有充分的時間寫要寫的東西。〔註6〕

〔註1〕郭沫若：《革命與文學》，《創造月刊》第 1 卷第 3 期（1926 年 5 月 16 日）。
〔註2〕成仿吾：《完成我們的文學革命》，《洪水》半月刊第 3 卷第 25 期（1927 年 1 月 16 日）。
〔註3〕魯迅：《革命文學》，《民眾旬刊》第 5 期（1927 年 10 月 21 日）。
〔註4〕泰東編輯部：《九月刷新徵文啓事》，《泰東月刊》第 1 卷第 18 期（1928 年第 4 期）。
〔註5〕蔣光慈：《現代中國社會與革命文學》，《蔣光慈文集・第四卷》，上海文藝出版社，1988 年版，第 151～154 頁。
〔註6〕蔣光慈：《現代中國社會與革命文學》，《蔣光慈文集・第四卷》，第 164 頁。

蔣光慈以是否能「創造新生活的要素」爲區別新舊作家的標準，他認爲「革命的作家不但要表現時代，並且能夠在茫亂的鬥爭的生活中，尋出創造新生活的原素，而向這種原素表示著充分的同情，並對之有深切的希望和信賴。」若僅僅反對舊的，而不能認識出新的出路，就只能是社會鬥爭的落伍者。〔註7〕

茅盾是被動捲入論爭的，在《蝕》三部曲遭到批評界質疑之後，茅盾聲明自己是「眞實地去生活，經驗了動亂中國的最複雜的人生的一幕」之後才來做小說的。面對《蝕》過於低沉的指責，茅盾承認「這極端悲觀的基礎是我自己的」，「我有點幻滅，我悲觀，我消沉」，「我不能使的小說中人有一條出路」，因爲「我既不願昧著良心說自己以爲不然的話，又不是大天才能夠發見一條自信得過的出來來指引大家。〔註8〕在對五四文學的評價方面，茅盾一分爲二地評價了魯迅的創作，他首先肯定《吶喊》對傳統思想的攻擊，《彷徨》表現五四時代青年生活的一角，其次指出「沒有反映出『五四』當時以及以後的時時刻刻在轉變著的人心」是魯迅創作的缺陷。以此爲基礎，他認爲五四以來的創作最大的缺陷就是社會性和時代性的匱乏。「時代性」是茅盾評判文學的重要尺度，對於時代性的理解，茅盾並不僅僅停留於浮表的「時代空氣」的表現上，它還必須包括兩個要義：「一是時代給與人們以怎樣的影響，二是人們的集團的活力又怎樣地將時代推進了新方向，換言之，即是怎樣地催促歷史進入了必然的新時代。〔註9〕對「時代性」的關注使茅盾把眼光緊緊盯住社會歷史的外部變遷，找出變化的動力與趨勢，這也反映出他對文藝反映社會全貌的期望。

站在不同的論爭立場上，茅盾與蔣光慈曾有短暫的正面交接。1928 年 1 月蔣光慈在《太陽》創刊號上發表《現代中國文學與社會生活》後，同月，茅盾在《文學周報》發表《歡迎〈太陽〉》，他首先肯定蔣光慈對中國新文學的批評，同時以爲，文學作品之與時代不能有密切的關係，是因爲文藝的創作者與時代的創造者脫離，「文藝的創作者沒有站在十字街頭去」，「沒有機會插入掀動天地的活劇，獲得一些實感」。他不認可蔣光慈對舊作家的否定，認

〔註7〕 蔣光慈：《關於革命文學》，《蔣光慈文集・第四卷》，第 170 頁。
〔註8〕 茅盾：《從牯嶺到東京》，《「革命文學」論爭資料選編（下）》，人民文學出版社，1981 年，第 684 頁。
〔註9〕 茅盾：《讀〈倪煥之〉》，《「革命文學」論爭資料選編（下）》，人民文學出版社，1981 年，第 859 頁。

爲舊作家也能通過觀察產生新時代的作品。因爲文藝是多方面的，並非只有描寫工農生活的文學才是革命的文學。〔註10〕1928年4月，蔣光慈寫了8,000字的長文進行回應，提出「文藝的創造者應同時也是時代的創造者」，但「這並不是說文藝的創造者應該拿起槍來你，去前線打仗，或是直接參加革命運動，去領導革命的群眾。」對茅盾暗示眾多革命文學家並未參與革命實踐的批評予以回應。同時指出要靠創作方法改變一個作家的精神是不可能的，因爲舊作家要改變方向，並不是容易的事情，在理性方面，他們或許能承認時代的要求，但情緒方面卻不能與舊的世界脫離聯繫。〔註11〕

在一些人看來，蔣光慈是走在時代前面的作家，茅盾則是時代的落伍者，而在另一些人看來，蔣光慈淺薄魯莽，茅盾則客觀嚴謹。其實，不同的評判秉持不同的文學價值標準，而且均可在其作品中找到依據。蔣光慈要求革命文學對於光明未來的指引與肯定，而茅盾則立足於眞實性客觀反映時局動蕩與青年心態。但二人異中有同，在中國新文學滯後於時代發展這一點上，他們達成了共識。

二

蔣光慈和茅盾在論戰中投入的精力並不多，他們更大程度上是創作者，而非評論者。二人在文學時代性上達成的共識，說明了一點：革命文學的興起因革命形勢驅動不假，但任何文學潮流總與文學自身需求有關。題材和主題的大量重複使狂飆突進的五四文學進入了一個相對停滯的時期。國民革命打破了辛亥革命殘留的政治格局，政黨力量、政府軍隊與政治理想構成的新格局極大刺激了知識分子對現代國家的展望，也爲文學帶來了新的生機和活力。蔣光慈和茅盾這個時期的作品引人注目，就在於人們已經厭倦了不痛不癢的學生腔與文藝調，革命的粗豪與信仰的力量帶來了一種理想的光輝。同時，革命的暴力與專製作爲一種自我否定的力量投射著革命作家在政治與文學之間的歧路彷徨。

從創作意圖看，革命小說似乎更應傳承梁啓超開闢的政治小說，但革命加戀愛的寫作模式使它與才子佳人的傳奇有更多的精神聯繫。不過，革命小說對才子佳人故事的突破是明顯的。首先，革命與愛情的攜手同行使男歡女

〔註10〕 方璧：《歡迎〈太陽〉》，《「革命文學」論爭資料選編（上）》，人民文學出版社，
　　　　 1981年，第109～111頁。
〔註11〕 蔣光慈：《論新舊作家與文學革命》，《蔣光慈文集·第四卷》，第176頁。

愛有了思想基礎，這為平常的風花雪月的故事增添了開闊豪邁的底色。《野祭》中陳季俠對淑君的愛的覺醒，《衝出雲圍的月亮》王曼英最終投入李尚志的懷抱，都因為對方堅持革命引起了主人公的思想認同，這是超越情感層面、道德層面的志同道合。「情愛」是新文學的主要內容，但除去一見鍾情、兩小無猜、情慾衝動之外，男女思想基礎的匱乏使「五四」時期的情愛書寫缺乏持續的動力。新型的革命女性為傳統的琴瑟相合奏響了新的時代音符，這一提升是根本性的。其次，革命名義下的女性欲望書寫。革命小說中女性的縱慾多有報復社會、報復男性的意味。王曼英與多人的苟合由報復而走向縱慾，在南京路上引誘一個美貌少年彌補自己被奪去的童貞，縱慾的成分已多於報復了。《追求》中章秋柳以身體拯救史循，最終被染上梅毒。王詩陶在愛人東方明犧牲，為保全孩子和未來的生活而賣身。對革命而言，思想的貞潔遠比身體貞潔更重要。政治革命的挫折與身體釋放的理直氣壯，使整個小說陷入一種複雜的身體墮落和欲望橫流的況味之中。其三，由於美麗和智慧、驕傲和鄙視，女性在男女遊戲中掌握了絕對的主動權。王曼英與柳遇秋在旅館裏結合之後，王曼英給錢的姿態，是對浪蕩男性做派的模仿。被女性玩於掌股之間的人多為權貴階層或精神空虛的青年，比如酸儒的詩人、好色的政客、稚嫩的少爺，買辦的兒子等，這些只剩下社會身份和情慾需求的符號化人物，為小說的欲望書寫提供了革命正義的有力支撐。比較而言，茅盾作品中的女性欲望充沛，恨與玩弄是她們的處世基調，肉體是她們最大的武器，不僅用以報復社會，也用以解救同仁，雖然結果往往悲哀。茅盾對她們的同情喜愛使《蝕》更具反叛性。蔣光慈作品也有欲望書寫，不過主人公百轉千回之後，最終會背棄肉體的報復，而以愛情和革命為皈依。這也是為什麼蔣光慈的作品更為中國讀者所接受：新則新也，但不至於顛覆。

在個體生命的唯一性面前，革命的正義性就像一個巨大的空洞，隨之而來的暴力與血污無情吞噬著那些年輕的生命。正義無法彌補暴力帶來的身體傷害，但並不是所有的革命文學都在反思暴力：參加過北伐戰爭的謝冰瑩，在她的《從軍日記》中對暴力的敘述亢奮驕傲，洋溢著青春歡快的筆法將北伐戰爭理想化、新鮮化。不過，蔣光慈和茅盾的暴力敘述溢出革命文學理論的框架，包孕著自我否定的元素。《麗莎的哀怨》中，美麗善良的麗莎是俄羅斯沒落貴族，因一場革命喪失了優裕的生活，踏上十餘年的流亡路途，從莫斯科到海參崴到上海，最後淪落為街頭妓女，患上嚴重的梅毒。哀婉抒情的

筆調使華漢很敏感地意識到小說會使讀者以爲「十月革命和俄國波爾雪維克之受人咒罵和痛憤，都是最有應得！」〔註12〕華漢未能意識到的是，這個女性出身貴族卻並未有貴族的罪惡，她的不幸會使人們對革命暴力的無理性投以懷疑的一瞥：革命不由分說打到了貴族階級，可那些可貴的大鵝絨的書籍、美好的詩歌、優雅的生活乃至美麗的婦人原本是無罪的呀。《動搖》中國民革命失敗後，縣城中剪髮女子被暴亂分子用鐵絲貫乳遊街，用鐵棍捅陰戶致死，以及躺在路旁被割去乳房的女性等，反革命瘋狂的暴力報復使得革命成爲一條生命難以保全的畏途。和《從軍日記》相比，蔣光慈和茅盾的作品先後受到批評不是沒有緣由，革命文學論爭中一再提到的集體意識是以否定個人意識爲前提。對於政治家而言，個體是通達集體高地的階梯，爲達到政治目的而進行的戰鬥必須犧牲個體；而對於文學家而言，個體命運在時代風潮中的起伏跌宕才是他關注的中心。在革命家看來，暴力帶來的人身傷害在革命中難以避免；在文學家看來，革命的正義性在個體生命的代價面前顯得蒼白而缺乏說服力。魯迅在《藥》與《阿 Q 正傳》中關注的是革命者犧牲的無所作用，增添社會的滯重感與革命的悲劇性。蔣光慈與茅盾更關注暴力的破壞性，質疑的是暴力的合理性。兩相比較，茅盾的暴力書寫傳遞出革命失敗後的時局動亂，《蝕》三部曲在糾結中沉落下去，是一種更深的挫敗感。蔣光慈對暴力的質疑通過麗莎的命運更有感染力，他質疑的不僅是反革命的暴力，也包括革命的暴力，儘管他最後仍然會肯定革命，指出出路。

革命小說開始涉及知識分子面臨文學與政治的人生抉擇。近代之前，中國士大夫幾乎沒有文學與政治的抉擇煩惱，一則因爲達則兼濟天下、窮則獨善其身的人生信條；一則因爲文學從來不是一種可以獨立謀生的職業。近代以後，報刊的出現和稿酬制度使作家職業化成爲可能。「學而優則仕」有了「寫而優則文」的補充，文人生活道路更爲開闊。革命文學裏挾著青春激情、極左思維把文學家置於革命與文學的歧途。蔣光慈一直認爲革命文學家不必一定要成爲革命戰士，革命文學家拿筆與革命戰士拿槍有同樣的作用，但「左聯」初期對作家戰士化的要求使他費解。在《野祭》中，他借陳俠生的透露出自己對現實革命工作的倦怠——「我雖然是自命爲一個革命黨人，但是我浪漫成性，不慣於有秩序的工作，對於革命並不十分努力。」聽見俞君對革命左右派同爲投機主義的指責，也深有同感。茅盾自稱「我的職業使我接近

〔註12〕華漢：《讀了馮憲章的批評以後》，《蔣光慈文集·第四卷》，第 347 頁。

文學，而我的趣味……則引我接近社會運動」，但另一方面也說，「我在兩方
面都沒有專心」〔註13〕《幻滅》中革命隊伍的投機主義、空談主義、男歡女
愛，素質低下等新舊混雜現象，使得走出家門追尋理想的靜女士屢屢遭受理
想的幻滅與現實的無助。《追求》中張曼青的教育救國、王仲昭的新聞救國、
史循的虛無主義都是對革命實踐的迴避，也間接透視出他們對現實革命的失
望。這些幻滅、悲觀情緒也正是茅盾進行文學創作的緣由。

　　政治革命規劃了社會遠景，它對私人空間的侵佔以及個體生命的漠視，
與文學家敏感的天性和自由表達的嚮往相背離。革命中充滿理想色彩的烏
托邦想像與現實政治的瑣屑齷蹉形成強烈反差……這些都構成早期文學家在
革命與文學之間的真實困境。對革命的質疑和對自我身份的質疑融為一體，
意味著革命文學隊伍的必然分化或轉向。1930 年蔣光慈憤然退黨，第二年病
死。茅盾 1927 年以後與黨組織脫離，直到 1981 年去世其黨籍被追認。儘管
茅盾脫離黨組織有客觀原因，但是 1927 年之後被歷史銘記的已經是文學家茅
盾了。

三

　　革命文學孕育了中國現代文學的兩種小說範式，一是「革命加戀愛」小
說，一是社會剖析小說。蔣光慈和茅盾分別是這兩種小說的引領人物。就藝
術生命力而言，「革命加戀愛」儘管在 1928 年前後受到讀書市場的歡迎，成
為一種創作風尚，但在 1932 年由瞿秋白等人以華漢《地泉》為病例進行集中
清算之後，「在三四年前曾經盛行過一時的，以蔣光慈為代表的那一派革命的
羅曼主義是像它突然而來到那樣地突然過去了。在一九三二的文壇上，我們
差不多根本就找不出革命與戀愛互為經緯的作品。」〔註14〕蔣光慈 1931 年去
世之後，1932 年《田野的風》出版時已失去往日風光。讀書市場的朝秦暮
楚、時代潮流的風雲變化、藝術標準的恆定，無情拋棄了新舊混雜的過渡
期。茅盾的《蝕》儘管一開始受到批評指責，但茅盾很快找到「北歐的勇敢
的運命女神」做他精神上的前導。1929 年《虹》中的梅行素就已經走入集體
的洪流之中，1933 年的《子夜》則是社會剖析小說的經典作品。社會剖析小

〔註13〕茅盾：《從牯嶺到東京》，《「革命文學」論爭資料選編（下）》，人民文學出版
　　　　社，1981 年，第 680 頁。
〔註14〕中國文藝年鑒社：《一九三二年中國文壇鳥瞰》，《中國文藝年鑒（1932）》，現
　　　　代書局，1933 年版，第 3 頁。

說是「左聯」在「革命加戀愛」小說之後取得的成績，但並非「革命加戀愛」的花結出「社會剖析」的果。而是在對革命羅曼蒂克進行全面清算之後，那種客觀冷靜、更爲克制的現實主義創作方法成爲左翼文壇主流。它糾正了標語口號的流弊，但政治意識已經內化爲一種觀照世界的理性眼光，宏大中也有失真切。而無論從政治上還是文學上，要對「革命羅曼蒂克」進行否定其實是容易的，難的是在革命羅曼蒂克內部發現作家在現代性精神追求中的努力。「革命加戀愛」小說對內在情慾的關注是對社會剖析小說有益補充。重大的時代題材、寬廣的社會歷史畫面除了階級意識、集體話語之外，也應有情慾、愛戀、懷疑與取捨等私人話語，蔣光慈的作品未必有意致力於革命者私人話語的建構，但戀愛本身的情慾因素總會爲堅硬的社會空間留下縫隙，使讀者可以窺見早期文學家在投入社會關懷時，爲保有自我人格獨立而進行的努力。

就創作技巧而言，蔣光慈無疑是比較粗糙稚嫩的，他擅長第一人稱或者單一視角敘述，這種敘述方式更便於抒情，而敘事和結構能力較弱。在《麗莎的哀怨》中爲了加強革命的分量，有很多無謂的穿插，如麗莎幼年邂逅的木匠，如一部有關農夫與貴族女子的愛情電影，等等。《鴨綠江上》故事套故事的寫法也很累贅。但第一人稱的直抒胸臆、愛情的濃墨重彩和革命帶來憤激情緒彌補了他敘事能力的不足。這種對自我表達的強調其實延續的正是郁達夫小說的精神內質。一旦革命不能滿足自我表達需求，離開革命，脫離政黨身份，就會是他最終的選擇。茅盾顯然更長於外部世界的表現，敘事能力比較強。《蝕》三部曲在情緒上一部比一部悲哀低沉，在結構上卻一部比一部更趨嚴謹。《動搖》中兩條路線的鬥爭，《追求》中四條路線的交叉，人物成長與社會歷史發展密切結合在一起，展示了廣闊的社會生活畫面，開闢了魯迅範式之後的社會外部表現。這是茅盾對社會性、時代性的關注決定的。

蔣光慈作品對未來一直抱有光明的希望，而且其指向比較單純，故事也相對完整簡單，很容易獲得完整的印象。茅盾的《蝕》三部曲情感基調灰暗，因爲其時他對革命的懷疑更多，但茅盾最後還是選擇了左翼文學。他的選擇在很大程度上代表了當時很多左翼作家走過的道路：將革命作爲信仰與文學結合起來，這種信仰其實是一種責任感和自我意識，這個一心希望從事社會工作的作家實際是用文學延續他的革命情懷。蔣光慈的道路與革命漸行漸

遠，他未必是否定革命，但他不認可政黨對作家的思想控制與指引，當現實
政治與自我生活發生衝突，他更珍視自己眞實的存在。他的心路歷程與郁達
夫有暗合處。激情一旦離開群體回歸個人，它對集體精神的質疑就會無可避
免地體現出來。而還有什麼比愛情史爲私人的事件呢？還有什麼比革命中的
愛情更爲羅馬蒂克呢？左翼文壇最後對於革命浪漫蒂克的糾正，一方面固然
因爲公式化、概念化、口號化的流弊，另一方面則是蔣光慈脫離革命之後，
這種寫作孕含的否定性力量引起了「左聯」組織的警惕。

　　1925～1930 是現代文學的特殊時期，革命文學使現代作家第一次大批量
面對革命與文學的歧途，革命與文學並非絕然對立的道路，然而，在國民革
命時期，革命的強大話語與文學的個性追求之間卻構成必然的碰撞，革命所
代表的國家現代性追求，文學則代表著審美現代性，共同構成了現代知識分
子在個人、社會與國家之間的生存夾縫。

複雜的人生地帶
——戴望舒早期經歷及其詩歌創作

高博涵（四川大學）

　　多半個世紀以來，學界對戴望舒的評價可謂大落大起、向度不一，但其焦點價值從來毋庸置疑。〔註1〕多樣化的評判尺度與評判角度除了與研究框架的導向有關，更與戴望舒詩歌的思想與藝術的複雜性有關。戴望舒絕非象牙塔裏的詩人，「國民革命」及抗日戰爭時期都曾有具體的政治活動，但他又算不上真正的革命者；文藝上雖與左翼文人過從甚密，但他的詩歌主題多樣，整體的基調更偏重綺麗哀怨，不可一概而論。故而，討論戴望舒便極容易陷入模糊性的泥淖，或是只能在某一具體的論點中深化。實際上，我們很難用「現實／虛幻」、「革命／反革命」、「進步／墮落」、「象牙塔／十字街頭」這樣二元對立的詞語去評定戴望舒。一元化地分析詩人的思想轉變，或是通過古今中西詩藝的探討挖掘其詩歌的藝術價值，雖在各自的維度裏都具備很廣闊的探討空間，卻無法透析詩人生存地帶的複雜性，無法審視文本藝術特徵中內蘊的情思張力，更無法呈現作爲個體的詩人在當時的歷史情境中的主體性徵。而詩人本體的複雜性與主體性徵，恰是衍生出詩情與詩歌文本的起點，也只有在嘗試參透這一起點之後，有關於詩人思想與藝術的研究才有再發展與再突破的可能。

　　早已有論者關注到戴望舒的複雜性問題。如陳丙瑩認爲，「戴望舒詩歌中的感傷主要反映了一個中間狀態的自由主義知識分子政治上的彷徨與苦

悶。」〔註2〕張新著有專著《戴望舒：一個邊緣文化型詩人》，〔註3〕認爲戴望舒是處於「人的文學」與左翼文學夾縫中的邊緣文人。而在龍泉明看來，戴望舒之所以具備詩歌史上的整合地位，是因爲「他的詩歌中所內含的多種思想藝術素質，都顯示著或潛存著新詩的發展與流變的種種動向」〔註4〕。本文認爲，若要討論戴望舒的複雜性，可以首先回到戴望舒自身生存的歷史情境本身，通過對戴望舒成長及生活經歷的考察，在具體的細枝末節中找尋詩人個體發展的可能軌跡，並由此生發，探尋詩人是在怎樣的內在氣質與外在經歷下創作出風格獨特的詩歌文本，而文本的「內」與「外」又有著怎樣的天然繫連。實際上，我們理應首先回到「戴望舒」，才有可能與戴望舒的詩歌相遇。

一

　　1905 年，戴望舒出生於杭城。他的家境小康、父母雙全。成長於風物秀美、文化殷實之境，除了必然的文化薰陶，似看不出有什麼負面的影響。不過，很多論者都曾注意到戴望舒幼年患天花所遺留的一臉麻子，這成爲詩人平順成長經歷中最爲刺目的一件心事。「望舒臉上的麻點並不是十分明顯，離遠了或從相片上看，幾乎沒有，但卻對他的心態有著相當深遠的影響，他內心深處爲這一小小的生理缺陷有著很深的自卑情結。」〔註5〕人的性格與氣質在出生之時就已產生分野，很難講戴望舒究竟是因性情本身的敏感而過於關注臉上的麻點，還是因爲臉上的麻點而突出了其自卑的情結，但無論怎樣，他始終都纏繞其間，無力擺脫這一困境。「只要克服了精神上的障礙，身體的缺陷就不再是障礙，反而會成爲一種有利的條件。」〔註6〕很顯然，戴望舒並沒有做到，且將自卑的情結始終延續下去。從戴望舒的成長經歷看，影響他自卑、封閉性格的絕非僅只臉上麻點這一件事。一個孩童的成長軌跡往往由父母來引導操控，戴望舒的父母爲孩子所選擇的就學路徑無疑加深了現實的壓抑。鹺務小學「校長是個保守得不能再保守的國粹派，特別重視古文、書

〔註2〕陳丙瑩：《戴望舒論》，《青海師範學院學報》（哲學社會科學版），1982 年第 1 期。

〔註3〕參看張新：《戴望舒：一個邊緣文化型詩人》，中國文聯出版社，1999 年版。

〔註4〕龍泉明：《中國新詩流變論》，人民文學出版社，1999 年版，第 320 頁。

〔註5〕北塔：《雨巷詩人——戴望舒傳》，浙江人民出版社，2003 年版，第 4 頁。

〔註6〕〔奧〕阿德勒：《自卑與超越》，李青霞譯，瀋陽出版社，2012 年版，第 21 頁。

法、太極拳的訓練，所以孩子們每日的課程總是練拳、臨帖、念經」〔註7〕，宗文中學「卻像與世隔絕似的，處處與新思潮對壘。」〔註8〕而校長更「是個反對白話文最起勁的，並且禁止學生看小說。」〔註9〕在當時，新文學之風吹拂已久，這樣的學校不可謂不封閉。對於戴望舒這樣較為敏感內向的人來講，在此就讀，只會對其心性的發展造成更大的束縛，且這種束縛的影響力或許要遠大於其他學生。

在阿德勒看來，有過痛苦經歷的孩子「一生都會以自我為中心」、「精神負擔會很重，容易變成自私自利的人」，「如果一個孩子總是過於關注自己的缺陷和行動受限，那麼他自然就沒有過多精力去關心別人了」。〔註10〕如果戴望舒將更多的精力放於如何撫平缺陷帶來的傷痕，或是長時間在保守的受壓狀態下自我抵禦，以及隨時渴望外界刺激的舒解，那他確實很難走出狹小空間，只能將生活的大部分精力都投注於自我之中。我們日後所見的戴望舒喜沈於個人世界，其詩歌也被認為是「私人抒情話語」〔註11〕，實際上是與其整體上的性格特徵密切相關的。這樣性格的人與外界始終處於緊張關係中，隨時疲於應對一切刺激，很容易被傷害，也更容易將自己安置在封閉的情感中，而不是拓展自己與世界的聯繫，更不可能試圖影響外界。這在戴望舒的幾篇日記中有著鮮明的記錄，1932 年，在赴法郵輪的航行中，詩人反覆申說的即是悔意與思念，「現在，我真懊悔有到法國去那種癡念頭了。為了什麼呢，遠遠地離開了所愛的人。如果可能的話，我真想回去了。」「今天整天為鄉愁所困，什麼事也沒有做。」「寂寞得要哭出來，整天發呆而已。」〔註12〕如果說後悔赴法乃是人之常情，那麼寂寞得要哭出來、整天發呆的狀態則是性情中人所持的行為了，日記所記之物雖不乏異域風貌，但困於心的詩人竟未能真誠地試圖感知外界，而是獨自在自我的世界中悲戚、吟詠，乃至無法自拔。

〔註 7〕　北塔：《雨巷詩人──戴望舒傳》，浙江人民出版社，2003 年版，第 6 頁。

〔註 8〕　北塔：《雨巷詩人──戴望舒傳》，浙江人民出版社，2003 年版，第 7 頁。

〔註 9〕　張天翼：《我的幼年生活》，見《張天翼研究資料》，中國社會科學出版社，1982 年版，第 118 頁。

〔註 10〕　〔奧〕阿德勒：《自卑與超越》，李青霞譯，瀋陽出版社，2012 年版，第 10、21 頁。

〔註 11〕　詳見劉祥安：《別一抒情話語──論戴望舒詩歌的意義》，《文學評論》，2002 年第 1 期。

〔註 12〕　戴望舒：《航海日記》，見王文彬、金石（編）《戴望舒全集·散文卷》，中國青年出版社，1999 年版，第 208、213、215 頁。

可以說，戴望舒一生都未能擺脫自困於心的處世態度與情感基調，其所有或內在或外在的思想與行為都可以在此找到生發的源頭。

當然，困於內心的人從未停止過自我的掙扎與搏擊，且處於常態的人生下，這種掙扎與搏擊往往外化為一些具體的並可被俗世接受的反叛行動。我們看到的戴望舒與外界鮮明而有機的聯繫，更大程度上是個體情結外化的表現，而更少行動層面的本體意義。少年時代的戴望舒在嚴苛的學校制度下偷偷閱讀鴛蝴派作品，並嘗試發表小說及多種習作，已鮮明地顯示著內心的叛逆與這個世界的衝撞，對於一個相對封閉、自卑的人來講，這種嘗試同樣更是追尋自我價值的體現。我們可知的戴望舒最早嘗試寫作及發表的作品並非新詩，而是一些幽默小品、短篇小說以及古典詩詞，這些早期作品大多帶有情緒極端化的特徵，不是滑稽與幽默，就是以衝擊力極強的情節使讀者置身於跌宕的情感起落中。《債》、《賣藝童子》、《母愛》這樣的小說，其故事情節並非戴望舒所親歷，但其中蘊蓄的悲苦、傷痛，卻與戴望舒自身的性情感受以及所處的壓抑環境具有一定的同構性。「他也是個人嗎？為甚他不受世人的同等待遇呢？」「在他六歲那年，他父親便將他賣給了馬戲班子裏。從此以後他就墮落在這悲慘的世界裏，永無翻身之日了。」〔註13〕《賣藝童子》一開頭便將讀者帶入悲慘淒絕的敘述氛圍中，而《債》的開頭則更以蕭瑟悲淒的景物環境描寫襯托著生而為人的遲暮感：「一抹殘陽斜照在一棵梧桐樹的梢頭，枯葉一片一片飄落到地上，呈著慘黃的顏色，被無情的秋風吹得索索作響。」〔註14〕與其說這些故事體現了作者早年對底層人民的同情，不如說是一種感同身受，是作者以外化的形式體現甚至誇大著自我的情感，並用極端化的情節極力突顯感情的崩裂，使之在文字層面得到撞擊與宣洩。「他喜歡讓對立的兩極互相碰撞，擠壓出強烈的張力效果，從而讓自己的文字去感染甚而去震撼讀者。」〔註15〕文藝是「苦悶的象徵」，是「力比多」的有效釋放，在少年時代，壓抑的性格與壓抑的環境使戴望舒在文藝世界中找尋著自我疏導的途徑，並以此來建構自我的價值世界。

按照這樣的路徑發展下去，戴望舒或許會成為一個借助寫作得以平衡自

〔註13〕 王文彬、金石（編）：《戴望舒全集》（小說卷），中國青年出版社，1999年版，
　　　　 第6頁。

〔註14〕 王文彬、金石（編）：《戴望舒全集》（小說卷），中國青年出版社，1999年版，
　　　　 第3頁。

〔註15〕 北塔：《雨巷詩人──戴望舒傳》，浙江人民出版社，2003年版，第11頁。

我內在與外在的情緒型作家，他很可能將人生的大部分精力都集中在寫作上。但個體生命的發展總是充滿著多種可能性的相遇，1923 年，當 18 歲的戴望舒高中畢業有了人生方向的自主權時，他追隨著自己的內心選擇了中國最爲革命的高等學府——上海大學。可以想見，一個長期生活於封閉受壓狀態下的少年，一旦有機會解放自我、自主選擇人生，必然會傾向於異質性的、自由的嶄新環境。「武有黃埔，文有上大」，「他們報考上大，只因爲它是當時中國最革命的高等學府」，〔註16〕上海大學的革命性的確格外突出，並不同於一般的學術性大學，「從學術方面來說，上海大學在當時的上海並沒有什麼地位，但從革命方面來說，上海大學就最突出了」〔註17〕，上海大學的校長是國民黨元老于右任，眞正的校務工作多是共產黨主持，教師也非專職，而多是共產黨早期的實際革命工作者。上海大學沒有正式的校園，校舍屢次搬遷，「有人稱上海大學是公園大學、公館大學、弄堂大學。」〔註18〕上海大學的授課形式也很新穎，「上大爲教育學生樹立正確的學習目的，不提倡學院式的學習方法，而是引導學生讀活的書，認眞鑽研和掌握馬克思主義的革命理論，到鬥爭的實踐中去鍛鍊。」「他們的師生關係是新穎的，非常和諧親切，尤其是教師中的共產黨人，既是學生的師長，也是學生的同志和朋友。」〔註19〕革命、先進、新鮮、自由、民主……隨便一個詞語置於戴望舒這樣渴望自由與新奇的青年面前，都是極具吸引力的，戴望舒走入上大絕非偶然。上海大學實際是一個革命領導者的培訓和儲備基地，很多學員在此學習是爲了隨時準備進行實際的革命工作，據陽翰笙回憶，「上海大學的學生無所謂畢業不畢業，我在那裡學了約兩年，是學習時間最長的，有的同志學習時間很短，黨的工作需要就調走了。」〔註20〕上大的專業設置雖然也算豐富，有社會學系、文學系、藝術系，但最具有革命性的、學生人數最多的必然還是社會學系，據劉九峰（劉峻山）回憶：「我於一九二四年一月進

〔註16〕劉保昌：《戴望舒傳》，湖北長江出版集團，2007 年版，第 23 頁。
〔註17〕王家貴、蔡錫瑤主編：《上海大學一九二二～一九二七年》，上海社會科學院出版社，1986 年版，第 92 頁。
〔註18〕陽翰笙：《陽翰笙回憶上海大學》，見張元隆：《上海大學與現代名人（1922～1927）》，上海大學出版社，2011 年版，第 232 頁。
〔註19〕王家貴、蔡錫瑤主編：《上海大學一九二二～一九二七年》，上海社會科學院出版社，1986 年版，第 7 頁。
〔註20〕王家貴、蔡錫瑤主編：《上海大學一九二二～一九二七年》，上海社會科學院出版社，1986 年版，第 82 頁。

上海大學中文系讀書，學習了一學期就轉到社會學系。」〔註 21〕而身為文學系的戴望舒，亦熱衷於旁聽社會學系瞿秋白的講課，可見社會學系在上大的重要性。上大學生在 1922～1927 短短五年時間內，積極參加各項革命活動，遊行示威、援助工人運動，一些學生甚至因此付出了生命的代價。身處其中的戴望舒自然也參與了一些遊行活動等，但相比真正的革命者，更或者是最積極的實幹學子，他與革命的關係顯得若即若離。進入上大，戴望舒選擇的是自己一向鍾愛的文學專業，加入的社團也是青鳳文學會，「我們也沒有一定的組織，也沒有章程，也沒有什麼宣言，我們只是很愉快地報告我們的同志道：『我們的青鳳文學會從今天起成立了。』」〔註 22〕可以看出，純粹隨性、性靈自由仍是戴望舒主要的追求，這同鐵血革命的殘酷與嚴苛絲毫無關。

我們首先應當區分愛國熱情、革命衝動與組織性紀律性的專業革命活動的不同。誠然，任何一個正直有為的 1920 年代的青年，都必然愛國且樂於貢獻自己的青春力量，戴望舒也不可能例外，但問題的複雜性卻在於基於這一層次之上的內在精神體驗。當壓抑少年的愛國激情與冷酷的鐵血革命在某一共通的情緒點上相遇的時候，我們不得不注意到他們彼此之間質的不同，以及相遇之後有可能的發展走向。「人民總是在他們不知其所以然的情況下就懵懵懂懂地接受了一場革命；如果他們碰巧理解了為什麼要革命時，革命早已結束很久了。」〔註 23〕實際上，戴望舒只是一個現年二十上下、急於衝破自我的封閉生活、欲圖釋放青春與愛國熱情的少年人而已，他與 1920 年代的「國民革命」相遇後產生的感受應該是激越而個人化的，這既不同於經歷過「五四」的老一代文化者因境遇的逆變而感到的齟齬和憂慮，也不同於接受了馬克思思想日漸步入組織規則的革命者所擁有的系統與程序。戴望舒此時依然是一個模糊地隨著歷史之流向前發展的孤單個體，他在革命面前表現出的狀態只能是必然的天真與看似的契合。革命的意識天然符合著壓抑個體的情感需要，「革命原則的巨大力量就在於它們放縱了野蠻的原始本能，而在此

〔註 21〕 王家貴、蔡錫瑤主編：《上海大學一九二二～一九二七年》，上海社會科學院出版社，1986 年版，第 94 頁。

〔註 22〕 黃美真、石源華、張雲編：《上海大學史料》，復旦大學出版社，1984 年版，第 103 頁。

〔註 23〕 〔法〕勒龐：《革命心理學》，佟德志、劉訓練（譯），吉林人民出版社，2011 年版，第 36 頁。

之前，這些本能一直受到環境、傳統以及法律的束縛。」〔註24〕戴望舒走進上大，走入「國民革命」的些許外圍，所得的更多是激情上的釋放。並且，此時的戴望舒與 1920 年代的革命都處於初起階段，「『革命』不單是一種工作，而是從精神到思想乃至感情一致地統合。但這樣一種革命形態的建立需要相當的過程。在革命初起之時，大部分人仍保留著對革命政治的模糊印象、個人主義式的理解乃至浪漫氣的想像。這使得革命與文學以及其他實踐方式不是處於緊張的對立狀態，而是被隨意地組合在一起。」〔註25〕故而，熱愛文學的壓抑青年戴望舒似乎順理成章地便與革命狀態對接了起來。這一對接使他的生命激情有了新的實際層面的釋放點，而不再僅僅局於文學的想像世界。

二

　　五卅運動之後，上大原有校址被封，戴望舒中斷了在此的學業，不久之後，他選擇在震旦大學法語特別班進修，希望學業期滿可以有資格赴法留學。震旦大學法語特別班以嚴苛守紀著稱，法國神甫樊國棟全權負責學生的生活，要求極爲嚴格。震旦大學本身也是較爲傳統的教會學校，「從某種意義上說，震旦大學把自身定位爲一所以世俗性教育爲特徵的天主教大學。」〔註26〕該校同時也較保守封閉，「震旦大學對學生參加政治活動始終持保留態度，校方再三強調學生的主要任務是學習。」〔註27〕「即使有愛國學生希望發起大規模的政治運動，也很難在震旦找到活動空間。」〔註28〕可以說，震旦大學的風格與上海大學可謂天壤之別，其所學內容雖則是戴望舒渴望的，但其教學模式無疑同戴望舒中小學時期沒有本質上的不同。實際上，青年時期的戴望舒仍處於人生路徑的衝撞期，並不能很好地把握自己的人生選擇，「望舒在

〔註24〕〔法〕勒龐：《革命心理學》，佟德志、劉訓練（譯），吉林人民出版社，2011年版，第36頁。
〔註25〕程凱：《革命的張力：「大革命」前後新文學知識分子的歷史處境與思想探求》，北京大學出版社，2014年版，第17頁。
〔註26〕王薇佳、康志傑：《震旦大學與聖約翰大學之比較》，見《暨南史學》（第三輯），暨南大學出版社，2004年版，第495頁。
〔註27〕王薇佳、康志傑：《震旦大學與聖約翰大學之比較》，見《暨南史學》（第三輯），暨南大學出版社，2004年版，第499頁。
〔註28〕王薇佳、康志傑：《震旦大學與聖約翰大學之比較》，見《暨南史學》（第三輯），暨南大學出版社，2004年版，第500頁。

上大和震旦學習期間覺得大學生要麼太嚴謹，要麼太折騰，這兩樣都跟他的性格相去甚遠，從而使他對大學生活興趣淡薄。」〔註29〕選擇的差異性、不準確性表明個體的內心尚且處於不確定的尋找階段。震旦時期是戴望舒人生階段中最爲複雜的一個時期，年齡的特性、時代的風雲、個體的愛好，多重的人生追求在此刻彙聚一處，等待被規約、被選擇。此時的戴望舒仍舊是革命青年，革命強度甚至有所加大，他加入了共青團、國民黨，和友人在街巷秘密地散發傳單，「我們接到了散發傳單的任務，便在一個晚上，八九點鐘，三人一起出去散步。在拉菲德路（復興中路），馬思南路（思南路），呂班路（重慶南路）一帶，一個人走在前，留神前面有沒有巡捕走來。一個人走在後面，提防後面有人跟蹤。走在中間的便從口袋裏抽出預先摺小的傳單，塞入每家大門上的信箱裏，或門縫裏。」〔註30〕戴望舒甚至曾因此被捕，「一到上海，才知望舒和杜衡，曾被逮捕，在嵩山路巡捕房關了兩天，幾乎引渡到龍華，被軍閥槍斃。」〔註31〕幸通過同學陳志皋之父保釋，才得以出獄。此時的戴望舒也是文學青年，「記得他開始寫新詩大概是在 1922～1924 那兩年之間。」〔註32〕法語的學習也使他接觸到法國文學，閱讀了拉馬丁、繆塞，更傾心於魏爾侖及波德萊爾。此時的戴望舒更是知識青年，在嚴苛的法國神甫的教導下，他很快地掌握了法語，並可以開始翻譯作品，同時亦組織多種刊物，於其上發表自己的文學及翻譯作品。震旦大學的生活是戴望舒人生的一個交叉地帶，不同向度的人生選擇均展現及融動在他面前，他可以追求革命而去，成爲眞正的革命者，也可以優游於文學的海洋，成爲不二的文學家，更可以鑽研法語，成爲專業的翻譯大師……

　　戴望舒彷彿永遠是一個不夠徹底的人，或者說在實際的人生選擇中，並沒有誰可以獲取完全鮮明的人生方向。他最終成爲了一個保留著愛國赤心、尊重革命活動，從內心出發未曾放棄文學創作，同時以翻譯等工作安身立命的人。不過，儘管戴望舒的人生選擇看似多樣，其基重點已慢慢地沈於一般性的生活。「四・一二」政變之後，戴望舒回鄉避居，從此再沒有以革命者的身份從事過實幹性的革命活動。少年期的壓抑曾在文學創作上得到過釋放，

〔註29〕北塔：《雨巷詩人——戴望舒傳》，浙江人民出版社，2003年版，第30頁。
〔註30〕施蟄存：《震旦二年》，《新文學史料》，1984年第4期。
〔註31〕施蟄存：《震旦二年》，《新文學史料》，1984年第4期。
〔註32〕杜衡：《望舒草序》，見梁仁（編）：《戴望舒詩全編》，浙江文藝出版社，1989年版，第50頁。

又在與「國民革命」相遇的過程中有了實踐層的衝破。當年輪遞增，時代的硝煙又漸變迷蒙時，作為一個消解了正負能量的孤單個體，他所能做的也無非是重新回歸自己的內心，守住那一份本有的純粹。「面對猙獰的現實，投入積極的鬥爭，使他們中大多數沒有工夫多作藝術上的考慮，而迴避現實，使他們中其餘人在講求藝術中尋找了出路。」〔註33〕戴望舒骨子裏並沒有革命的野心，革命學習的短暫時光穿過他的青春，終又使他重新回到相對個人化的世界中去，然而這次回歸之時，他已不復是充滿了極端壓抑、情緒噴張的文學少年郎了。

　　儘管我們從未曾懷疑過戴望舒的創作才能，但在創作數量上，不足百首的遺存作品卻的確只能說並不為多。「國民革命」時期，青春的熱情、革命的激情、創作的盛情彙聚一處，彼此之間的無縫對接原本毋庸置疑，可戴望舒卻並未創作大量詩歌。一些論者認為，這是上大教師鄧中夏、惲代英等人宣傳的文學無用論帶來的消極影響，「按照惲代英的邏輯，要不要文藝的問題被置換成了是不是革命的問題。」〔註34〕故而戴望舒其時的作品不僅少，所有的也與革命內容毫無相干，依舊是內心小世界的吟詠。度過了革命期，戴望舒的作品仍不算多，在戴望舒的好友施蟄存看來，這是因為糊口養家的望舒忙於翻譯，精力不足：「每月交譯稿三萬字，基金會每月付他預支稿費二百元。依賴這一筆收入，望舒的生活才得安定下來。可是每天一千字的譯文加詳注，要佔了大半天時間，此外，他還在很高興地辦《新詩》月刊，計劃印行《新詩叢書》，自己就反而沒有詩了。」〔註35〕誠然，這些理由自有其道理，也確實是戴望舒詩歌創作稀少的重要原因，但問題似乎遠不止這麼簡單。實際上，惲代英的文學無用論並非真是在本體意義上否定文學，而是認為當下的青年首先要過好革命生活，之後才談得上產生革命文學，「要先有革命的感情，才會有革命文學的。現在的青年，有幾個真可稱為有革命的感情呢？」「我相信最要緊是先要一般青年能夠做腳踏實地的革命家；在這些革命家中，有些情感豐富的青年，自然能寫出革命的文學。」〔註36〕而類如郭

〔註33〕卞之琳：《戴望舒詩集・序》，見《戴望舒詩集》，四川人民出版社，1981年版，前言第2頁。

〔註34〕北塔：《雨巷詩人──戴望舒傳》，浙江人民出版社，2003年版，第15頁。

〔註35〕施蟄存：《戴望舒詩全編・引言》，見梁仁（編）：《戴望舒詩全編》，浙江文藝出版社，1989年版，前言第3頁。

〔註36〕惲代英：《惲代英文集》（上卷），人民出版社，1981年版，第532頁。

沫若這樣的革命者，更直接認為革命與文學可很好地結合，其發表在上大文學系編輯的刊物《文學》之上的《文藝之社會的使命》〔註37〕，就是抒發這樣思想情感的演講稿。且戴望舒就學上大其間所接觸的熱衷文學的學子和教員亦很多，「他結識了丁玲、孔另境等。經常和學友一起到沈雁冰家中求教。」〔註38〕而沈雁冰這樣的革命文人自然不會否定文學與革命的繫連。從創作精力上看，忙於翻譯不應是沒空寫詩的完全原因。有過寫詩經驗的人都知道，詩歌並非專門安排出適當的時間即能順理成章，那樣產生的詩歌往往多是堆砌或宣泄。真正的詩歌更需要一種靈感、一種利時產生的興味，而戴望舒很顯然也是一個尊重靈感倚重靈感的詩人，杜衡曾說：「望舒為詩，有時苦思終日，不名隻字，有時詩思一到，搖筆可成，我卻素來慣於機械式地寫克期交卷的文章。」〔註39〕兩下間的對比，也可看出戴望舒更為濃重的詩性氣質。

實際上，有別於少年時期嘗試性的文學練筆，自創作新詩始，戴望舒始終是一個對詩歌保有珍視態度的詩人，並將詩歌看做需反覆雕琢的藝術品。如果說戴望舒選擇上大、選擇親近革命帶有一定的釋壓成分，如果說參與遊行、散發傳單內涵著青年個體借助歷史環境表達情感的需求，那麼，相對於前者而言，在這一切過程之中以及之後，戴望舒卻更多將詩歌看做詩歌本身，其所追求的也更多是詩歌審美意義的發展。換句話說，戴望舒參與革命多少帶有「手段」的意味，即通過革命活動釋放個體青春，相對而言，寫詩卻更多是純粹的「目的」，不為別的，只為完成一件內心釀造的藝術品。這也便是為什麼有學者總結說：「望舒在本質上與其說是一個革命青年，還不如說是個文學青年。」〔註40〕一個珍視詩歌、等待靈性降臨、復又反覆雕琢的詩人，所出作品數量稀少則是可能的，這證明了詩人對詩歌文本審美化的極強期待，而不僅憑淩亂的情緒亂作文章。「幽夜偷偷地從天末歸來，／我獨自還戀戀地徘徊；／在這寂寞的心間，我是／消隱了憂愁，消隱了歡快。」（《夕陽下》）自詩人寫詩起，情感的表達雖然也是悲傷的，但在整體的

〔註37〕 郭沫若講，李伯昌、孟超合記：《文藝之社會使命》，見黃美真、石源華、張雲編：《上海大學史料》，復旦大學出版社，1984年版，第203～208頁。
〔註38〕 陳丙瑩：《戴望舒評傳》，重慶出版社，1993年版，第8頁。
〔註39〕 杜衡：《望舒草序》，見梁仁（編）：《戴望舒詩全編》，浙江文藝出版社，1989年版，第49頁。
〔註40〕 北塔：《雨巷詩人──戴望舒傳》，浙江人民出版社，2003年版，第14頁。

詩歌情境中,「憂愁」與「歡快」都消隱於文本中,以文學性的狀態存在及表達著。戴望舒詩歌中始終存在著一位情感濃重的抒情主人公,他主情、孤獨、彷徨,隨時傾訴著內心的多重體驗,在詩歌狀態下,這個抒情主人公是戴望舒自己,同時卻也比戴望舒的生活狀態更高一級,乃是驅除了凡俗雜擾的更加詩化的詩性角色,這可以看出,戴望舒是一個有著極強的「作詩」意識的詩人,他將詩歌環境更多地超陞於生活環境之上,進入一重新的幻境中:

> 撐著油紙傘,獨自
> 彷徨在悠長,悠長
> 又寂寥的雨巷,
> 我希望逢著
> 一個丁香一樣地
> 結著愁怨的姑娘。
> ……
>
> (《雨巷》)

「悠長」而「寂寥」的雨巷並不一定果真悠長寂寥,而是在詩性狀態下,當世界迷無靈空,背景虛焦,必須要悠長寂寥。「我」也必須是「獨自」、「彷徨」的,因詩性狀態下,外現的人物存在實際已然是內隱的心境氛圍的具象體現,此時此刻,「結著愁怨」的丁香姑娘是否真的出現過,已經沒有實際層的意義,因為在詩性環境中,想像的場景完全等同於(或言之直接外化於)表現的場景,虛與實揉融一處,無需區分。整個文本世界異常突顯著抒情主人公的存在感及情緒,距離原始的生活場景已然格外遙遠,這就是戴望舒的「作詩」狀態,他已完全將詩歌看做詩歌,看做與現實拉開更多距離的審美世界。〔註41〕此後,他雖也嘗試著一定的風格變化,如《我底記憶》節奏與表達方式的轉變,但其詩歌的整體基調仍然偏重「作詩」之感,抒情主人公形象也始終突出。「我們差不多把詩當做另外一種人生,一種不敢輕易公開於俗世的人生。我們可以說是偷偷地寫著,秘不示人,三個人偶而交換一看,

---

〔註41〕當詩歌與現實拉開距離,一首詩歌便有可能成為詩歌,戴望舒的詩性氣質決定了他的詩歌有可能朝向審美維度發展。但真正的詩歌總是要在更高的層級上重新回歸生活,一味的凌駕無非只是不夠成熟的詩人故作姿態的表現,在這個層面上說,戴望舒的確是在「作詩」,而尤以《雨巷》這樣為文造情的詩歌為突出。

也不願對方當面高聲朗誦，而且往往很吝惜地立刻就收回去。」〔註42〕正如杜衡所言，「年輕的時候誰都是詩人」〔註43〕，年輕人對於自我內心情感的體驗與珍視往往是最為濃烈的，當這些個體性的情愫與現實世界相撞時，年輕人容易將之視為珍寶並敝帚自珍，或是羞於把最真純的東西吐露給早已世俗的世界，故而寫詩成為寄託這樣情感的有效途徑。正如少年時期出於叛逆嘗試鴛蝴派式寫作一樣，戴望舒寫新詩也自然包含著類似的「寄託」，但自一開始，對於新詩的審美性期待及「作詩」的詩人氣質就濃烈地包圍著他，使他很快地區別於其他青年的青春釋放，他的「秘不示人」，則已不僅僅是出於情感的羞澀，而更多地出於對藝術的敝帚自珍，以及擔憂外在世界與詩歌世界的不相融合。

「國民革命」時期基本也是戴望舒開始創作新詩的時期，兩下時間的交合促使某些事情變得意味深長。進入上海大學使戴望舒的生活從封閉走向新潮，與此同時，他的文學創作也從鴛蝴派舊體式轉向新體式──新詩，但兩者在較為同步的轉換之後表現出的狀態卻大為不同。生活上，戴望舒一下子進入高強度、高信息量、高情緒的革命話語場域，這種亢奮的狀態或許是他以後的人生都不再達到的巔峰。〔註44〕文學創作上，作品的數量卻並不為多，表現的題材已不再是極端的幽默小品，也不再借助描寫未曾經歷過的他者的慘烈生活來抒發自己極端的傷感，而是回歸自我，多展現內心的憂思與情調，文體風格低徊隱秘，在表達與吐露之間。這是顯得很有意思的事：戴望舒的生活從封閉走向開放，而他的文學創作卻從開放的極端回歸隱秘的個體，並從此一直將這樣的主題與審美情趣延續了下去。青年依然是那個青年，熱情也依然充滿了熱情，但少年至青年的戴望舒卻多少完成了內在情緒向外在行為的轉換，而「國民革命」即是他轉換的契機。通過求學上大、遊行、散發傳單等相對簡單卻又具有行動層實際意義的活動，戴望舒將原本只能灌注於

〔註42〕 杜衡：《望舒草序》，見梁仁（編）：《戴望舒詩全編》，浙江文藝出版社，1989年版，第50頁。

〔註43〕 杜衡：《望舒草序》，見梁仁（編）：《戴望舒詩全編》，浙江文藝出版社，1989年版，第50頁。

〔註44〕 這之後，戴望舒雖然也以愛國、支持革命的態度關心過革命、參與過左聯等活動，但他所持的基本已是一個旁觀者的態度，而不再將自己看做是真正的革命者。抗戰時期，戴望舒也曾於詩歌中突顯戰鬥狀態，甚至被捕入獄，但那是有志國人所具備的民族意識與氣節，同青年時期亢奮的追求新潮與革命的狀態，不可同日而語。

文學之內的「苦悶」，更多地轉嫁到了實際的革命行動中。在此之後，文學仍然還是戴望舒「苦悶的象徵」，卻多多少少散去了糾結的戾氣、過剩的情緒，而可以相對關注到文學文本眞正的審美意義層去。我們知道，經歷過「國民革命」時期的戴望舒，也依然還是一個重情緒的、充滿著內心矛盾的、心境憂傷而自卑的個體，他所寫的詩也依然並非充滿陽光、力道鏗鏘，而始終都陰鷙憂鬱，但是，以上所有這些負面性的情緒都較少以情緒的方式宣泄於詩歌中，而更多以審美的層次滲入文本，生活狀態的矛盾與糾結、悲苦與哀傷漸漸轉變爲詩歌的多層、張力結構，而不再僅僅以其本身面目呈現。可以說，戴望舒是不折不扣的主情詩人，但「主情」絕非「濫情」。這也即是藍棣之說過的「戴望舒的詩是感情的，但不是感傷的。感傷是感情的矯飾虛僞，是感情的泛濫，戴詩裏沒有這樣的東西。」〔註45〕

在本文看來，促使戴望舒詩歌的審美能力提升的影響因子，除去個體文學造詣的深化、中西方文學內部的暈染，也同時與戴望舒所處的歷史環境——「國民革命」息息相關，在外圍積極參與過的戴望舒，因此釋放了青春的戾氣，沉澱出屬於他的詩性情懷。「大約在 1927 年左右或稍後幾年初露頭角的一批誠實和敏感的詩人，所走道路的不同，可以說是植根於同一個緣由——普遍的幻滅」，〔註46〕重新再讀卞之琳這一段話，我們也許會發現，類如戴望舒這樣的壓抑個體以及熱血青年，也只有經歷過一場看似壯烈但又終歸空無的「幻滅」之後，個體自身的發展才能重新回歸或是找到眞正屬於自己的方位，也只有經歷過這樣的一次「成長」，少年的懵懂與衝撞才能螺旋上昇爲新一重的人生向度。或許我們每個個體都必須經歷屬於自己的「國民革命」，而在 1920 年代，這個宏大背景爲一個渺小個體完成了這樣一個必然的轉換，戴望舒正是在這樣的轉換過程中開始其新詩創作的，故而他的詩歌自一開始便擁有著較好的審美向度，從不曾泛濫宣泄過。

三

我底記憶是忠實於我的，
忠實得甚於我最好的友人。

〔註45〕藍棣之：《戴望舒這份遺產》，《讀書》，1990 年第 2 期。
〔註46〕卞之琳：《戴望舒詩集·序》，見《戴望舒詩集》，四川人民出版社，1981 年版，前言第 2 頁。

它存在在燃著的煙捲上，

它存在在繪著百合花的筆桿上。

它存在在破舊的粉盒上，

它存在在頹垣的木莓上，

它存在在喝了一半的酒瓶上，

在撕碎的往日的詩稿上，在壓乾的花片上，

在淒暗的燈上，在平靜的水上，

在一切有靈魂沒有靈魂的東西上，

它到處生存著，像我在這世界一樣。

……

　　《我底記憶》

《我底記憶》自然可以算是戴望舒的又一代表作，並且比之「作詩」之感明顯的《雨巷》，詩人更為珍視這一首作品。誠如題目，這首詩歌通篇在講「我的記憶」。在詩人看來，記憶首先極為忠實，它無時不刻地顯現於現下生活中的物事之中，如煙捲、百合花、粉盒、木莓一樣地隨時可觸可及。更重要的，記憶的生存狀態或言之情感狀態同戴望舒極為類同，「在一切有靈魂沒有靈魂的東西上」「到處生存著」，「像我在這世界一樣」，這就使詩人對記憶更有了一份戚戚然的同命感。在這首詩中，戴望舒完成了兩重意義上的主客轉換，一是將產生於自我情感中的記憶客體化，這使得記憶剝離開精神主體，成為一個可以審視的外化事物或他者精神，二是將已經外化為他者的記憶再次同更加具體的現實對象兩相勾連。兩次客體化使最初極為抽象的自我記憶變成具備可觸形象的對象，詩人說記憶「忠實得甚於我最好的友人」，記憶既然已經可以同現實意義上的他者進行對比，其潛在含義即是：記憶已經是一個外化的客體，而不再是自我的一部分了。究竟是怎樣的一個人才會將自我的記憶客體化、物象化，並覺得沒有什麼比自己的記憶更忠實？當記憶成為可以感知的對象，戴望舒便仿似獲得了同病相憐的對象，去感受記憶的可愛與可憐，去體味記憶與自我情感的交融，從而獲得現實世界中不曾擁有的「懂得」。這只能是一個自戀的人才能展現的情感狀態，並且他的自戀完全緣於對現實世界的不能掌握與受挫，只有將自我情感客體化之時才能獲得真心的交流與快慰。只有在記憶中，只有同記憶相處，戴望舒才能驅除一切恐懼自然地表達著自我，親近著生活。當記憶不再是過去式的回憶性質，而被詩

人看做平行時間中的同類客體，當這一客體顯現在當下空間的對象之上，平行時間又再次被代入現下生活，完全成爲了當下性的同一空間中的存在，這個時候，「記憶」就成爲了戴望舒的「當下」，而眞正現實中的很多感觸都需經由「記憶」的「當下」轉換，才具備現實的意義。「『記憶』使他把自己生活的空間變成了一個夢幻的空間，只有在『記憶』中，生活才顯出它的美來」。〔註47〕

　　的確，我們發現戴望舒的很多首詩歌都直接與記憶有關，並且，很多重要的人生經歷總要留成記憶之後，才會被寫入詩人的作品中。這在詩人展現愛情的情感時體現得格外明顯，當詩人同穆麗娟結婚後，他的「記憶」世界裏卻仍舊充滿著施絳年的影子，《有贈》中的最後段這樣寫到：「我的夢和我的遺忘中的人，／哦，受過我暗自祝福的人，／終日有意地灌漑著薔薇，／我卻無心地讓寂寞的蘭花愁謝。」曾經的美夢在逝去後反倒愈發具備主體的意義，而「遺忘中的人」若能成爲抒情的對象，也則證明並沒有被遺忘，當詩人有意灌漑薔薇之時，卻無意識地使得蘭花寂寞地枯萎，如果說薔薇有著施絳年的影子，那麼枯萎的蘭花則必然是穆麗娟。在同穆麗娟的婚姻生活中，詩人也並非不愛自己的妻子，然而回憶作梗，常常使得當下的一切遭受阻礙，詩人彷彿未曾親觸當下，而是始終與記憶相伴相惜。有意思的是，當穆麗娟也離開了戴望舒，當這個曾經的「當下」也成爲「回憶」時，詩人復又珍惜起彼此之間的感情來，在《林泉居日記》中，詩人熱切地渴慕著分居的妻子能夠盡早回到自己身邊來，「麗娟，我是多麼盼望你到香港來。我哪裏會強留住你？雖則我是多麼願意永遠和你在一起」，〔註48〕在《過舊居》這樣的詩歌中，詩人又以強烈地畫面呈現回憶及留戀起一家人生活於林泉居的生活：「現在……可不是我回家午餐？……／桌上一定擺上了盤和碗，／親手調的羹，親手煮的飯，／想起了就會嘴饞。」而在《示長女》中，夫妻恩愛女兒乖巧的畫面簡直令讀者爲之動容：「我們曾有一個臨海的園子，／它給我們滋養的番茄和金筍，／你爸爸讀倦了書去墾地，／你媽媽在太陽陰裏縫紉，／你呢，你在草地上追彩蝶，／然後在溫柔的懷裏尋溫柔的夢境。」當夫妻恩愛終成過眼雲煙，戴望舒才會從回憶裏發掘它們全部的美好，而當

〔註47〕張林傑：《戴望舒：「田園」趣味與都市人生》，南京師範大學文學院學報，2012 年 3 月第 1 期。
〔註48〕戴望舒：《林泉居日記》，見王文彬、金石（編）：《戴望舒全集》（散文卷），中國青年出版社，1999 年版，第 235 頁。

詩人經歷著這些的時候，卻竟未曾表達過類似的感受。與之同時，我們也能在這一重意義上印證，為何戴望舒在參與革命活動期間並不曾寫有與之相對應的詩。「國民革命」期間，在實際行動層參與革命的詩人，其詩作無非只是纏綿淒切的內心獨白，類似《夕陽下》、《寒風中聞雀聲》這樣的詩歌，毫無革命之感，即便大革命初落潮時所就的《雨巷》，也屬於主題多元的模糊文本，很難完全被認作革命情緒的指徵。而等到詩人離開革命現場，以一個外圍支持者的身份看待革命時，他卻又創作出《斷指》這樣的「回憶」篇章，產生了《流水》、《我們的小母親》這樣的歌頌集體之力、機械文明的激昂之作。

「在人的所有精神世界裏，只有記憶可以透露出人的真情。記憶就像是他的影子，時時提醒著自身的限制和環境的意義。記憶都不是偶然存在的──每個人都會從他的記憶中找出那些他認為有用的東西進行保存，不管其清晰與否。所以，這些記憶就成了他的『人生故事』。」〔註49〕並且對於戴望舒來講，唯有這些經過主體選擇保留下來的記憶才是真的可以握在手中、完全被掌控的實有，也只有當經歷沉澱成記憶，詩人才具備審視及品讀它的能力，才會在文字層面上最終浮出水面。也就是說，當物事處於「當下」狀態時，詩人無法將之表達或呈現，只有借助回憶的距離，詩人才會寫出與之相關的內容。戴望舒實際是個與現實關係很緊張的人，他的性情與處世態度皆不成熟，時常難以駕馭紛繁複雜的問題，在《林泉居日記》中，戴望舒對穆麗娟是這樣評價的：「這個天真的人，我希望她一生都在天真之中！我要永遠偏護她，不讓她沾了惡名。她不瞭解我也好，我總照著我自己做，我深信是唯一能愛她而瞭解她，唯一為她的幸福打算的人，等她年紀再大一點的時候，等她從迷蒙中清醒過來的時候，她總有一天會知道我的。」〔註50〕一個自以為成熟正確並試圖轉變他人的人，本身就帶有一定的不成熟性，且從這段話中也可看出，戴望舒是一個執拗於自己內心意念，未曾以對方的處境思考問題的人，說其妻「天真」，除了顯示出戴望舒只把妻子當小孩，對夫妻關係定位不準確，也同時顯現出他在面對現實問題時的單線思維，認為固執地堅持己見就可以獲得現實層的勝利。相對而言，「回憶」世界則讓戴望舒感到

〔註49〕〔奧〕阿德勒：《自卑與超越》，李青霞譯，瀋陽出版社，2012 年版，第 49頁。

〔註50〕戴望舒：《林泉居日記》，見王文彬、金石（編）：《戴望舒全集・散文卷》，中國青年出版社，1999 年版，第 229 頁。

舒適且易於駕馭得多。「回憶」可以說已經成爲了戴望舒的處世方式，借助時光的距離，詩人得以獲得安全感與表達欲，世界一下子變成詩人自我的世界，一切邏輯可以追隨著封閉個體的邏輯運轉，曾經的感知沉澱過後，緩緩地流淌而出，沒有與外界的齟齬，只有個體情感的直線性流淌。更重要的是，「回憶」也已成爲戴望舒詩歌的審美方式，通過「回憶」的篩選、做舊、冷凝，激烈的情緒被很好地處置，使「主情」的抒情主人公看起來那麼悲怨卻也那麼幽隱，不曾以過於噴薄的強力破壞了詩歌應有的美感，「回憶」爲戴望舒的詩歌拉開了有效的審美距離。「說是寂寞的秋的悒鬱，／說是遼遠的海的懷念。／假如有人問我煩憂的原故，／我不敢說出你的名字。」(《煩憂》)「寂寞的秋的悒鬱」同構於「遼遠的海的懷念」，「懷念」自然指示向曾有的故事，而同構的「寂寞」也極可能源於曾有的「波動」，但這樣濃烈的感情在「回憶」狀態下只能是表面的平和，只能是「不敢說出你的名字」。當我們回過頭再去想詩人於《詩論零箚》中所言「詩是由眞實經過想像而出來的，不單是眞實，亦不單是想像」〔註 51〕之時，我們也許會發現，「回憶」天然符合這一中間地帶，不再具備當下的眞實性，卻又曾經眞實，並從曾經的眞實裏逐漸幻化，變成新一重的審美空間。「戴詩這種『由眞實經過想像』的心理狀態──詩情，因注重眞實與想像的癒合；所以它既是符合眞實原則的作者眞切體驗到的心靈境界，又因想像聯想功能的介入而與概念道理的圖解劃開了界限，空靈又眞實，不再訴諸理解力，而是訴諸感覺和想像，能引起人們心靈的呼應」。〔註 52〕

從整體上看，戴望舒的詩歌始終追求這樣的「回憶」式審美。然而，在整體性的審美意識關照下，這種「回憶」的穩定狀態並非始終持續於戴望舒的詩歌中，在某些詩歌及某個創作點上，也可能出現一定的跳脫，並且這種跳脫往往將審美狀態的「回憶」重新拉回「想像」與「眞實」的情緒兩極，使創作情緒處於波動的狀態。我們早知道，戴望舒早期嘗試文學創作所作的小說《債》、《賣藝童子》、《母愛》等篇，實際上就是自我的情感與情節的想像結合的產物，其所表現的悲苦的還債人、淒慘的賣藝童子以及命運可哀的母親，都是作者於學堂生涯中一瞥現世而得的想像性人物。這樣作品的情感噴張力是很強的，「說到這裡心頭一陣劇痛，在板塌上滾了幾滾，喊了幾陣，

〔註 51〕 梁仁（編）：《戴望舒詩全編》，浙江文藝出版社，1989 年版，第 692 頁。
〔註 52〕 羅振亞：《戴望舒詩歌的特質情思與傳達策略》，文藝理論研究，2001 年第 3 期。

五官流血，竟自往生淨土去了。」（《債》）「可憐他這時一雙小手被風刮得出血了，他的神經已失了知覺了，只覺得眼前忽地一黑，他支持不住了，一鬆手一個倒栽蔥向下落下去……唉！我也不忍說下去了。」（《賣藝童子》）〔註53〕一字一句都充滿了極端的情緒體驗。而進入詩歌創作階段，戴望舒的詩歌也出現過趨向「真實」、趨向「想像」的極端跳脫。《舊錦囊》中的詩歌多偏向於「真實」的極端情緒，相對於後期更審美化的詩歌，這一時期的作品與極端的情感狀態往往更接近，「懷著熱望來相見，／希冀從頭細說，／偏你冷冷無言；／我只合踏著殘葉／遠去了，自家傷感。」（《自家傷感》）這樣的詩句就使人更能感到激烈的「本事」的存在，而並非更加凝練、抽象化的藝術表達。抗戰時候，當詩人的一些篇章忽然傾向革命，或言之忽然更直涉現實時，詩歌筆下的世界就不僅偏於「真實」，更存在另一極端中的「想像」，「新的年歲帶給我們新的希望。／祝福！我們的土地，／血染的土地，焦裂的土地，／更堅強的生命將從而滋長。」（《元日祝福》）在這樣的詩句中，詩人內心的封閉擠壓出強大的力量，衝破自我世界，向現實召喚而去。而《我用殘損的手掌》則更立異於「想像」：

> 我用殘損的手掌
> 摸索這廣大的土地：
> 這一角已變成灰燼，
> 那一角只是血和泥；
> 這一片湖該是我的家鄉，
> 　（春天，堤上繁花如錦障，
> 嫩柳枝折斷有奇異的芬芳，）
> 　……

想像性的世界充滿了畫面感，所謂超現實主義的表達無非只是讓詩人以更加從容的態勢不斷地擴大內心的想像，這一角的灰燼，那一角的血和泥，那一片湖的奇異的美麗……這種想像顯然是共時狀態的，也就說，詩人是在想像當下未能親見卻覺得理應如此的視覺之外的世界狀態，這就同經年回憶的歷時狀態有了很大的不同。

　　這種從「回憶」轉向「真實」與「想像」的兩極跳脫可以說是詩人寫作

〔註53〕戴望舒：《債》、《賣藝童子》，見《戴望舒全集》（小說卷），中國青年出版社，1999年版，第5、7頁。

中有可能出現的正常現象。無論從主題立意還是從審美方式上看，在實際的創作過程中，詩人不可能始終尊於自己的理論主張、尊於一維的寫作模式，圍繞著某一平衡點上下波動並不足爲奇。不過，從詩人經歷層面看，造成這一波動的顯然與具體的政治歷史事件相關，止是「國民革命」的出現與終結，詩人的詩歌才從相對情緒化的文本轉變爲較爲冷凝的審美性文本，風格及審美狀態也從「眞實」的跳脫漸漸納入了革命的「回憶」。也正是抗戰的爆發，詩人內心深處較少展現的鬥爭精神才再一次以主位的姿態出現，封閉的「回憶」空間才得以打破，進入新一重的或「眞實」或「想像」的空間。可以說，較爲激蕩的外部衝擊（「國民革命」）完成了詩人詩歌文本的主題及審美轉換，也於再一次的衝擊中（抗日戰爭）使其重新產生跳蕩，形成戴望舒詩歌文本的波動曲線。不過，我們必須看到，在詩人的年齡、激情、政治活動都異常活躍的 1920 年代，詩人一旦於此時完成了綜合的情感體驗與創作模式的轉換，一生的審美基調便已然注定，很難撼搖。也就是說，對於戴望舒來講，「國民革命」是一個可遇不可再求的非常歷史階段，他完成了詩人的詩風與處世態度的定型，後期無論怎樣轉變，一些基礎性的風格將不會再變。抗戰時期現實感強烈的詩歌並沒有眞正成爲戴詩的主要特徵，而仍被他整體的藝術化寫詩路徑包裹，一時的跳脫並沒有完成內心與外界的綜合，戴的一生都是困於內心的詩人，沒有改變。我們讀著《獄中題壁》、《我用殘損的手掌》之時，似感到戴望舒已完成了內外在世界的交融，但讀到《偶成》、《過舊居》、《示長女》等篇，我們又會發現詩人仍然還是那個困於原罪的封閉者。實際上，這種閱讀體驗同主題的向度關係不大，而是定型化的審美情調不斷彌散，造就了詩人整體性的文本特質。

結　語

綜觀戴望舒早期經歷與詩歌創作的關係，我們會發現：童年及少年時期的壓抑經歷造就了戴望舒敏感封閉的性情，同時也打開了他的文學創作之路，使他成爲了一個文學世界中的傾訴者與抒寫者。「國民革命」與戴望舒的相遇，又使得詩人在特定的歷史階段將內心的壓抑轉嫁於實際的革命活動中，從而在一定程度上消解了文學創作的釋壓性質，更多地具有本體的審美意義。「國民革命」同時也促成了戴望舒「回憶」式的審美形式，經過這一次人生的衝擊，戴望舒雖然並未成爲革命者，其詩歌的抒寫基調卻因此確立，

一直延續至創作的終結。「產生文學的是政治。然而，文學卻從政治中選擇出
了自己。」〔註 54〕1920 年代的大環境與戴望舒相遇，促使戴望舒的文學寫作
發生了質的轉變，可以說，「國民革命」這一宏大的歷史背景具體到戴望舒，
則是爲他完成了人生走向乃至文學追求的塑造。但這種借由政治環境得以激
發而成的文學創作，卻在形成自己之後脫離了與政治的直接關聯，也即「選
擇出了自己」。戴望舒在複雜的人生地帶裏最終爲自己的詩歌找到了適合的表
達，自此後，這些人生經歷也便穿透過詩歌，以它獨特的形式潛性地凝結在
一個個文本中。

〔註 54〕　〔日〕竹內好：《近代的超克》，李冬木、趙京華、孫歌（譯），三聯書店，2005
　　　　　年版，第 134 頁。

身體與革命：
茅盾早期小說中的身體意象

韓明港（重慶交通大學）

　　生命寄寓於肉身，肉身的持護、揮霍和交付，本身就是生命的態度、方式和生命的決斷。身體，永遠是「可朽的」肉身，這也就意味著寄寓於肉身的生命必然是「可朽的」生命，將身體交付於「所信」，是生命意義的創生、也是人追求無限以超越生命之有限的必然。

一、身體意象：妖嬈女體的多重意味

　　茅盾早期作品〔註1〕中最為豐滿鮮明的形象，是他精心塑造的那些女性，靜、慧、孫舞陽、章秋柳、梅行素等，她們豐滿、妖嬈，充滿魅惑又生機蓬勃，這妖冶的女體，有著怎樣獨特的意味？

　　生命首先是身體的，沒有肉身，即無生命。「長恨此身非我有」，〔註2〕「此身」是生命的寓所，也是生命本身，但是，「此身」卻不一定為我所有，而是常常面臨一系列轉移、交付、奉祭。

　　相較於男性，女性生命意義的「身體邏輯」更為突出：閨中待字，出嫁，失夫，改嫁等一系列生命遭際，本質上都是女性身體所有權的轉移——從父、從夫、從子等，女性的生命意義，也恰在於這一系列的身體交付之中。

　　生命的抉擇本質上就是身體的交付，由於女性的強烈「身體感」，故而，以女性身體為主要意象的茅盾小說，能更好地突出在大命時代，生命的眷戀與空虛，生命的飄忽和困惑，生命的護持與奉祭，表達出時代青年敏感、焦

〔註1〕鑒於與本文主題的相關性，主要以《蝕》、《虹》為討論對象。
〔註2〕蘇軾：《臨江仙‧夜飲東坡醒復醉》。

灼、困惑、彷徨的心理狀態和生存狀態。

所以，我們的解讀，不妨從這些妖嬈的女體入手。

（一）美好女體與茅盾的理想自我

茅盾筆下的女體是美麗的，甚至是「妖冶」的。靜女士「豐滿」、「幽麗」讓人「陶醉」；慧女士「肉感」、「迷人」有「攝人的魔力」；孫舞陽有豐滿的身體，且有著「媚、怨、狠」三種「魔力」，讓方羅蘭覺得「是希望的光，我不自覺地要跟著你跑」；章秋柳「明豔豐腴」、「柔媚」；梅行素「英爽」的「東方美人」，「顧盼撩人」。

身體的健美、豐實，是生命健碩、充實的表現，對健美、豐實的女體的描繪，表達的是生命健碩、充實的願望。

這些女體不但是美麗、健康的，更重要的是，寄寓於這些女體中的靈魂是果敢剛決的。慧、孫舞陽、章秋柳、梅行素，不論她們所認定的信念是什麼，都有一種決然赴之的精神，不論她們的生活態度是怎樣的，都有一種縱情揮灑的風度。這種生命的決然、灑脫，讓人想往。

「文學是作家的白日夢」，那麼，這些女性身上事實上寄託了茅盾對理想自我的期求：健康充實、果敢剛決、熱烈灑脫。

大革命之後的茅盾，是「幻滅」、「悲觀」、「消沉」的，茅盾的猶疑、苦悶，一半是因為大革命後的客觀環境，一半是個人的柔弱、敏感造成的，而這些女體所具有的健康飽滿，果敢剛決，英爽磊落的生命，恰是是茅盾想實現的那個「理想自我」。

（二）美好女體與自我眷戀

茅盾筆下的女體健康飽滿、充滿生命的氣息和身體魅惑。

健康飽滿、充滿生命的氣息的身體給人生命的快感，同時，這些或是豐滿肉感的或是幽麗含蓄的，或是英爽磊落身體，都具有難以抵禦的魅惑，身體的魅力確證了身體的價值。

美麗、健康、充滿魅力的身體，造就了身體持有者——靜、慧、孫舞陽、章秋柳、梅行素——的深深自信與自戀，同時也造就了她們以自我為中心的思維方式，不論是戀愛、頹廢、革命，都不是為了「我之外」的社會、歷史目標，而是為了自我快意、自我確證、自我炫耀。這些美麗身體的持有者，本質上都是自我中心主義者，是個人主義者，對美麗女體的執著與欣賞，事

實上是一種自我欣賞、自我眷戀，是個人生命意義自足的認同和確證。

「個人」是「五四」的主題，也是在「五四」中成長起來的茅盾的思想重心，茅盾早期思想事實上更多是「個性之解放」、「人格之獨立」等，「個人」在茅盾心中揮之不去的影子，寫於 1925 年，發於 1929 年的《讀〈倪煥之〉》有這樣一句話頗可玩味，「……從個人主義、英雄主義、唯心主義，轉變到集團主義、唯物主義，原來不是一翻身之易。」〔註3〕

（三）香草美人與時間焦慮

香草美人，在中國傳統文化中，是文人自我意識的體現，是自我品格的欣賞，也是時間焦慮的展示。女子，因為青春的短暫與容顏的易凋，往往比男子更具時間的敏感，在茅盾作品中，美好的女體，也不得不面對時間的侵蝕。

「現在已經二十四歲了，青春剩下的不多，該早打定主義了罷？」「我已經二十四歲了麼？我已經走到生命的半路了麼？二十一，二十二，二十三，像飛一般過去……」〔註4〕這是慧的感歎。「這是有生以來第二十三個多呀！在自己的生命中，已經到了青春時代的尾梢，也曾經過多少變幻，可是結局呢？」〔註5〕這是梅的悲酸。「太多的時間對於我是無用的。假定活到了十年二十年，有什麼意思呢？那時我的身體衰頹了，腦筋遲鈍了，生活只成了可厭！我不願意在驕傲的青年面前暴露我的衰態。」〔註6〕這是章秋柳的宣言。

生命體現為時間。健美的身體，豐足的自我，都以時間為前提，以青春的存在為前提，身體的魅惑、身體的炫耀、身體的自足，沒有了青春作為支撐，一切為零。而真正的問題，我們所擁有的，永遠是一具「可朽的」身體。身體的「可朽」意味著建立於「肉身」基礎上的自足、驕傲、意義永遠是暫時的、有限的。

時間的焦灼，必然導向對永恒的尋求；對永恒的尋求，必然促成身體的奉祭。

〔註3〕茅盾：《茅盾選集》第五卷，成都：四川文藝出版社，1985 年，第 132 頁。
〔註4〕茅盾：《茅盾全集‧小說一集》，北京：人民文學出版社，1984 年，第 418～419 頁。
〔註5〕茅盾：《茅盾全集‧小說二集》，北京：人民文學出版社，1984 年，第 234 頁。
〔註6〕茅盾：《茅盾全集‧小說一集》，北京：人民文學出版社，1984 年，第 28～29 頁。

二、虛無：無處皈依的身體

靜來到上海，只是爲了「讀書」。但是，「讀書」，只是一個動作，並沒有意義，在這裡，意義是虛懸的。

曾經的「女校風潮」讓她心生「幻滅」，也就是以投身學生運動方式實現自我價值只是一種幻想，那麼，身體何歸呢？

這一具「幽麗」的女體，無處交付，生命無處安放，意義無從產生。時間在流逝，紅顏在凋蝕，意義在虛懸，生命處於「煩悶」。

皈依的可能是有的，那就是定一門親事，而她的親事，已是母親的一椿「心事」。嫁人，是傳統的女性的身體轉移與交付的方式，也是身體意義建立的方式，但是，靜顯然不願意如此處置自己的身體，她完全能預見這種方式下生命的結局——那就是小說中二房東的少婦的生活，平凡而瑣碎。靜很清楚，「處女的甜蜜的夢做完時，那不可避免的平凡就從你頭頂罩下來，直把你壓成粉碎。」〔註7〕

靜，與其說不能接受舊倫理，不如說不能接受生活的「平凡」，所以她的「革命」，眞正的原因在於對「平凡」的厭倦。

梅與靜有相似之處。

生命的既定軌跡已經展開，問題是梅並不願踏上平凡的舊路。一個願意爲自己買各種帶「新」字雜誌的、家境殷實的小老闆，從婚姻角度來說，未必不是一個良好的選擇，梅眞正不能接受的是生活的庸常。

美麗的女體，不願意交付於「丈夫」柳遇春，本質上是不願意交付於生活的庸常；而試圖交付的對象章玉，卻懦弱不敢接受，於是尷尬的情景出現了：美麗的身體無從交付，只有時間的流逝和意義的虛無。

女體，從傳統倫理而言，是屬於父母的，也將確定地向夫家進行交付。不過，在「五四」風潮影響下的靜和梅，已經確信身體所屬之在自己，問題是，握在自己手中的這具美麗的身體，正在隨時間的流逝而貶損，無法交付，「我」無法爲「身體」建立意義。

生命的無從皈依，是靜和梅的，也是傳統信仰崩解時，一個時代的困惑。

藍天下，爲永遠的謎蠱惑著的／是我們二十歲緊閉的肉體，一如那泥土做成的鳥的歌，你們被點燃，捲曲又捲曲，卻無處歸依。（穆旦《春》）

〔註7〕茅盾：《茅盾全集·小說一集》，北京：人民文學出版社，1984年，第11頁。

三、頹廢：身體的揮霍

（一）頹廢：身體的揮霍

「在這大變動的時代，我們等於零，我們幾乎不能自己相信尚是活著的人……我們含著眼淚，浪漫，頹廢。」〔註8〕

「我們等於零」，直指了一種意義的虛懸，生命的虛無；「我們幾乎不能自己相信尚是活著的人」，則言稱的是生命「存在感」喪失；「浪漫，頹廢」，是生命「存在感」的體認。

頹廢是是以身體揮霍的方式感知生命的存在。

郁達夫說：「五四運動的最大成功，第一要算『個人』的發現。從前的人，是為君而存在，為道而存在，為父母而存在，現在的人才曉得為自我而存在了。」〔註9〕「王綱解紐」，「個人」從傳統的倫理體系中脫落下來，成為「自我」，不依不傍，「我是自己的，他們誰也沒有干涉我的權利！」〔註10〕

這個自我不是傳統的、對家庭、社會、國家負有不可推卸責任的「倫理自我」，而是以「我」為出發點和歸宿，是個人主義的自我，是「個性自我」。問題是，離開了倫理譜系、離開了社會、歷史，離開了宗教信仰，離開深厚的社會意義與超「有限」的永恒信仰，穩固的價值從何而來？

價值虛無，是以自我為中心的個人主義者噩夢。自我為中心的個人主義者最後歸宿，要麼是頹廢，要麼是「倫理——宗教」自我，要麼是「歷史自我」。

靜的讀書，只是一個虛空的動作，沒有投射對象，其所持護的年輕女體也就沒有任何意義。

靜與抱素的情愛似乎並非只是「本能」、「好奇」的驅使，當然也非出於愛情或倫理的情愛，而更像是一種感官的激發，是生命存在的確證，是身體的揮霍，是——頹廢。

當個體生命成為「自我」時，這個與社會絕緣、與永恒無關的「自我」，便只剩下了「當下」，轉瞬即逝的當下，於是，對當下生命的消費、放縱、甚至毀滅，都成為感受生命存在的方式，而且，往往轉化為「感官的沉淪」。

〔註8〕茅盾：《茅盾全集‧小說一集》，北京：人民文學出版社，1984年，第270頁。

〔註9〕郁達夫：《中國新文學大系‧散文二集導言》，上海：上海文藝出版社，1935年，第13頁。

〔註10〕魯迅：《魯迅全集》第二卷，北京：人民文學出版社，2005年，第115頁。

「與其懷疑，還不如頹廢罷！頹廢尚不失爲活人的行動。」〔註11〕事實上，縱情、濫酒、吸煙，跳舞，這些常見的頹廢的表徵，無一不是生命存在感尋求方式，同時也是身體展演與宣示，放縱與揮霍，也是感官的沉溺。

沒有超越性的價值，那麼只有器官的感受才能喚起生命的存在感。

頹廢，一方面是以身體的展演、感官的驕驕縱確證了生命的存在，一方面也暴露了生命的虛無和意義的絕望。

（二）革命：別樣的頹廢

「假如我的身體是健康的，消沉時我還能頹廢，興奮時我願意革命，憤激到不能自遣時，我會做暗殺黨。」〔註12〕「頹廢」與「革命」之間的轉換竟然靈活無礙，只有心理狀態的關聯，不涉及任何價值與信仰；「革命」與「頹廢」的並置與轉換，暗示了「革命」與「頹廢」的相同功能——生命的放縱與揮霍。

《幻滅》中強是「革命者」，但強革命的眞正原因是戰鬥讓他快意，「我追求強烈的刺激，讚美炸彈，大炮，革命——一切劇烈的破壞力的表現。我因爲厭倦了周圍的平凡，才進了革命黨，才進了軍隊。……」「我喜歡打仗，不爲別的，單是爲了自己要求強烈的刺激！打勝打敗，倒與我不相干！」〔註13〕

如靜和梅一樣，強也是厭倦了「平凡」的人。「革命」，並不爲特別的社會歷史目標，只是爲了戰鬥刺激，爲了感受生命蓬勃的存在。

革命是身體的快慰與揮霍，是另一種頹廢。

靜到武漢參加革命，並非是爲了某一社會理想，某一生命信仰，而是爲了擺脫「煩悶」，「想在『社會服務』上得到應得的安慰，享受應享的生活樂趣了。」〔註14〕「革命」是爲了「安慰」空虛，「享受」生命，靜的「革命」與強連長的「革命」本質相同，也只是頹廢。

慧、孫舞陽、章秋柳們與男性的周旋，只是爲了確證身體的魅力；在其所謂的「工作」中，身體的展演、生命的炫耀遮蔽了工作的內容，沒有眞正的信仰，沒有價值的期求，只是身體的放縱與揮霍，是一種別樣的頹廢。

頹廢的本質是虛無。

〔註11〕茅盾：《茅盾全集‧小說一集》，北京：人民文學出版社，1984 年，第 276 頁。
〔註12〕茅盾：《茅盾全集‧小說一集》，北京：人民文學出版社，1984 年，第 315 頁。
〔註13〕茅盾：《茅盾全集‧小說一集》，北京：人民文學出版社，1984 年，第 84 頁。
〔註14〕茅盾：《茅盾全集‧小說一集》，北京：人民文學出版社，1984 年，第 59 頁。

四、賦值：身體向革命的交付

「個性自我」投向社會歷史革命，是「自我」與「社會」和「永恆」建立關聯的方式，是擺脫生命虛無的方式。

（一）失身與革命

在茅盾早期革命小說，「失身」是一個有意味的事件，女主人公走上革命往往從「失身」開始。

《幻滅》中的靜女士「失身」於帥座的偵探抱素，開始嚮往革命；《虹》中梅女士不得已「失身」於自己的丈夫柳遇春，而後離家出走。「失身」的故事不僅出現在靜與梅，也出現在慧女士、孫舞陽、章秋柳等人身上。

「失身」，有何意味？

傳統倫理對女體的要求是「貞潔」，只有貞潔的女體才會被傳統社會倫理所接納，換而言之，貞潔的女體永遠有被傳統倫理接納的可能，也就是「個性自我」永遠有回歸「倫理自我」的可能。而「失身」，以「身體的破損」的方式，否定了「此身」在傳統倫理中獲得價值自足可能，也就斷了其向傳統倫理回歸的退路。

經由「失身」，「破損」的女體已經沒有退路，剩下的要麼是在頹廢中揮霍，要是等待新的賦值方式。

（二）失戀與革命

靜、慧、章秋柳、梅行素，各有自己失敗的戀愛，孫舞陽，只是「玩弄」男子，並不真愛，在一系列的故事裏邊，愛情被棄置了。

「戀愛」本是現代文學重要的主題，甚至在「革命文學」，「戀愛」一直不曾褪色。「戀愛」，除了作為頹廢表徵的「濫情」，相對嚴肅的戀愛除了是青年男女的本能衝動之外，還有著另外的意義。

戀愛，是彼此的欣賞與需要，也就是說，是彼此以對方為基礎建立起的價值確證和意義自足；戀愛，對於從傳統倫理脫落出來的青年，有向傳統示威的意味，也更是生命意義建立的方式。

戀愛的成功，是彼此之間生命意義與價值自足的確證，而戀愛失敗，是對以對方為基點建立意義與價值之可能的否定。

最典型的是《虹》中梅在夢中向梁剛夫求愛被拒。被拒，否定了梅在愛情中獲得生命完足的可能，也象徵性地否定了女體向「愛情」索要價值的

可能。

戀愛，能為身體提供真正的價值嗎？

首先，戀愛確可為身體提價值，如前所述，戀愛是彼此間的欣賞與確證，但是，戀愛並不能真止為身體提供完足的價值。

梅向梁剛夫講述了自己的情感遭際，梁剛夫冷靜地說，「你們做了一首很好的戀愛詩，就可惜缺乏了鬥爭的社會意義。」〔註 15〕這並不只是梁剛夫的矯情，愛情的所能提供的生命意義確實不具有空間的廣泛性和時間上的永恆性，所以未必能不能真正滿足生命對形而上意義的追求，未必能使人真正從虛無中得救。

「革命＋戀愛」小說中，革命與戀愛，都是生命意義的確證方式，但是「戀愛」是意義的彼此互證，相較於具有更廣社會意義與更深歷史意義的「革命」，小說的結局最終朝向「革命」是自然之理。

（三）自我與革命的矛盾

「失身」、「失戀」是對身體其它可能賦值方式的象徵性否定，是茅盾為走向「革命」做的鋪墊，茅盾如此細心地安排，顯然是他感覺到了「自我」與「革命」間的矛盾，「個性自我」向「歷史自我」轉換的艱難。

嚴肅的革命是社會的、歷史的，投身革命，也就是身體向革命的奉祭，生命向革命的皈依，這一過程恰是一個「自我」的否定與放棄過程。

耽溺於「自我」還是獻身於「革命」，並是一個容易的決斷。

「章秋柳呀，兩條路橫在你面前要你去選擇呢！一條路引你到光明，但是艱苦，有許多荊棘，許多陷坑；另一條路會引你到墮落，可是舒服，有物質的享樂，有肉感的狂歡！」〔註 16〕一條路是生命的恣意狂歡，一條路是自我約束、自我放棄、自我否定，甚至是身體與生命的奉祭，這的確是一個艱難的選擇。特別對「五四」之後的青年——包括茅盾——而言，他們接受的多是個人主義、自由主義，他們對革命的期求，首先是「救出自己」：對靜而言，是救自己於「煩悶」，對梅而言是救自己於「錯亂」，對曹志方等人而言是救自己於「虛無」，對孫舞陽而言，是身體的展演與魅惑的釋放，對強連長而言，是生命的血色狂歡。

革命，是私人的，而非社會歷史的。

〔註15〕茅盾：《茅盾全集‧小說二集》，北京：人民文學出版社，1984 年，第 241 頁。
〔註16〕茅盾：《茅盾全集‧小說一集》，北京：人民文學出版社，1984 年，第 319 頁。

　　茅盾顯然發現了這一問題，於是，在《虹》中，讓梅經歷「失身」、「失戀」，「克制自己濃鬱的女性和更濃鬱的母性」，經歷一系列放棄自我的努力，然後走向革命，「把身體交給第三個戀人──主義！」〔註17〕而這一系列地刻意的安排，恰恰暴露了革命並非具有天然的「合法性」和「可欲性」。

　　那麼，茅盾的一系列精心地安排和大量「革命小說」中最終向革命的價值傾斜，是不是只是一種宣傳的刻意或者強加的邏輯呢？

（四）革命：為身體賦值

　　《易經》第四十九卦：「湯武革命，順乎天而應乎人。」

　　傳統意義上的革命是強調的是「順天」和「應人」，是一種倫理上的「正當性」，是「倫理正義」；現代中國的革命更強調的是革命本於「歷史法則」，「革命者，天演之公例也。革命者，世界之公理也」，〔註18〕是一種「歷史正義」。「革命」是對歷史邏輯的主動迎接，是催促歷史進入「必然的」新時代的方式，是歷史以人的活動顯現自身，是「由人們集團的活動」而推動「歷史的必然」的「及早實現」。

　　這種「歷史正義」通過社會指向，具備沉厚而廣闊的空間幅度；通過與永生的「歷史邏輯」接通，建立與「永恒」的關聯──也就是說，現代革命既能提供沉厚的社會價值，又能提供超越性的永恒意義。

　　從傳統倫理中脫落出來的「個性自我」離開了社會，也就離開了「被需要」的價值感；離開了具有形而上的、具有永恒意味的傳統倫理體系，也就斷絕與「永恒」的關聯，成為當下的、暫時的、孤獨的存在者。當革命的號角吹響時，「革命」不僅允諾了一種美好的國族未來，也同時為「個性自我」重新接通「社會」和「永恒」提供了可能，為以「革命」為基點為「身體賦值」提供了可能。

　　參加革命，是對處於意義虛無中的自我的救贖，是生命個體向歷史時間的皈依，是以社會和歷史為基礎的價值重建，是以歷史永恒為橋梁的對有限的超越。

　　在一個價值紊亂、信仰失序的時代裏，「革命」以其獨有的社會廣度、歷史深度和科學形態，成為生命信仰的建立方式，甚至，革命本身，成為一種信仰，成為身體賦值的終極方式。

〔註17〕茅盾：《茅盾全集・小說二集》，北京：人民文學出版社，1984年，第252頁。
〔註18〕鄒容：《革命軍》，北京：華夏出版社，2002年，第8頁。

生命向革命皈依成爲必然。

五、回望：投向革命的身體

「呵，光，影，聲，色，都已經赤裸，痛苦著，等待伸入新的組合。」（穆旦《春》）

有限的生命，總是期待著無限的價值空間。當舊的價值體系崩解時，「個人」被發現，但是，有限的、依託於「可朽的肉身」的「個人」，無法擺脫意義虛空和時間焦灼，於是戀愛、於是頹廢、於是革命。

身體向革命的交付中，存在著個人與團體的矛盾，自我耽溺與自我約束的矛盾，個性自我與歷史邏輯的矛盾，自我肯定與自我奉祭之間的矛盾，但是，在一個意義崩解、價值虛空的時代，在一個舊倫理瓦解，新倫理未生，舊信仰崩塌，新宗教未生的時代，「個人」，事實上很難擺脫「革命」的召喚，革命是生命建立意義，超越有限的可能方式。

革命，不但是國族問題簡潔明瞭的答案，也是生命困惑直截了當的回覆。

革命爲身體賦值。

身體是終將交付於革命的。

阿爾都塞說，人是天生的意識形態動物。

入川之路
——抗戰時期下江作家的選擇

黃菊（西南大學）

　　抗戰文學作品中屢屢出現「下江人」這一詞彙，「下江人」現實中對應的是因戰爭移民至重慶的外來群體的總稱。因戰爭入川的作家在筆下塑造眾多「下江人」形象，而作家自身在現實境遇中也恰恰也是「下江人」的身份。「下江人」在抗戰時期的文學作品中頻繁出現，更與陪讀重慶這座城市有著緊密的聯繫。重慶在長江的上游，「下江人」這一名詞，從文化的角度，喻示著漂泊者的流亡身份；溯江而上，從地域的角度，喻示著一個和四川重慶本土迴然不同的群體。「下江人」並非因抗戰而誕生的新名詞，但卻因抗戰被賦予了更豐富的涵義。

　　戰爭年代，從「下江」到重慶，入川的路伴隨著戰火硝煙，社會生活的常態被徹底打破，相對穩定的環境切換成顛沛流離的逃亡之路。當我們在談論抗戰文學中的民族主義、愛國情懷的時候，也不能忽視戰爭中的個體感受。以入川之路為例，當下江人懷著對日寇的恨，懷著對家園的不捨，懷著對大後方城市的陌生，選擇了入川時，每個人的感受程度是不一樣的，遠非「曲折艱辛」一類的詞彙可以概括。

　　本文擬從下江人中的作家群體入手，從下江作家們入川的視角，通過分析「下江」他們入川的緣由，解讀他們一路上的感受和對未來生活的想像，探討這些體驗是如何影響了他們在抗戰時期的文學選擇和文學創作。

一、新的移民群體的產生

1937 年 10 月 29 日，國民政府國防最高會議召開，蔣介石做了題爲《國府遷渝與抗戰前途》的講話，明確宣佈：「爲堅持長期抗戰，國民政府將遷都重慶，以四川爲抗戰大後方。」11 月 20 日，國民黨中央通訊社發表了移駐重慶宣言，「國民政府茲爲適應戰況，統籌全局，長期抗戰起見，本日移駐重慶，此後將以最廣大至規模，從事各個持久之戰鬥。」國民政府內遷重慶，不少高校、文化機構、出版機構、書店等隨之南遷，重慶遂逐漸成爲抗戰大後方文化中心之一。

據教育部民國二十八年統計，因戰爭爆發而遷至西南的高校共有五十二所，其中以遷入重慶的最多，共有三十一所。在遷渝的三十一所高等院校中，共計有大學九所，大學研究所一所，獨立學院十所，專科學校十一所。加上重慶原有院校和新辦學校，至民國三十三年，重慶高校達到三十八所，居全國之冠。〔註1〕除高校之外，大量的出版機構湧入重慶，據有關資料統計，抗戰前，重慶有大小書店 40 餘家，大印刷局 17 家；抗戰後的 1942 年，有書店 145 家，印刷廠 131 家，出版圖書 1,292 種，期刊 220 種。〔註2〕

在此情況下，大學教授、新聞記者、文學家、藝術家從南京、上海、北平等四面八方進入四川，彙聚重慶，重慶的城市文化事業達到空前繁榮的狀態。據民國二十七年五月，國民政府賑濟委員會代委員長徐世英稱：「據某處非正式的統計，自東戰場逃來的難民中，文化教育者占百分之二一。」即在內遷群體中，知識分子群體佔了很大部分比例。有學者專門分析抗戰時期只是分子的遷移狀況，提到抗戰時期遷移到西南內陸的群體中，「高級知識分子十分之九以上西遷；中級知識分子十分之五以上西遷；低級知識分子十分之三以上西遷。」〔註3〕因此，在一段時間內，武漢、重慶、昆明、桂林等城市，都成爲抗戰大後方文化人聚集之地，形成了多個文學文化的中心。其中，重慶作爲戰時的陪都，吸引了更多的文化藝術家。司馬長風曾在他的《中國新文學史》中統計，抗戰時期住在四川的作家總計 140 人，是戰時最大的作家集團。

〔註1〕《重慶，一個內陸城市的崛起》，周勇主編，重慶出版社，1989 年第一版，第
　　　　465 頁。
〔註2〕《文化先鋒》第 3 卷第 23 期，第 14～15 頁。
〔註3〕孫本文：《現代中國社會問題》第 2 卷，第 261 頁。

二、「蜀道何嘗縈夢，吳人忽遺住山城」〔註4〕——戰爭追趕下的
　　入川之路

　　相較於舒心城的從容悠閒，抗戰時期的下江作家的入川之路顯然要複雜得多，在戰火的追趕下，面對的是親人的離散、流離失所的精神和現實雙從折磨。不僅居無定所，連逃難也沒有一個明確的方向，甚至重慶在一開始並非很多人明確的目的地，葉聖陶曾在詩中寫道：「蜀道何嘗縈夢，吳人忽遺住山城」。很多人都在戰火的追趕下不斷的逃離，從一個城市漂泊到另一個城市，輾轉流徙「但能住幾時，亦難預料，苟至不能再住之時，又將何往，則弟智窮力索，實亦無法解答。」〔註5〕不知何時能結束漂泊的狀態，不知家人在何處，不知何處是歸宿，是當時大多數人的狀態。

　　即便如此，但隨著國民政府的西遷，高校、文化機構的內遷，武漢、重慶、成都等內陸城市成為大多數知識分子首選的逃難目的地。他們對重慶這座城市本身並不瞭解，對那裡的自然環境風土人情並無多少認識，更談不上好感，只是因為重慶是戰時的陪都，是國民政府所在之所，是國家的象徵，因而成了很多人逃難的目的地。「渝非善地，故自知之。然為我都，國命所託，於焉餓死，差可慰心。幸得苟全，尚可奮勉，擇一途徑，貢其微力。」〔註6〕讓老舍下定決心離開濟南的動力在於讀書人最珍貴的是氣節，「我不能等待敵人進來，把我的那點珍寶劫奪了去。」於是子啊萬般不捨中丟下妻兒，去到武漢。對於一個知識分子來說，他們西遷的主要目的還不在求生存，而在於他們的愛情情節要求他們做出這樣的選擇。他們或攜家帶口，或孤身一人，走向陌生的內地，最終來到重慶。

　　漂泊的過程中居無定所，他們中有的在重慶短暫停留，又出發到西南其他地區；有的則在重慶度過整個抗戰時期。葉聖陶離開武漢入川之初，設想著「張一小肆，販賣書冊，間印數籍，夫妻子女，並為店夥，即以糊口，以遣有涯。」要在重慶重整開明書店的出版事業。及至到了重慶，則在巴蜀學校教授國文，雖「早已立志不做大學教員」，為經濟狀況，仍在北碚復旦大學

〔註4〕商金林編：《策杖》，《葉聖陶抗戰時期文集‧第一卷》，人民教育出版社，2005年出版，第74頁。

〔註5〕商金林編：《葉聖陶抗戰時期文集‧第一卷》，人民教育出版社，2005年出版，第12頁。

〔註6〕商金林編：《葉聖陶抗戰時期文集‧第一卷》，人民教育出版社，2005年出版。

短暫兼課。並最終接受武漢大學的聘書,離開重慶,再內遷至樂山。老舍從青島到濟南,由濟南又至武漢,到了武漢,也非終點,老舍猶豫著「繼續住在漢口呢?還是另到別處去呢?」有朋友邀請他到長沙,武漢的朋友則邀他在華東大學任教。但命運最終將他和文協綁在了一起,租後隨文協總匯再內遷至重慶,直至抗戰勝利。

三、長江航道,入川的主要路徑

抗戰時期流亡至西南內陸的路徑主要有以下幾條:一是由戰區進入陝西,再從陝西進入四川,北方難民多從此遷入;二是經湖北西部由陸路或長江水運進入四川;三是從湖南西部進入貴州、雲南;四是越南失陷之前,一部分人從海路至越南海防,轉滇越鐵路進入昆明;五是由廣西桂林乘黔桂路火車到貴州獨山或乘汽車到貴陽。〔註7〕其中第二條線路,即從湖北武漢、宜昌沿長江航道至四川重慶是入川的主要通道,溯江而上,也是「下江人」這一稱呼產生的主要緣由。

在內遷人數最多的時候,在宜昌候船的人數眾多,而能提供的船隻則非常有限,只能在宜昌焦急的等待,「聞停頓在宜昌者達三萬人,而上水船少,且多供差,每開一艘不過載去一二百人,來去不相應,已成越聚越多之勢。」人既然越發的多,能購票的希望也就越渺茫,大多數的人只能在旅館焦急的等待,等上一個月屬尋常。對於已經成名的作家來說,覓得一張船票比普通大眾就要容易得多。葉聖陶通過朋友認識了民生公司宜昌經理李肇基,「李本教育界中人,辦學十餘年,對開明書店書籍深為愛好,一談之下,立刻允諾,謂四日五日內必有辦法。」開明書店的影響力,對開明書店書籍的好感讓葉聖陶等很快在船票奇缺的境況下幸運的購得了前往重慶的船票,也難怪葉聖陶自己都感慨「得之實大難!」〔註8〕

1937 年,老舍是帶著任務從武漢出發赴重慶的,文協理事會決定總會暫遷重慶,「七月三十日,我,何容,老向,與蕭伯青,便帶著文協的印鑒與零碎東西,辭別了武漢。」途徑宜昌候船。老舍當時身患痢疾,天天還有空襲,生病的不適,空襲的緊張,船票的渺茫交織在一起。等候船票的人極多,連

〔註7〕 潘洵:《抗戰時期西南後方社會變遷研究》,重慶出版社,2011 年 1 月出版,第 17 頁。

〔註8〕 商金林編:《葉聖陶抗戰時期文集·第一卷》,人民教育出版社,2005 年出版,第 23 頁。

民生公司內部的人要票都得抓腦袋。等了一個星期，船票有了，老舍很樂觀，即使買的都是鋪位盡在甲板上，他覺得都不挑剔，「只要不叫我們浮著水走就好。」〔註9〕到處都是逃難的人群，老舍根本無暇欣賞沿途的三峽風光，到處都是人，「彷彿全宜昌的人都上了船似的。不要說甲板上，連煙囪下面還有幾十個難童呢。」

　　相比較於已經出名的作家們入川所面對的複雜情感，年輕學子的情緒顯然要開朗得多。1937 年末，國民政府教育部在漢口和內陸幾個大城市設立了「流亡學生登記處，」準備將他們分批送往大後方去讀書。13 歲的徐嗣興和同學一起在「流亡學生登記處」登記，轉乘「民生」輪船公司從宜昌踏上去重慶的道路。同樣在逃難，年輕學子們卻很高興領略了沿途三峽的美麗風光，那些以前只在文字中認識過的地名和掌故，如今都活生生盡在眼前。在驚歎於三峽奇譎的同時，這些年輕人還一曲又一曲的唱起了抗戰歌曲，高昂的旋律激發起他們的愛國熱情，他們幾乎忘記了當前的苦難，甚至對未來的前途充滿了某種難以言說的憧憬。〔註10〕

四、「下江人」和「重慶客」相同群體不同感受

　　儘管蜀道艱難，到重慶的人們，更需要調整的是對新的生活環境的適應。抗戰時期旅居重慶的外來者，被稱為「下江人」，他們還被稱為「重慶客」、這兩個不同的詞彙，其實指稱的是一個相同的群體，即因戰爭遷居重慶的外來者。但這兩個詞彙卻來自不同的認知，也是旅居重慶的人們不同心境的寫照。

（一）「下江人」的由來

　　抗戰爆發後，重慶的人口激增，1937 年重慶計有人口 473,697 人，至 1939 年 3 月統計，人口增至 534,745 人。據《新華日報》1939 年 10 月 15 日載，1938 年 10 月 10 日至 1939 年 10 月 10 日，重慶職業指導所共登記 7,402 人，除四川外其他各省登記的人數中，江蘇最多 1,203 人，湖北次之 1,033 人，安徽 802 人，浙江 373 人。從這一數據顯示，戰時重慶外來人口中，從江蘇、浙江一帶進入重慶的人口比例最大。因江蘇、浙江居於長江下游，四川重慶

〔註9〕　《八方風雨》，《老舍文集·第十四卷》，人民文學出版社，1989 年出版，第295 頁。

〔註10〕　朱珩青著：《路翎傳》，大象出版社，2003 年出版，第 42 頁。

人習慣於將來自江蘇、浙江的人稱之爲「下江人」或者「腳底下人」。

但「下江」一次並非抗戰才有的新名詞，「下江人」也並非一個因戰爭出現的新的社會群體。抗戰時期的移民並非重慶歷史上的第一次。在明末清初的時候，因連年戰爭，四川大量人口死亡和逃離，經康熙、雍正、乾隆三朝，大量移民進入四川，經多年休養生息，至嘉慶四川人口才逐步恢復。當時的移民以兩湖、江西、廣東最多，這些從四川以東地區入川的移民，往往把重慶作爲第一個最大的落腳點。尤其是在 1891 年重慶開以後，「下江」更成爲一個被頻繁使用的詞彙。

在抗戰之前的一些作品中，就已經有「下江人」的出現。20 年代，舒心城在其《蜀遊心影》中多次提到「下江人」。當然，舒心城入蜀是旅遊，他在旅遊中有充足的時間和很好的興致欣賞沿途的自然風光，風土人情，點評蜀遊途中的所見所聞，他驚訝於在四川重慶的旅館有「下江人」用的洋瓷臉盆；他稱讚重慶第二女子師範學校好，標準就是「把她當作一個下江的女學校看待」，他在成都參觀通俗教育館，認爲成都通俗教育館是他所見過哥省中做的最完善的，這一切歸功於督辦楊森對人才的收羅，「自下江貨，以至本地產，自留洋生以至留京生，無不有之。」〔註11〕在他的筆下，「下江」更多作爲四川重慶本土的對照而出現的，文字中帶有強烈的優越感，下江的商品、下江的教育、下江的人都是要優於四川重慶。

沿海與內陸的差異和隔閡，則自那時起，就已經存在，並直接影響到抗戰時期外省人和本地人之間的關係和對彼此的認知，「難民和流亡者幾乎立刻認定重慶是一個可惡的地方，而他們認爲最壞的東西之一，是重慶人。」「和政府一起到長江上游的下江人，把四川人當作特色種類的次等角色。」〔註12〕「下江人和本地人，無形中是兩個不同的群體。本地人則認爲下江人的湧入，擡高了日常生活用品的價格，搶佔了資源。同時，下江人的湧入，大多碎政府機關、教育機構而來，在政府中，任職的人占多數，無形中又讓本地人覺得受「下江人」的管制。以至在抗戰初期的重慶報刊中，時不時都可見「下江人」和「本地人」因生活習慣不同，看法不同而引起的衝突事件，《大公報》都不得不要求禁止警察使用「下江人」一詞，並說：「四川因昔年積習，致有川省人與下江人之分，此雖爲一幼稚之語，然而引起無謂糾

〔註11〕舒心誠：《蜀遊心影》，開明書店印行，第 201 頁。
〔註12〕白修德：《中國的驚雷》，新華出版社，1988 年出版，第 8 頁。

紛，實屬不少，因此往往起因甚微，反致事態擴大，均由於「下江人」三字所致。「希望一般市民共同努力抗戰建國工作，不必顯分地域，而引起無謂之糾紛。」〔註13〕

（二）做客重慶的人

另一方面，外來者始終對重慶懷抱著陌生感，他們不覺得自己是這座城市的主人，即使他們在本地人看來位居高位是這座城市的管理者。「重慶客」是司馬許在抗戰時期出版的一部文集，這個詞語源自下江作家，是對旅居重慶人們的自我稱謂。「重慶客」很好的概括了外來人群在重慶居住的心態，一方面因戰爭不得不在重慶停留，一方面又並沒有將這裡當作自己永久的家，大家都抱著「客居」的心態過戰時的歲月，雖然葉聖陶在給朋友的信中說自己恐怕要做遷蜀的第一世祖，但山城季節的更替都隨時引起人們對故園的思念，當秋天來臨時，大家腦海裏浮現的是北平的秋天和南京的秋天，「天安門的黃葉，松枝烤羊肉，以及良鄉的栗子」；「板鴨和鳳尾蝦，還有棲霞山的紅葉」；冬天的一點雪就讓人思念故鄉「雪中的山茶花，銅瓶裏的梅花，風乾的蝦米和芬芳的臘味。」〔註14〕家鄉永遠在他們的心中，山城的四季變化、山山水水度在他們的心中和故鄉的山水一一對應。

白修德曾經提到過，「外國人，流亡者和四川人有一樣東西是共有的，那就是陌生之感。」陌生感既來自空間移動所產生的對環境的不適應，也來自時代的差異。沿海和內陸，下江和重慶，似乎處於兩個不同的時代，「每後退一步，他們就和以前剛脫離的民族古老傳統接近一步，他們到達重慶，就進入了封建時代。」〔註15〕正是在這樣的時空差異感中，抗戰時期的文學生活有更多豐富的話題值得我們進一步探討。

〔註13〕《大公報》，1937 年 11 月 26 日。
〔註14〕司馬：《重慶客》，萬象周刊出版社，1944 年出版。
〔註15〕白修德：《中國的驚雷》，新華出版社，1988 年出版，第 10 頁。

戰後臺灣文學典範的建構與挑戰：從魯迅到于右任
——兼論新／舊文學地位的消長

黃美娥（臺灣大學臺灣文學研究所）

一、前言

　　1945 年 8 月 15 日日本政府正式宣佈投降，自此臺灣文學史便步入「戰後」階段。面對戰後的到來與日治的結束，臺灣與日本、中國之間原有的文學互動狀態，爲此產生重大改變，其間所發生的文學場域的調整、平衡，其實滿佈著延續、斷裂與嫁接的複雜張力關係，值得細加咀嚼。對於這段需要以更爲動態的「臺灣文學新秩序的生成與重構」視角，[註1] 去看待與詮釋的戰後臺灣文學轉型、發展過程，過去學界較爲常見的論述內容，主要包括：其一，從後殖民史觀出發，以「跨越語言一代」描述臺灣新文學日語作家群所處的「去日本化，再中國化」創作困境與艱難心境；其二，從《臺灣新生報》「橋副刊」論戰聚焦省內、外文人的交鋒與交流狀況，以及剖析鄉土文學

〔註 1〕　參見拙文〈戰後初期臺灣文學新秩序的生成與重構：「光復元年」——以本省人士在臺出版的數種雜誌爲觀察對象〉，文章收入楊彥傑主編：《光復初期臺灣的社會與文化》（福州：福建教育出版社，2011 年 9 月），第 270～297 頁。案，此文不同過去學界研究較偏重的「去日本化，再中國化」強調戰後臺灣文學是在日／中對立性、相剋性的張力中生成發展的詮釋框架，以及集中關注新文學對象的討論模式入手，乃改以「文學新秩序的生成與重構」爲研究視角，提出整體觀察臺灣處在日／中之間，所出現的延續、斷裂與嫁接的文學力場關係，並力求統觀新／舊、雅／俗文學範疇，期能達成戰後臺灣文學通盤研究的可能性。

論述在臺灣文學史上的位置與意義；其三，關注戰後初期新現實主義的話語
內容與魯迅熱潮湧現的現象；其四，勾勒國共內戰官方派系權力鬥爭樣態，
以凸顯臺灣文學被國族政治所箝制的文學特質；〔註2〕大抵以上持論精彩，唯
因較集中於新文學面向的討論，以及偏重關切省內、外作家在左翼文學的合
作情形，故不免有其局限性。那麼，究竟從戰後初期開始的古典文學與右翼
文學實際發展狀況如何？其與新文學或左翼文學有無連結、對話與對峙關
係？而箇中交錯、互涉或角力現象，對於往後的戰後臺灣文學發展，又會具
有怎樣的刺激與影響？上述種種疑問，說明了唯有更爲全面的釐析與關照，
才能獲致更多眞相。

　　針對以上情形，本文在此擬先就其中一個特殊現象談起，並以此作爲本
文問題意識形成的一個基點，此即有關魯迅在戰後初期臺灣的傳播熱潮與消
退問題。對此，日本學者中島利郎所編《臺灣新文學與魯迅》是目前爲止最
爲重要的學術著作，書中有關戰後臺灣文學與魯迅密切關係的研析，至少就
收錄了陳芳明〈魯迅在臺灣〉、下村作次郎〈戰後初期臺灣文壇與魯迅〉、黃
英哲〈戰後魯迅思想在臺灣的傳播〉等文；而諸篇除了鋪陳戰後初期臺灣對
於魯迅接受風潮的相關原因、作品散佈概況、重要傳播引介者與管道途徑之
外，陳、黃二人另亦觸及右翼文學對於魯迅其人其作的反對現象。其中，陳
文主要舉出 1947 年魯迅風潮消退以後，國民黨反共文藝政策下的反魯情形，
這包括與魯迅打過筆仗的作家陳西瀅、梁實秋、蘇雪林等右翼文人作品，在
魯迅缺席狀況下的重新出現，以及鄭學稼、劉心皇撰寫扭曲式傳記塑造魯迅
負面形象概況〔註3〕；至於黃文，則是注意到更早之前，於魯迅風潮尙存之
際，已有一位署名「遊客」者，1946 年 10 月就在具右翼色彩、與國民黨密切
攸關的《正氣》發表〈中華民族之魂〉，去攻擊魯迅與許壽裳。〔註4〕是故綜
合陳、黃二人所述，可以發現要討論魯迅在戰後初期臺灣接受熱潮，固然需
要審視臺灣本土左翼文化人如楊逵、藍明谷與省外文人許壽裳的推手角色意
義，實則同樣不能忽略右翼文學的反動現象，亦即需要左／右翼雙方合觀，

〔註2〕 上述研究成果的回顧與檢討，參見拙文〈戰後初期臺灣文學新秩序的生成與
　　　　重構：「光復元年」——以本省人士在臺出版的數種雜誌爲觀察對象〉，同上
　　　　註，第 270～271 頁。
〔註3〕 參見陳芳明：〈魯迅在臺灣〉，文章收入中島利郎編：《臺灣新文學與魯迅》（臺
　　　　北：前衛出版社，1999 年），第 18～29 頁。
〔註4〕 參見黃英哲：〈戰後魯迅思想在臺灣的傳播〉，同上註，第 168～170、177 頁。

才能察覺更為深入的戰後臺灣文學史內在樣貌。

　　不過，更耐人玩味的是，陳文所述固然突出了右翼新文學家與魯迅在臺風潮的對抗性狀況，唯若進一步考掘黃文所謂「遊客」之文，其人實際身份乃是曾因 1932 年「詞的解放運動」，在上海與魯迅發生筆戰的曾今可，〔註5〕則相關情形就愈顯曲折。事實上，曾氏在臺灣具有多重身份，他不僅擔任過《正氣》、《建國月刊》主要編輯者與執筆者；更為重要的是，他還成功扮演了當時臺灣省、內外古典文人往來交流的詩人橋樑的聯繫者。〔註6〕而其中，尤其值得一提的是，在于右任於 1949 年 10 月來臺，〔註7〕至 1964 年 11 月 10 日過世為止，曾今可一直積極介紹很多臺灣詩人與右老相識，〔註8〕並透過小型詩會，或全國詩人大會，〔註9〕拉近于氏與臺灣詩人的距離，進而促使于右任快速成為本地古典詩人心中的詩壇領袖地位。〔註10〕

〔註 5〕 關於二人筆戰情形與曾今可因為論戰所導致的心靈創傷，以及其人來臺後的各種文學表現，詳參拙文〈從「詞的解放」到「詩的橋樑」——曾今可與戰後臺灣文學的關係〉，海峽兩岸百年中華文學發展演變研討會會議論文，四川大學文學與新聞學院、四川大學現代中國文化與文學研究中心、臺灣中國現代文學學會、臺灣東華大學華文文學系合辦，第 1～21 頁。

〔註 6〕 參見拙文〈戰後初期的臺灣古典詩壇（1945～1949）〉，文章收入許雪姬主編：《二二八事件 60 週年紀念論文集》（南港：中央研究院臺灣史研究所，2008 年 3 月），第 291～296 頁；〈從「詞的解放」到「詩的橋樑」——曾今可與戰後臺灣文學的關係〉，同上註。

〔註 7〕 關於于右任來臺確切時間，參照《于右任先生紀念集・年譜》（案：此集未載出版時地，臺大圖書館於 1967 年 7 月 21 日入藏，入藏章注明為於故院長治喪辦事處所贈）所記，其在 1949 年 10 月 9 日已經來臺，而後又因公飛往重慶，直到 28 日重慶告急，才又飛返臺北。不過，若依據《中央日報》所載，于氏早於 1949 年 5 月 26 日便曾由廣州飛來臺灣，次日離開，參見《中央日報》，1949 年 5 月 27 日（一）與 29 日（一）報導。

〔註 8〕 參見曾今可於〈老樹著花天下香〉一文中之自述，文刊《民聲日報》，1956 年 1 月 20 日（三）。另，林衡道晚年回憶起曾今可時，言及：「曾今可在文獻委員會並非委員，平常也沒什麼作用，但一到開詩會作用很大，可以透過他把于右任、賈景德等人邀來……。」則亦可做為旁證，參見陳三井、許雪姬訪問、楊明哲紀錄：《林衡道先生訪問紀錄》，第 112 頁。又，曾今可〈老樹著花天下香〉篇名，源於于右任獲教育部所頒文藝獎，是中國詩人得獎的第一位，因已高齡七十八，故自嘲「老樹開花」而來，參見張健：《半哭半笑樓主：于右任傳》，第 208 頁。

〔註 9〕 從《于右任先生詩集》的詩題或《于右任先生年譜》所記，可以清楚發現于右任與臺灣本地詩人進行詩會活動的紀錄，或參與臺灣全國詩人大會的情形。

〔註 10〕 將于右任視為戰後臺灣古典詩壇領袖的說法，可在許多古典詩人的作品中輕

綜上可知，曾今可早在 1946 年 10 月便已出現反魯言論，洎自 1949 年于氏來臺之後，則是轉而致力鼓吹于右任成爲臺灣詩壇領導者的形象，故從反「魯迅」到尊「于右任」，透過曾今可行爲側面顯示，在戰後臺灣文學史上，曾經出現過魯、于二位文學典範的事實。而不僅於此，對於于氏這位古典詩壇領導人，鍾鼎文在紀念于右任逝世所撰專文〈于右任先生與新詩〉中言及：「于右任是我國當代最偉大的詩人。不僅寫舊詩的先生們一致尊稱他爲『詩宗』、爲『詩豪』，公推他爲我國唯一的『桂冠詩人』；就是寫新詩的朋友們，也都同樣的尊敬他，崇拜他，公認他是我國當代詩人中最偉大的一位。……于先生的詩代表一個傳統，一個時代；于先生的死，也意味著傳統的總結，時代的遞替，新詩人們應該更加努力，在民族性與時代性上做更深度的把握……」〔註 11〕，在其筆下，于右任具備了同時博得新、舊詩人一致推崇的偉大能力，但也指出于氏的死亡，象徵著一個時代的結束，那就是「傳統的總結」，並且隨之而來的是「時代的遞替」，因而號召新詩人後續應更加努力與做更深度的把握。

但，所謂「傳統的總結」、「時代的遞替」所指涉的是什麼意思呢？鍾鼎文之文是否暗指了于右任之死去與新詩界的未來發展有著某種因果關係？倘若再參酌曾今可在 1969 年發表〈日本詩人對漢詩的研究〉一文時的慨歎，或許有助揣測箇中涵意。曾氏指出：「日本人研究漢詩的著作，比我國出版的這種著作還多，而且是有系統的研究、出版。……這風氣已普遍於世界各文明國家，而我們自己卻相反。教育部文藝獎金中的詩歌獎第一屆得者爲于右任先生，全國贊成；第二屆得獎者爲陳含光先生，自然也應該是全國都贊成的，但卻遭新派的攻擊，以後這種獎金自然都於新派了。」〔註 12〕如此一來，藉由鍾氏與曾氏二文的敘述，便可瞭解于右任的過世，不只是全國詩人典範的消失，還更標誌著新詩派勢力比起舊詩派爲之躍升，從對于右任得獎的「全國贊成」到陳含光的遭「新派攻擊」，僅僅一屆獎項的時間差距，就已披露了

易發現此一稱譽現象，例如謝尊五〈壽于右任先生〉：「道范欽山斗，先生福壽全。美聲長歲月，懋德立坤乾。歷劫滄桑健，調元監察賢。騷壇推領袖，寫作筆如椽。」詩載《臺灣詩壇》第 1 卷第 4 期（臺北：臺灣詩壇，1951 年 9 月 10 日），第 9 頁。

〔註11〕 參見鍾鼎文：〈于右任先生與新詩〉，文章收入《于右任先生紀念集》，同註 8，第 202、203 頁。

〔註12〕 參見曾今可：〈日本詩人對漢詩的研究〉，文刊《中國一周》第 994 期（1969 年 5 月 12 日），第 24 頁。

傳統文學／舊詩地位的徹底失勢，而這正是鍾鼎文所暗指于右任死後，屬於新詩人的時代真正要來臨了。

　　至此，已能知悉，于右任在戰後臺灣文壇的角色扮演及其意義，顯與左／右翼文學、新／舊文學的在臺發展息息相關，箇中情況值得深入探索，而這也正是本文注意到了于氏個案的重要性，並選擇以魯迅到于右任相關文學典範的建構與挑戰現象的探索，做為主要研究軸心的關鍵所在。〔註13〕此外，如前所述，若要明白其間來龍去脈，必須上溯魯迅接受風潮的盛衰，而後再去追蹤于右任典範的出現與消逝意義，這樣將能發現更為幽微、豐富的文學史意涵。

　　不過，更細節的討論是，為何魯迅與于右任能脫穎而出，一躍成為時人心中的作家典範？戰後有關魯迅與于右任的接受情形及其文學史語境為何？其中，有關魯迅在臺灣接受史論述已夥，不過倘若右翼文人曾經對其表示擯斥，則如此現象，也在提醒我們需要重新理解當時文壇的多音交響、眾聲喧嘩實況，才能在為人熟知的左翼意識型態與現實主義美學相關論述之外，〔註14〕從事更多的考察工作。此外，在于右任方面，究竟又是憑藉什麼而能獲致各界好評？但他既能成為新、舊詩人眼中的詩豪與偉人，則自其來臺後的 1949 年至 1964 年間所鞏固的十五年傳統文學、舊詩地位，何以又會因其過世，就旋即被宣判出「總結」的命運？舊詩、舊派文學的地位因何如此脆弱？新派勢力何以能夠瞬間翻轉？顯然，其中仍有諸多問題必須釐清，一切尚得從頭說起。

二、于右任來臺前臺灣文學場域相關情形

　　在理解了本文研究動機、目的與主要研究視域之後，為了更深刻闡明于右任後來會成為戰後被極力推崇的全國詩人典範的緣由，因此必須連帶討論

〔註13〕有關于右任個案研究，目前所見不少，內容包括傳記、年譜、詩歌、書法研究，但能將之與戰後臺灣詩壇連結討論者，主要見於孫吉志：〈1949 年來臺古典詩人對古典詩發展的憂慮與倡導〉，但此文重點，主要聚焦省外古典文人的詩觀，旁及于右任對詩社、詩會或詩刊的活動參與，故與本文研究取徑不同，該文刊於《高雄師大學報》第 31 期（高雄師範大學，2011 年），第 93～118 頁。

〔註14〕關於戰後臺灣左翼文學與現實主義美學關係情形，陳建忠：〈戰後初期現實主義思潮與臺灣文學場域的再構築〉已有不少討論，文見氏著《被詛咒的文學：戰後初期（1945～1949）臺灣文學論集》（臺北：五南圖書出版公司，2007 年），第 171～211 頁。

魯迅問題，以及相關左／右翼、新／舊文學的競爭關係，為此以下要重新回溯戰後臺灣文學場域的概況，以便做出較為適切的生態描述。而事實上，一切問題的發生與終結，也都要從 1945 年日本的戰敗與臺灣的回歸加以追索，如此才能獲得正本清源之效。但，對於戰後初期臺灣文學場域進行追蹤躡跡，到底能夠發現什麼？這些線索與于右任的典範化有何關連？

讓我們先回到戰後初期臺灣文學回歸中國文學的那一刻，有許多問題與衝突也因此而產生。究竟被日人統治過的臺灣文學與中國文學相同嗎？而被殖民地化過的臺灣文學要怎樣改革，才能與中國文學相銜接或一體化？臺灣文學若要中國文學化，則學習典律何在？作家創作典範是誰？倘能針對上述問題加以探討，將會有助於瞭解魯迅、于右任做為作家典範建構與後來遭逢挑戰的相關情形。對此，以下便先由戰後初期臺灣的「國語運動」說起，這是臺灣文學與中國文學展開「嫁接」關係的一個重要基礎。

（一）國語運動的推行與新／舊文學位階的升降變化

由於臺灣歷經日本長達五十一年以上的統治時期，不僅當時的國語是日語，即連曾經使用的漢文書寫，也有夾雜日語、臺灣話文的「混雜文體」情形，實際受到日本帝國漢文不少影響。〔註 15〕因此，進入戰後之際，最高統治機關的臺灣行政長官公署就著手推動國語運動，教育部也指派了魏建功、何容等人在 1945 年 11 月來臺，準備籌設規劃「臺灣省國語推行委員會」和各縣市的「國語推行所」，到了 1946 年 2 月「臺灣省國語推行委員會」正式成立，由魏建功擔任主任委員，就此展開風起雲湧，遍及黨、政、軍與全臺各界的國語學習運動。而如火如荼的國語運動，其與臺灣文學有何關連呢？事實上，透過國語運動，臺灣作家嘗試開始了言文一致白話文的練習與實踐，過去因為日人統治所造成的與中國文學文體不一的情形，才能進行改善。唯，不只是朝向以北京白話為書寫、發音基礎的標準化邁去，亦即並不止於聲音與文字的改革而已，甚至還會涉及因應國語定義的現代化、國家化，以及做為啓蒙國民大眾、參與建設新中國的思想載體需求，因此戰後臺灣國語運動的推行，其實質內涵乃包括了讀音、國字、國文、文法、言文一致到新文化、新思想，也就是說臺灣國語運動論述的思維結構，實際統合著聲音、文體與國體三部分。至此，當具有沾染日本色彩與思想意識的臺灣文學，經

〔註15〕關於日治時代臺灣殖民地時期漢文文體變化情形，參見陳培豐：《想像和界限：臺灣語言文體的混生》（臺北：群學，2013 年）。

過此一語文與思想轉換程序過程的國語習作之後，就能順利與中國文學展開
「嫁接」關係，重新讓原屬「異種」的二者結合與接軌，進而完成與中國文
學一體化的步驟。

　　不過，國語運動的推行，不只爲戰後臺灣文學帶來語文變化而已，其更
引發了固有文學秩序的衝突。由於國語成爲戰後臺灣的現代國家語言，以及
臺灣文學創作上的正宗語文，因此從日治時代跨越到戰後，相較以日文書寫
的新文學而言，原本具有與以北京白話文爲基礎的「國語」有著「同文」近
似性的古典「漢文學」，卻在聲音與文體上出現歧異性；也就是說，古典漢文
與白話文終究有別，儘管曾經一同發抒參與建設新臺灣、新中國的熱情，甚
至撰寫詩文吟詠倡言光復心志與建議，但是古典漢文學終究不同於以國語爲
主的白話新文學，因此雖然相較使用日語寫作的日文作家，較能貼近中國、
容易溝通，但在戰後新時代裏，其語文地位已注定不及白話新文學了。茲以
《新風》月刊爲例，此刊創刊號中的「歡迎寄稿」聲明，表明刊物誕生目的
在於提供一個「送給同胞諸位爲文章報國的舞臺」，並歡迎幾類作品投稿：一
是含有建設新臺灣的正論、含有貢獻祖國的論說，二爲小說，三是小品文，
四是漢詩（古風律絕皆可），五是新體詩，此外還另補充說明國文與日文無
妨，只要內容充實皆可。〔註 16〕但，時隔一個月後，主編便由擅長古典文學
的陳鏤厚，改爲在日治時代以白話通俗小說聞名的吳漫沙，且所附「徵稿簡
約」指出：「本刊注重白話文、以應時代之要求、故凡創作、小說、評論、隨
筆、詩、爲本刊所歡迎、唯文言文有新思想者、亦爲本刊所歡迎。」〔註 17〕
以上，透過兩期徵稿說明，可以清楚看到以文言文爲創作體類的古典文學，
雖然可以因爲承載新思想而不致在戰後初期的新時代裏被擯棄，但其地位已
經遠遜白話文了。也就是說，古典文學所使用的「漢文」，並不等於國語、國
文，「漢文」在文字上雖與國語、國文有著「同文」性，但在聲音、文體以及
與時代、國家關係的代表性上，則是不及格者。至此，不僅彰顯了「漢文」
於戰後的不合時宜，另一個意義則是間接道出「古典文學」將難以與國語白
話文文學競逐的事實。簡言之，戰後初期臺灣文學因爲國語運動的緣故，連
帶引發了文言／白話、新／舊文學的地位升降問題。〔註 18〕於是，隨著國語

〔註 16〕 文載《新風》創刊號（1945 年 11 月），第 16 頁。
〔註 17〕 文載《新風》第 1 卷第 2 號（1945 年 12 月），第 32 頁。
〔註 18〕 本節關於國語運動如何成爲臺灣文學與中國文學嫁接基礎，其相關理論思考

運動愈趨熱烈,則古典文學所要面臨的威脅與挑戰,也會相形嚴峻,這對戰後初期同樣抱持愛國之心,想要投身文化改造的傳統文人而言,是繼日治時代所發生的幾次新舊文學論戰以來,始料所未及之事。

(二)三民主義與臺灣文學

除了前述國語運動爲戰後初期臺灣文學場域與相關文學秩序所帶來的衝擊之外,另一個值得關注的現象,則是「三民主義」與臺灣文學的關係及其意義。

有關此一面向,戰後初期臺灣最爲重要的文化團體「臺灣文化協進會」,[註19] 理事長是時任臺北市長的游彌堅,他在〈文協的使命〉中言及:

> 光復後,臺灣的文化界,好像風雨之後的沉默似的,大家無聲無息,帶有飄零無依的景象。這是大亂之後應有的氣象,不能把他看做老衰凋落,而是含有待機欲動的新生的力量。……一切需要重新認識。新世界構成新觀念,同時也要用新觀念來構成新世界。……爲了達成這使命,我們文化協進會的同人,願意做臺灣文化界的忠實的僕人。……從五十年解放出來的臺灣,自然對文化界的需求格外的大,格外的深切。我們的國家是三民主義的國家,今後的世界應該是三民主義的世界,所以我們所需要的新文化,也應該是三民主義的文化。三民主義文化是什麽?這是新生的臺灣,迫切所要求的文化,也是新中國所需的文化。而臺灣將要做這新文化的苗圃,我們不要忘記我們負著這光榮的使命,努力罷!自重吧![註20]

戰後初期的臺灣,堪稱進入一個由新觀念所構成的新世界之中,此即三民主義所形塑的新文化觀,而游氏更期許臺灣文化協進會同人要以宣揚三民主義

與實際在臺推動情形,乃至對於戰後初期臺灣文學新秩序生成、重構的影響,更詳細的細節討論,可以參見拙文〈聲音・文體・國體——戰後初期國語運動與臺灣文學(1945~1949)〉,文刊《東亞觀念史集刊》第三期(臺北:政大出版社,2012 年 12 月),第 223~270 頁。

[註19] 1946 年 6 月 16 日在臺北市中山堂正式成立,與會人士多達四百餘人,係當時社會層次最高,組織也最爲龐雜的文化社團,主要成員網羅了當時的省內外文化菁英,參見秦賢次:〈「臺灣文化」覆刻說明〉,文見《臺灣文化(壹)》(臺北:傳文文化事業公司,1994 年),不計頁次。

[註20] 參見游彌堅:〈文協的使命〉,《臺灣文化》第 1 卷第 1 期,覆刻本同上註,第 1 頁。

爲使命，去致力建設新文化苗圃。事實上，臺灣文化協進會的設置章程，其
中第二條就明確指出立社宗旨：「本會以聯合熱心文化教育之同志及團體，協
助政府宣揚三民主義，傳播民主思想，改造臺灣文化，推行國語、國文爲宗
旨」，〔註21〕故明顯可知臺灣文化協進會對於三民主義的尊崇。而由於臺灣文
化協進會的成員，包括了文學、音樂、美術與民俗等範疇，因之亦可理解三
民主義對於戰後臺灣文學發展的重要性。

　　但，不只是上述戰後初期最大文化團體「臺灣文化協進會」要致力宣揚
三民主義，即連延續日治後期發行量最大的通俗文藝雜誌《臺灣藝術》、《新
大眾》而來的《藝華》月刊，在 1946 年正月號的〈卷頭詞〉中也可見到近似
的表達：

> 本志這次因爲要宣揚三民主義、提高臺灣文化、涵養高尚趣
> 味、改題爲「藝華」月刊。省民受著日本壓迫、有目不能讀著三民
> 主義、有耳不能聽著國父的遺教、有口不能說著主席的善政。所以
> 對於三民主義還未十分瞭解、此後須極力宣揚三民主義。使大家都
> 知道民族主義是甚麼、民權主義是什麼、民生主義是甚麼。個個遵
> 守。不敢遺背。向來受著愚民政策奴化教育的人們、此後須研究中
> 華四千年的文化和世界各國的科學、取長、補短。以建設三民主義
> 的模範省纔好。〔註22〕

足見在三民主義風潮的席卷下，連原本以通俗性、娛樂性爲特色的文藝雜誌，
也要奮力扮演宣揚三民主義的角色。且，實際上，《藝華》正月號的內稿，就
眞得刊載了陳旺成〈三民主義的概要〉、蔣中正〈三民主義之體系及其實行程
序〉二文。他者再如作家林荊南，於其〈久違了島都〉新詩中，也藉由作品
披露心意：「誓向青天白日的旗幟下、爲主義竭誠、爲民族之繁榮而掙扎！」
〔註23〕綜上，在在可見三民主義此一原屬政論性質之主張，其實早已傳播遍
及臺灣社會各個領域，乃至於刊物、個人。

　　那麼，三民主義對於戰後初期的臺灣文學，究竟意味著什麼？倘從前述
文化團體組織、刊物雜誌的宣言或作家自述來看，三民主義顯然是一種整體

〔註21〕　參見〈本會的記錄〉，《臺灣文化》第 1 卷第 1 期，覆刻本同上註，第 28 頁。
　　　　　另，原文無標點，此處爲筆者所加。
〔註22〕　參見〈卷頭詞〉，《藝華》正月號（1946 年 1 月 1 日），第 3 頁。
〔註23〕　參見林荊南：〈久違了島都〉，文載《新風》第二期（1945 年 12 月），第 16
　　　　　頁。

發展方向的最高指導原則，既是一種國家意識型態，也是重構新文化的思想基石，同時也是社會更新發展的精神資源，乃至作家宣誓效忠捍衛的對象。於是，令人感到好奇的是，在臺灣的省內、外作家們，到底會如何表述自我與三民主義之間的關係，乃至涵納思想精粹於創作實踐或審美追求之中？針對此一問題，以下嘗試說明之。

（一）

有關三民主義對戰後臺灣文學界的意義，筆者曾在他文透過部分雜誌發行要點的分析，進以「三民主義、文化運動籠罩下的臺灣文本體論」去形容戰後初期的文壇氛圍與文學發展情況，〔註 24〕在此則擬花費較多篇幅，聚焦時人直接參與三民主義思想及國父相關事蹟引介、宣揚的狀況，而這有助於本文後半對於于右任在臺角色的釐探與剖析。

當時，對於孫中山及其三民主義之認同與宣揚，表現最為積極投入者，可以楊逵為代表，他在戰後立即著手創刊《一陽周報》，而單從目前保存可見的第九期內容來看，十二篇文章中就有九篇攸關了國父、三民主義與革命大業的介紹，包括如下：楊逵〈紀念總理誕辰〉、蕭佛成〈紀念總理誕辰〉、鄧澤如〈如何紀念總理誕辰〉、陸幼剛〈紀念總理誕辰的感想〉、胡漢民〈紀念總理誕辰的兩個意義〉、〈孫文先生略傳（下）〉、孫文〈中國工人解放途徑（二）〉、孫文〈農民大聯合（二）〉、孫文〈中國革命史綱要（三）〉、達夫〈三民主義大要（三）〉等。此外，一陽周報社還發售過《三民主義解說》、《三民主義是什麼？》、孫文《三民主義演講》、包爾林百克《孫中山傳》、孫文《民權初步》、金曾澄《民族主義解說》等。〔註 25〕至於楊逵何以對於國父及其三民主義如此景仰，其原因與孫中山在國民黨第一次代表大會強調「扶助農工」有關，根據黃惠禎研究指出：「楊逵是把三民主義作為一種重視無產階級的社會主義來接受」。〔註 26〕

又，在宣傳、介紹三民主義之際，國父孫中山及其思想、行為也成了景仰、依循的對象。楊逵於 1945 年 11 月發表〈紀念孫總理誕辰〉，文中推崇孫

〔註 24〕參見拙文〈戰後初期臺灣文學新秩序的生成與重構：「光復元年」──以本省人士在臺出版的數種雜誌為觀察對象〉，同註 1，第 289～292 頁。

〔註 25〕相關情形參見黃惠禎：《左翼批判精神的鍛接：四〇年代楊逵文學與思想的歷史研究》（臺北：秀威出版社，2009 年），第 285～287 頁。

〔註 26〕參見黃惠禎：《左翼批判精神的鍛接：四〇年代楊逵文學與思想的歷史研究》，同上註，第 287 頁。

文的偉大之處：「在艱難不失志、在榮耀不腐化、堅決守節到底」，認爲大家
應該要「清明認識先生的思想、鬥志及爲人、來歸正我們的思想、鬥志及爲
人、以繼承先生偉大事業。才是先生所喜歡的紀念方法。」並且呼籲眾人要
將「孫中山先生的思想與主義的完善發展」放在肩上，多所貫徹，才能達成
美滿社會。〔註 27〕再如龍瑛宗，他在〈擁護文化——祝賀臺灣文化協進會的
成立〉文中，認爲「如要克服中國的混亂，中國的黑暗，以及中國的悲哀，
唯一的生路就是必須體會孫中山先生的思想，遵循民主主義的路線。民主主
義才是國際潮流，才是中國救亡圖存的最後王牌。」〔註 28〕此外，國父的革
命事蹟與不屈不撓精神，亦是時人關注焦點，如菊仙（即黃旺成）〈國父孫中
山先生〉，指出蔣中正能夠成功領導八年抗戰，恢復中國在世界的頭等地位，
乃是因爲能遵守國父遺訓，故強調應該回顧孫文的過去，因此特別撰述陳述
孫文略歷，及其從事革命運動的經過。〔註 29〕而關於革命之事，龍瑛宗在〈太
平天國〉一文中，回憶起年少時就常聽到孫文的故事，且他更上溯洪秀全的
太平天國事件，並將之視爲中國最初的民族革命，以及建設中華民國的最初
烽火與大規模的救亡活動。〔註 30〕顯見，與國父有的革命行動或事件，也都
成爲戰後初期臺人關注之焦點。

　　而除了上述白話文學作家的情形之外，在古典文學與傳統文人方面，其
實也有類似表現，例如〈鯤南國學研究會〉所舉行的擊鉢吟活動，係以〈民
族英雄〉爲題，參與吟會的眾人紛紛經由詩作向國父致敬，如陳文石「革命
成功稱國父，威加四海萬邦欽」、劉瓊笙「排除壓迫求平等，國父動勞蓋古
今」、陳志淵「尼父遺言當法則，中山學說做規箴」、鄭坤五「攘夷史上無前
例，孫蔣功勳冠古今」、黃福全「國父英雄興漢室、一生熱血實堪欽」。〔註 31〕
顯然，歷經日人統治之後，到了戰後階段，國父與三民主義及其革命史實，
已經成爲大家欽仰、孺慕對象，以及忠心報國的思想根本，這對於戰後陳儀
政府所要強力展開的清掃日化遺毒，無疑發揮了極佳的思想更換、轉變的滌

〔註 27〕　參見楊逵：〈紀念孫總理誕辰〉，文見彭小妍主編：《楊逵全集》第十卷（臺南：
　　　　　國立文資產保存中心籌備處，2001 年），第 211～212 頁。
〔註 28〕　參見龍瑛宗：〈擁護文化——祝賀臺灣文化協進會的成立〉，文見陳萬益主編：
　　　　　《龍瑛宗全集》第六冊（臺南：國家臺灣文學館籌備處，2006 年），第 266
　　　　　頁。
〔註 29〕　參見菊仙：〈國父孫中山先生〉，文刊《藝華》創刊號，第 19～20 頁。
〔註 30〕　參見龍瑛宗：〈太平天國〉，同註 22，第 189～198 頁。
〔註 31〕　以上詩作參見《心聲》（1946 年 7 月），第 11～12 頁。

清去污作用。

　　另，值得補述的是，上列所舉案例，均屬本土作家與社群、刊物，其實當時來臺省外人士，也都一樣置身在三民主義、國父思想的光暈之中，甚且同樣成為翼贊推揚者。如時任國立編譯館館長的許壽裳，他撰有〈國父孫中山先生和章太炎先生——兩位成功的開國元勳〉，文中言及國父與章太炎皆以平民革命，共同推翻滿清，創建民國，並強調革命事業迄今尚未成功，三民主義實行進度也待加強，需要努力趕上。〔註32〕再如負責編輯「正氣學社」機關刊物《正氣半月刊》、《正氣月刊》、《建國月刊》的曾今可，如果參照正氣學社成社目的：（一）促進臺灣的文化建設、（二）推行三民主義的文化運動、（三）領導社會與政治，則可略知上述相關刊物的作用功能。〔註33〕不過在真正推行三民主義的文化運動，正氣學社與刊物更為重視的是「文化建設」，並認為文化建設是一切建設之基礎，而心理建設則是文化建設之首要任務，至於心理建設則在於提倡民族「正氣」。關於正氣之所繫，鄧文儀在《正氣半月刊》創刊號的社論，曾經言及要向〈正氣歌〉作者文天祥學習，〔註34〕但後來更獲普遍認同的則是效法國父，曾今可於〈我們都是正氣戰士〉中的闡發是：

　　　　本社社長，柯參謀長為什麼要創設本社？在「我們奮鬪的第一年」一文中說的很詳細，……總理訓示我們「人生以服務為目的，不以奪取為目的！」我們的目的就是服務，內地來臺的人應為臺灣服務，臺灣的青年更應為自己家鄉服務。我們要希望結果良好，必須有固定的目標，必須有一定的步驟，我們的目標是「正氣」。……總理又告訴我們：「要立志做大事，不要做大官！」這意義各位一定很明白。我們現在立志發揚民族正氣，即是「立志做大事」。各位要特別認識這一點。……總理又告訴我們：「心理建設為一切建設之首要」。所以我們提倡「正氣」，即是實行心理建設。我知道，在你們的心目中，只有總理是完人，所以我不引用其他的名訓來向你們解

〔註32〕參見許壽裳：〈國父孫中山先生和章太炎先生——兩位成功的開國元勳〉，文刊《文化交流》（臺北：傳文文化事業公司，1994年），覆刻本，第6～16頁。
〔註33〕參見國珍：〈以正氣建設臺灣新文化〉，文刊《正氣半月刊》第1卷第2期（1946年4月），第3頁。
〔註34〕參見鄧文儀：〈我們向文天祥學習〉，文刊《正氣半月刊》第1卷第2期，同上註，第1頁。

說，全世界知道總理終身從事於革命工作，死後沒有一點財產，現
在的大官不必說，只一個小小縣長的財產，也可以使他的子孫享受
不盡！〔註35〕

而由於正氣學社本就是革命集團，〔註36〕所招收的社員乃是認同革命之軍旅
青年，因此國父及其言論在社員心中的角色意義不言可喻，而此處曾今可所
凸顯的是國父有關三民主義的理論與行誼風範如何成為詮釋「正氣」意義的
思想資源。不過，國父對於正氣學社與《正氣月刊》讀者群的象徵符碼作
用，尚不僅如此而已，曾今可於〈紀念總理誕辰要學習總理的勤學精神〉，更
高度讚揚孫中山的勤學不輟精神，以為紀念總理誕辰，更應學習孫文的好學
行為。

以上，經由三民主義或國父言行，在戰後初期臺灣社會、文化或文學社
群，個人接受、影響現象的勾勒之後，可以得知無論是省內、外文人，或不
同政治立場派系的作家群體，其實對於國父與其思想理論、革命表現莫不認
同，只是從中學習、感知的目的與內涵趨向，側重之處仍然有所差異。

（二）

經由上述說明可知，戰後臺灣省內、外文人作家，莫不受到三民主義之
刺激與薰陶，但是三民主義又是如何從政治層面或意識型態，進而轉化成為
作家實際創作的思想養分、審美評斷的依歸？

茲先以呂訴上為例，他在〈臺灣演劇改革論（二）〉文章中，言及戰後臺
灣戲劇界需要有所改革：

我們要根本的改革臺灣戲劇界的組織，同時也要根本的改革劇
自身的內容。現在的臺灣演劇改革案有二：一為以新劇（話劇）代
替舊劇（歌仔戲），二為上案的反動的舊劇保存案。但是沒論哪一種
主張，都是不對。……戲劇是某一時代，某一國家，某一國民的呼
聲叫喊！臺灣的戲劇，也要有為五千年來的中國人的叫聲和呼喊。
那麼，五千年來中國人的叫聲是什麼？不消說，就是三民主義的大

〔註35〕 參見曾今可：〈我們都是正氣的戰士〉，文刊《正氣月刊》第 1 卷第 4 期（1947
年 1 月），第 87 頁。

〔註36〕 參見毛文昌〈正氣學社週年紀念特寫〉：「本社是一個革命集團，我們都是革
命的同志，大家要共同負起神聖的使命，來消滅害國害民的共產黨，完成我
們的革命任務。」，文刊《正氣月刊》第 2 卷第 2 期（1947 年 5 月 1 日），第
20 頁。

理想和聯合國世界新秩序的建設。……一、以後的戲劇，務必以三民主義的大理想爲其基調，而創作的戲曲演出才行。……三、劇的形式也無須拘泥於新劇，平劇，歌仔戲等固別的範疇。須創作一種採取歐美的長處並會集歐美的精粹的三民主義的演劇的形式。尤其是在臺灣，須要向三民主義戲劇形式的確立努力邁進，……爲創造三民主義戲劇，領導大亞細亞諸民族的文化，必需養成國家的劇作家，導演家，演員。……建立三民主義戲劇，才是臺灣唯一的活路。……只有建立三民主義劇團，先於國內的戲劇一步，爲三民主義戲劇的師表，臺灣戲劇，才有它存在的價值。……戲曲如能適合三民主義的精神，沒論是現代劇，或是時代劇，至於其取材的範圍，無論是中國，或是日本，或是爪哇，都沒有關係。〔註37〕

在這段文字中，呂氏重複表達戰後臺灣戲劇的活路是要取藉於三民主義，要能成爲三民主義的演劇；而所謂三民主義演劇，是指以三民主義的大理想爲基調，並會集歐美精粹，取材與類型則不限，且一旦通過這種新的演劇精神與表演模式，便能夠在中國搶得先機，甚至領導大亞細亞諸民族文化。顯然地，在呂氏心中，以三民主義精神沃灌的臺灣戲劇，不只在其內在、題材具有涵納百川的特質，且在中國與世界上都能取得先進性。因此，三民主義並不單純只是國父的治國理論而已，呂訴上認爲三民主義可爲臺灣戲劇帶來大幅度的提升改進空間與動力。

不過，對於具有左翼色彩的作家如楊逵而言，他對三民主義所能啓迪臺灣文學的面向與期許，與呂訴上所追求的先進性實際有別，在〈臺灣新文學停頓的檢討〉的想法如下：

文學停頓的原因根源於包辦主義，其實不僅是文學，我們若想在所有的鬥爭或建設中致勝，人民自主的團結和創新也不可或缺。……但是我們必須認清，官員中徹底忠於革命的也很多。……我們必須知道，民主主義是，在期待政府進行理想的民主主義之前，就必須由民眾本身由下而上的力量來推動其實行。同時在此過程中，從中排除反對民主的保守反動分子，如此民主主義才能向前推進。我們民眾以自身的力量保障言論、集會、出版、結社的自由，

〔註37〕 參見呂訴上：〈臺灣演劇改革論（二）〉，文刊《臺灣文化》第2卷第3期（1947年3月），第7～8頁。

如此才是踏出消弭文學停頓的第一步。〔註38〕

楊氏認爲戰後初期臺灣文學遲遲無法獲得進展的原因是包辦主義，這是有鑑
於1946年5月林紫貴、姜琦等人組成的臺灣文藝社，在報上發表龐大成員陣
容所致，其被楊逵視爲包辦主義式華而不實的團體，故期盼文學之路應由民
眾從下而上的力量來推動，因此特別標舉出民主主義的意義與價值。而同樣
看重民主主義者，尚有前述的龍瑛宗，他在前揭文中也表達了「民主主義才
是國際潮流，才是中國救亡圖存的最後王牌。」再者，除作家個人意見之
外，戰後臺灣最早出現的綜合民間文藝雜誌《新新》，其第七期「卷頭語」也
強調民主之必要性，該文以爲：

> 反對民主，離開大眾生活的一切文化活動，在現在的臺灣，已
> 經沒有意義的了，所以我們主張臺灣文化運動的民主化和大眾化！
> 而我們「新新」的同仁也願與本省各界的文化人，共同向這個方向
> 努力。〔註39〕

此一卷頭語，與楊逵、龍瑛宗一樣，均傳達了對於民主的渴望與堅持，只是
這裡並沒有確切表述所謂「民主」是否爲三民主義的內涵物？不過，以民主
化爲一切文化活動的根本，則是相同的主張。

另，相較於民主主義或民主重要性的被擡高與正視，刊登於《正氣月刊》
上的曾今可〈明年再談〉，〔註40〕則更爲重視民族主義。他的意見如下：

> 我們現階段的寫作的傾向，應該是全民族的團結和民主的實踐
> 要求與實現，科學的提倡並發展。我們的寫作原則應該是集中於
> 「國家至上，民族至上」這一個焦點的。……我們的作品不僅要反
> 映出社會的病態，而且要指出怎樣去建國才能「必成」。……我們的
> 作品是要有正確性的，就是說：我們的寫作的傾向應該是屬於多數
> 人和各方面的，應該是屬於眞理的，應該是屬於革命的，應該是有
> 著國家民族的意義和世界的意義的，只有這樣的作品才有永久的價
> 值！〔註41〕

〔註38〕參見楊逵：〈臺灣新文學停頓的檢討〉，文見彭小妍主編：《楊逵全集》第10
卷，第223～224頁。
〔註39〕參見《新新》第7期，〈卷頭語〉（1946年10月），第1頁。
〔註40〕此文在《正氣月刊》上發表時，曾今可使用了「王明通」爲筆名。
〔註41〕參見王明通：〈明年再談〉，文刊《正氣月刊》第1卷第4期（1947年1月），
第7頁。

文中清楚說出了寫作原則是「國家至上，民族至上」，要能協助「建國」，必須具有國家民族與世界的意義。由於前面已經談論過曾今可所屬「正氣學社」的社群組織性質，因此此處意見，正可呈現與楊逵等左翼作家關注的差別，顯示意識形態偏於右翼者的看法，他們無寧更爲重視國家民族，故與左翼者注重人民之民主，表現出不同趨向的選擇態度與創作發展路徑的思考。

　　而要再加說明的是，在戰後討論臺灣文學發展時，左右翼作家都與三民主義思想有所連結，雖然標舉民主主義或民族主義的方向選擇有別，但都一樣認同文學應該反映現實，注重現實，如曾今可〈靈魂工程師使命〉說道:「一切的創作，像一切的新聞一樣，不能離開現實。離開了現實的文藝作品，是一種把眞實掩蓋起來的，虛僞的詐欺的藝術。」〔註 42〕而楊逵在〈論「反映現實」〉的表述是:

> 「文學應該反映現實」或是「文學是現實的反映」這句話，似乎已經是常話了，但所有的作品我們都覺得還不夠眞正反映著現實。現實究竟是什麼一種情形呢？……爲了瞭解臺灣的現實，大家需要瞭解整個的中國，整個的世界，這樣來才不致犯著「看樹不看林」的毛病。一篇作品爲要反映現實，作者須要確切認識現實，……只看到一間斷的瞬間的事實是不夠的，須要放大眼光綜觀整個世界，透視整個歷史的演變。〔註43〕

文中除了標舉文學必須反映現實的訴求之外，他還說明了要瞭解臺灣的現實，必須置放於中國和世界的脈絡之中，如此才算是確切認識現實。只是可惜的是，若干省外來臺作家，楊逵發現他們「與臺灣社會，臺灣的民眾，甚至臺灣的文藝工作者很欠少接觸，所寫出來的都離開臺灣的現實要求，離開臺灣民眾的心情太遠」，〔註44〕，顯然要掌握現實的眞相與眞諦，先決條件是要與民眾接近，甚至成爲「人民的作家」。〔註45〕而另一方面，楊逵又想到「什麼叫做現實？」可能書寫者各人各有立場，而且認知態度亦有高低之

〔註42〕參見曾今可:〈靈魂工程師使命〉，文刊《海潮》第 4 期（1946 年 6 月），第20 頁。

〔註43〕參見楊逵:〈論「反映現實」〉，文見彭小妍主編:《楊逵全集》第 10 卷，第 264頁。

〔註44〕參見楊逵:〈現實教我們需要一次嚷〉，文見彭小妍主編:《楊逵全集》第 10卷，第 252 頁。

〔註45〕參見楊逵:〈人民的作家〉，文見彭小妍主編:《楊逵全集》第 10 卷，第 258頁。

別，「為克服這些毛病，努力去考察現實來把握正確的認識是一個條件，堅決
站定一個立場是另一個條件，兩個條件為做人做事——寫作也就是所要做的
另一件事情——所不能免的」，他因此進一步主張創作者要站在健全的立場去
看待現實、反映現實，因為「高尚的文學就是由高尚的人生態度產生出來的
東西」。〔註46〕

有趣的是，與楊逵一樣認同作品要反映現實的曾今可，他在論及作品反
映現實之餘，更加闡發的要點卻是「也要能夠影響現實，因為好的文藝是從
現實裏面產生，而且又能推動現實前進的」，那麼在曾氏心中所謂的「現實」
問題是什麼？其所懸念者乃是大時代下的建國問題：

> 我們的作品不僅要反映出社會的病態，而且要指示出怎樣去建
> 國。……感謝我們的「國難」，使成功的作家進步，使新的作家成
> 長，……在這個偉大的時代，應當有「偉大的作品」產生，……，
> 一定先要使我們進步，使我們有充分的戰鬥精神和充分的寫作技
> 能，而且使我們有正確的寫作傾向。……然後我們的文藝才能適合
> 這大時代的要求，才能在這大時代中進步，才能產生真正偉大的作
> 品，才能達成作家的任務。建國的工作，真是千頭萬緒，但「心理
> 建設為一切建設之首要」，要「實行心理建設」，一定要靠文化教育
> 界的努力。作家是文化界的主要份子，……作家是被稱為「靈魂的
> 工程師」的。……他們在一般人眼中是被當作「傻瓜」看待的。如
> 果一個國家完全沒有了這種「傻瓜」，這個國家就不知要弄成什麼樣
> 子了！〔註47〕

在此，相較於楊逵所提做一位「人民的作家」，〔註48〕並以正確立場與態度去

〔註46〕 參見楊逵：〈論文學與生活〉，文見彭小妍主編：《楊逵全集》第 10 卷，第 266
～268 頁。

〔註47〕 參見曾今可：〈靈魂工程師使命〉，文刊《海潮》第 4 期（1946 年 6 月），第
19～21 頁。

〔註48〕 其實曾今可對於書寫應當站在人民的立場，實際也有所肯定，他在 1948 年出
版的《亂世吟草》中特別引用寫於 1936 年的〈普希金逝世百十年紀念〉當作
序詩，文中言及「因為你曾經站在人民的立場，反抗黑暗專制的政治，……，
你雖然遭了惡勢力的陷害，但你的精神將與世界長存。你雖然遭遇了惡勢力
的陷害，但你的精神將與世界長存！你逝世一百一十年後的今日，黑暗與專
制依然存在！不幸生長在中國的詩人們，正遭受著你受過的禍災。」於此可
見一斑。不過，如果仔細分析此詩內容，可知曾氏並不專為表達從人民立場
書寫之重要性與必要性，反倒是要從俄羅斯文學之父普希金的作品「假如生

認識現實生活，曾今可也要求作家要有「正確的寫作傾向」，去當一位參加建國工作，致力心理建設的「靈魂工程師」。於是，經由前述之併觀，可以發現同樣由三民主義出發的文藝觀，曾氏重在建國之使命，以為大時代下當生產出偉大的作品，而所欲反映的現實，係來自於國家經歷抗戰之後所遭遇的時代性處境，但楊逵則正視人民生活的現實層面，二者不僅對於民族主義或民主主義文藝論的看重態度與立場有著明顯差別，而最終追求的文藝發展也有邁向「國家」與「人民」之差異，充分顯露了左／右翼作家同在國父與三民主義思想的引領之下，卻出現南轅北轍的創作態度與關懷，而這正是于右任來到臺灣之前的文藝氛圍與時代情境。

三、從魯迅到于右任文學典範的更迭與形塑

在掌握了 1945 年以國語運動為基礎的臺灣文學與中國文學嫁接關係，文學場域與新／舊文學秩序的變化，以及三民主義、國父言行的影響狀態之後，這將有助於以下有關魯迅與于右任能夠相繼成為臺灣戰後作家典範，與後來產生二者更迭替換原因背景的理解。

（一）

有關魯迅與于右任何以能夠成為戰後臺灣文學的作家典範，茲先由魯迅在臺傳播談起。其實早在日治時代，臺灣作家便已知悉魯迅及其作品之重要性，如賴和、張我軍、楊逵、周定山、黃得時、龍瑛宗、鍾理和均已接觸過，且多少受到啟發與影響，乃至模擬、學習。〔註 49〕至於戰後階段，主要高峰期乃產生於 1946 年魯迅逝世十週年時，此時以楊雲萍為主編，由臺灣作家共同創辦的《臺灣文化》，在第一卷第二期（1946 年 11 月）推出「魯迅逝世十週年特輯」，另《臺灣新生報》、《中華日報》、《和平日報》也有高達三十二篇的報導，〔註 50〕再加上魯迅好友許壽裳來臺之後的戮力宣揚，及官方、

活欺騙了你，不要憂鬱，也不要憤慨！不順心的時候暫且容忍。相信吧！快樂的日子就會到來！」學習，因而發出了「我們向你學習了『容忍』」的心聲。不過，在強調要容忍的當下，這其實已經在針對時局而寄託諷刺於其中了。因此曾氏此詩也提醒我們，在說明其主張創作要能指示建國的同時，卻不能忽略他也不忘諷刺或披露社會病態，唯有如此才能較深刻、辯證掌握曾今可的文藝觀念。

〔註 49〕 相關情形可以參見中島利郎：〈日治時期的臺灣新文學與魯迅——其接受的概觀〉，文見中島利郎編：《臺灣新文學與魯迅》，第 39～77 頁。

〔註 50〕 參見黃英哲：〈戰後魯迅思想在臺灣的傳播（一九四五～四九）〉，第 175 頁。

民間所編教科書或中日文對照圖書皆有收錄魯迅作品，因此戰後初期的臺灣
興起一股魯迅風潮。不過，魯迅受到青睞的原因並不一致，例如楊逵是以社
會主義的階級立場詮釋魯迅，且特重其對抗蔣介石的相關歷史，進而用以批
判戰後負責接收的國民黨政權，故具有明顯的左翼文學意識；〔註51〕而楊雲
萍則是一方面推崇魯迅作品在日治時期對於臺灣「啓蒙運動的巨浪」的啓蒙
性價值，認爲魯迅無論是小說、批評與感想之類的文字，皆是當時青年所愛
讀，另一方面則對魯迅關懷中國民眾慘無天日生活的精神感到景仰，並認爲
是現階段臺人應該繼承與發揚光大者；〔註52〕至於，許壽裳更高度強調的是
「抗戰到底是魯迅畢生的精神。……在抗日戰爭開始的前一年，他臨死時，
還說：『因爲現在中國最大的問題，人人所共的問題，是民族生存的問題。……
中國的唯一的出路，是全國一致對日的民族革命戰爭。』……魯迅作品的精
神，一句話說，便是戰鬥的精神。」〔註53〕以許壽裳置身國家官務系統而言，
其與楊逵雖然都看重魯迅戰鬥精神，但不同楊逵的左翼色彩發言，他所側重
的是抗戰民族精神的表彰。

　　不過，若回到前一單元所論的國語運動相關問題上，下村作次郎在〈戰
後初期臺灣文壇與魯迅〉一文中，從戰後一些圖書出版情況，提醒吾人應
當注意：「在臺灣戰後初期的某一時期，亦曾將魯迅定位爲中國近代的著名
作家，並將其代表作視爲祖國大陸的、近代文學的『名作』，試圖予以引介
吸納。」這是從文學接受角度，闡明魯迅作品的審美意義；在此文裏，他更
引述王禹農介紹魯迅作品時的意見：「今年是魯迅逝世十週年紀念，而且也
是臺灣光復滿一週年，本叢書不但鑽研國語精華，而且也可當作國語文學
的鑑賞，希望能對臺灣的讀書界帶來些許的意義。」另外，下村作次郎還
指出魯迅作品之所以會出現在當時「中日文對照中國文藝叢書」之內，其
目的應該是要「做爲國語普及運動的一環」，亦即當作「學習國語的教科書」
之用。〔註54〕對此，杜重〈推進臺灣文藝運動的我見〉一文中，也有類似

〔註51〕　參見黃惠禎：《左翼批判精神的鍛接：四〇年代楊逵文學與思想的歷史研究》
　　　　　（臺北：秀威信息科技，2009年），第305頁。
〔註52〕　參見楊雲萍：〈紀念魯迅〉（《臺灣文化》第1卷第2期，1946年11月1日），
　　　　　第1頁。
〔註53〕　參見許壽裳：〈紀念魯迅〉（《臺灣文化》第1卷第2期，1946年11月1日），
　　　　　第2頁。
〔註54〕　參見下村作次郎：〈戰後初期臺灣文壇與魯迅〉，同上註，第129～139頁。

想法，認爲應多介紹巨將如魯迅、郭沫若、矛盾作品，以做爲國語文學習範式。〔註55〕

只是，在面對多種推崇理由（包括左翼意識形態、文化啓蒙論、抗戰愛國精神、國語文學習對象）中孕生的魯迅風潮及其作家、作品典範意義，具右翼色彩的曾今可頗不以爲然，他在 1946 年 10 月以「遊客」署名撰文進行攻擊：

> 許壽裳先生的大作〈魯迅的德行〉，我已經從十月廿一日的和平日報上拜讀了。爲了紀念一個死去的朋友而爲文表彰，這不僅是一種應酬也是一種美德。不過，恭維死人和恭維活人是一樣的，總要得體。否則便會使人肉麻。許先生說「偉哉魯迅」是可以的，說魯迅是「中華民族之魂」，就似乎有點滑稽。……許先生又說：「魯迅是一位爲民請命，拼命硬幹的人。」民國十九年春，（魯迅）忽負密令通緝的罪名，相識的人都勸他暫避。魯迅答道：「不要緊的。」俯仰無怍，處之泰然。許先生竟忘記了魯迅那時候是住在上海租界內的虹口，而且是住在日本的文化間諜內山完造的家裏，……他這樣託庇於民族仇敵的爪牙之下，而你卻說他是「拼命硬幹的人」！〔註56〕

曾氏此文不僅公然與許壽裳較勁對詰，且意指魯迅實爲「漢奸」，藉以解構魯迅具民族主義精神的形象，而這樣的言論與稍後一個月《臺灣文化》策劃推出的「魯迅逝世十週年特輯」，簡直南轅北轍，但恰恰可見在魯迅風潮中，卻也存在著「反魯」言論。

而在戰後臺灣眞正全面「反魯」之前，因爲二二八事件及許壽裳遭刺案，實已促使魯迅風潮快速消退，但尚未完全滅絕，例如時任臺大文學院院長的錢歌川，在鼓吹小品文之撰寫時，仍然提到：

> 說魯迅是中國新文學運動以來所產生的一個最偉大作家，想必

〔註55〕 參見杜重：〈推進臺灣文藝運動之我見〉，文刊《建國月刊》第 2 卷第 6 期（1948 年 9 月），第 15 頁。此文對於魯迅創作意義的肯定甚爲特殊，蓋因《建國月刊》性質如前所述乃偏右翼，且主編係持反魯立場的曾今可，但本文仍然刊出，或許是因僅出於語文習作典律而非思想意識之讚譽，因此最終仍然照稿刊出。

〔註56〕 參見遊客：〈中華民族之魂！〉，文刊《正氣》第 1 卷第 2 期（1946 年 11 月），第 3～4 頁。又，關於此文，筆者曾翻閱臺灣大學典藏之《正氣》，卻因爲第 3～4 頁不知何故已經脫漏而未能得見內容，故此處轉引自黃英哲前揭文，第 177 頁。

是誰也承認的吧。魯迅雖以阿Ｑ正傳一篇小說奠定了他千古不朽的
地位，但他的小說，始終只有吶喊與徬徨那薄薄的兩小本。他後來
所寫的全是散文小品。所以與其說魯迅是小說家，不如說他是小品
文作者或隨筆家。……使現代中國小品文發達的，周氏兄弟之力，
當然不能埋沒。〔註57〕

他公開肯定魯迅是最偉大的中國新文學作家，並指出周氏兄弟在小品文的耕
耘貢獻。另，依據徐紀陽最新研究成果顯示，在《民聲日報》、《天南日報》
上仍能閱讀到與魯迅其人其作有關之文章，直到《民族報》在 1949 年 11 月
開闢的「民族副刊」，因在標舉「反共文藝第一聲」的孫陵出任主編的情形
之下，所刊均為反共為主的創作，迨自 12 月時，更可獲見署名「清心」者所
寫貶低魯迅等左翼作家的數篇文字，而後續再到 1950 年 9 月至 10 月間，隸
屬臺灣省政府新聞處《臺灣新生報》「新生副刊」的反魯之文更高達 19 篇之
多，這已是系統性反魯現象了，如此自然也在宣告反共文藝體制的完全確
立。〔註58〕

　　那麼，從上述魯迅風潮與反魯狀況來看，可知在戰後國語運動推行之
時，雖然新文學地位得到認可，白話文的重要性贏過文言文，但臺灣島內卻
正在上演著建構／解構魯迅及其作品成為新文學典律與新文學創作典範的現
象，只是弔詭的是，不管魯迅地位如何，其實都不會影響到白話文學在戰後
臺灣文學的主流位階。因此，相對地，恰恰是古典文學陣營這邊，即使曾今
可早在魯迅風潮盛行時便出現公開反魯的言論，且最終也會證明他才是與國
家反共文藝潮流一致，但其投入極大心血所經營的古典詩歌與詩壇，固然成
功聯絡省內、外古典詩人同聲共氣，〔註59〕卻還是不得不面對舊詩已屬白話
文學對立物的尷尬性，因為這樣的古典文體，與國語運動言文一致體的現代
化理想，顯然有所悖離。

〔註57〕參見味欖：〈談小品文〉，文刊《臺灣文化》第 3 卷第 1 期（1948 年 1 月），第
　　　　13～14 頁。
〔註58〕參見徐紀陽：〈「魯迅風潮」的消退與「反魯論述」的泛起──1949 年前後的
　　　　《民聲日報》、《天南日報》、《民族報》、《臺灣新生報》及其他〉，文見廈門大
　　　　學臺灣研究院文學所、臺灣大學臺灣文學研究所主辦「臺灣文學研究・兩岸
　　　　青年論壇」論文集（2012 年 7 月 5 日），第 130～132 頁。
〔註59〕關於曾今可如何促成省、內外古典詩人的互動交流，參見拙文〈戰後初期的
　　　　臺灣古典詩壇（1945～1949）〉，文章收入許雪姬主編：《二二八事件 60 週年
　　　　紀念論文集》，第 291～293 頁。

事實上，不只是國語運動所帶來的典律挑戰與壓力，在戰後初期，王思翔〈關於「漢學」及其他〉一文也言及：

> 日據時代保存「民族精神」的「國粹」、「漢學」與「詩社」固
> 然功不可沒，光復以來迅速復甦，但這種形成於封建時代的舊文化，
> 如今「古今勢異，封建制度已經消滅，配合新時代所需要，必須有
> 一種新文化，這就是『五四』以來的新文化。」〔註60〕

就王氏的思考來看，舊詩或詩社代表了封建性與守舊性，爲了配合新時代需求，應該予以捨棄，去迎接五四以來的新文化。對此，徐秀慧發現王思翔的論點，乃是針對省黨部系統的「正氣學社」結交臺灣傳統仕紳、鼓吹恢復「漢詩」傳統而發，〔註61〕而所謂「正氣學社」之舉，實際上就是出自曾今可的大力推動。由此看來，舊詩與詩社活動，另一個所要面臨的是如何擺脫封建時代、舊文化產物罪名的重荷。此外，隨著光復而來到神州劇變之後，政局動盪，國家不安，撰寫舊詩，變成容易予人吟風弄月之想，1949 年 10 月 29日《中央日報》就曾刊出一則〈吟詩不廢公家事羅家倫大使來函〉的訊息，因爲某日羅家倫在報上刊登了擔任印度大使期間所寫舊詩，卻被某報同人責難是「吟風弄月」，故特別澄清所寫不過是發思古幽情之文藝作品，且未曾忘卻職責、影響公務。〔註62〕

綜上可知，戰後以來，能夠使用漢文的臺灣舊詩界，雖然不同於日文系統作家所遭逢的語言跨越的痛苦，但卻得面臨不同型態的挑戰。那麼針對魯迅風潮，曾經出言砲轟許壽裳、魯迅的曾今可，他在積極出版《臺灣詩報》、編輯《臺灣詩選》以供臺人發表作品與溝通交流，或是來臺之後就與林獻堂、黃純青、林熊祥、李騰嶽、謝汝銓、魏清德、黃水沛等本地著名詩人多所往返，並且建議舉辦 1948 年臺灣戰後第一次全臺詩人大會的他，又要如何面對上述挑戰呢？

（二）

曾今可的應對策略與思維結構是，首先，他重申舊詩在戰後臺灣的意義

〔註60〕參見王思翔：〈關於「漢學」及其他〉，文刊《和平日報》「新世紀」1946 年 6
　　　月 1 日，此處轉引自徐秀慧：《戰後初期（1945～1949）臺灣的文化場域與文
　　　學思潮》（臺北：稻鄉出版社，2007 年），第 125 頁。

〔註61〕參見徐秀慧：《戰後初期（1945～1949）臺灣的文化場域與文學思潮》，同上
　　　註，第 125 頁。

〔註62〕參見《中央日報》，1949 年 10 月 29 日（六）。

遠遠超過當時的新詩，因此確有保留與持續發展之必要性與重要性：

> 詩人在臺灣，不是一種偶像，而是一種力量。他們可以當作人
> 民的一種喉舌，而說明人民的困苦和願望，他們可以當作政府與人
> 民間的橋樑而溝通官民之間的情感。（我不反對新詩，我並且認為新
> 詩是自然的趨勢，但現在的新詩【在臺灣的】似乎還不足負起這種
> 責任來。）我在「臺灣詩壇」創刊詞中說過：「我們生在今日，春秋
> 之筆，尚須暫停。」但我們不能不開口：……我們只有借詩來發洩
> 我們也是大眾的情感。只有這種真情流露，言之有物，不是無病呻
> 吟或風花雪月的作品，才能反映時代，才能引起共鳴，……我們就
> 會知道：臺灣的詩人是有其存在的特殊價值的。〔註63〕

曾氏一方面肯定古典「詩人」是戰後初期臺灣社會的「力量」，能以文字說明
人民的困苦和願望，傳達大眾情感，反映時代，而這樣當做政府與人民橋樑、
溝通官民感情的任務，新詩暫時無法勝任。

接著，鞏固舊詩與舊詩人的角色意義與價值之後，曾今可又促成本地詩
人參與 1946 年 10 月 31 日蔣中正六十華誕祝壽詩的徵選、評比與出版，以及
倡議過舉辦戰後初期的首次的全臺詩人大會。關於 1948 年的首次全臺詩人大
會，曾氏自謂：「三十七年春，……可並建議魏主席於端陽詩人節，設筵臺北
賓館，招待全臺各地名詩人，以繼東閣聯吟韻事；魏以不能詩自謙，改由鈕
先銘將軍招待，此乃臺灣光復後第一次盛會。……」〔註64〕由此可知，此際
省內外詩人大會的召開，曾今可一方面自詡是牽線人，另一方面則也使舊詩
或詩會活動與官方產生連結，以此厚植舊詩勢力。

而上述曾今可勉力維持詩壇的情形，在 1949 年 10 月于右任來臺之後，
取得了更大的發展與突破。由於與于氏乃是舊識，二人曾同屬南社社員，而
曾氏 1935 年由日本留學返國後，又因爲於于右任之助，得以前往國民省政府浙
江省審計處服務，故彼此早有互動。因此，透過在臺灣詩壇經營已久的曾氏
之助，來臺後的于右任迅速與在臺灣省文獻委員會任職的黃純青、林熊祥及
其他臺北地區文人楊仲佐、魏清德、林佛國等人結識，如其在九日飛臺之
後，臺北詩人即邀請于草山開詩會，後因于氏離臺飛港而作罷，但仍在機上

〔註63〕參見曾今可：〈詩人在臺灣〉，文刊曾氏主編：《臺灣詩報》創刊號（1949 年 1
　　　　月 1 日），第 6 頁。
〔註64〕參見曾今可：《臺灣詩選・序》，第 12 頁。案，原文無句逗，此處新式標點爲
　　　　筆者所加。

作詩寄給臺北詩人，〔註65〕這是于右任與臺灣本地詩人結緣的開始。在此之前，戰後臺灣具有延續日治時代壽命最長的古典詩刊《詩報》命脈意義的《心聲》，已經透過「近代詩拔」專欄刊載過于右任詩作〈同漁父作〉，〔註66〕不過此時對於于氏及其作品之認知，只是將之視為中國近代著名詩人的身份進行理解。而且，即使是曾今可，他也未曾料到于右任會在 1949 年 10 月來到臺灣，因此當他在年初著手創辦供給省內、外詩人進行詩歌交流的《臺灣詩報》時，曾經聘請同為南社成員的柳亞子擔任該刊監事，卻未想到可以敦聘于氏。然而一旦于氏到來之後，1951 年曾今可將新《臺灣詩報》擴大創辦為《臺灣詩壇》時，便邀請于右任出任顧問，到 1952 年 7 月時，更延請成為臺灣詩壇社的名譽社長，與社長賈景德一同擔任《臺灣詩壇》的指導人。〔註67〕

實際上，于右任不僅是對詩刊進行指導，乃至推薦佳作供稿，〔註68〕或在其上親自參與詩作發表，于氏亦頻頻參與各類詩會，甚至扮演發起人的角色。在來臺次年（1950）三月，先生便主動與賈景德、黃純青及來臺詩人，號召修禊於臺北士林園藝所；〔註69〕同年十月十九日為重陽節，又約臺北詩人於陽明山柑橘示範場登高，此次吟會，是有感於抗日戰爭期間，曾在漢口發起「民族詩壇」，至重慶又發起「中華樂府」，現已來臺，於是發起「臺灣詩壇」，目的是為了「提倡詩學」，但也為能「鼓吹革命」，從于氏當日所寫詩稿：「三十九年重陽、陽明山登高，敬望與會羣公，咸以康濟之懷抱，發為時代之歌聲，為詩學開闢新的道路，為生民肩負新的使命。」可見其心情與使命感，而此日到會者有一百二十餘人。〔註70〕附帶一提的是，此種以修禊、重陽登高、消寒，或端午、冬至為名義的雅集吟會活動，自本年之後陸續舉辦不少，于氏有時親自發起主辦，有時則是參與共詠，例如 1951 年的

〔註65〕 參見于右任先生百年誕辰紀念籌備委員會編：《于右任先生年譜》（國史館、監察院、中國國民黨中央黨史委員會出版，1978 年 4 月 26 日），第 141 頁。

〔註66〕 參見《心聲》第 4 號（1946 年 10 月），第 9 頁。

〔註67〕 參見編者〈編後記〉，文見《臺灣詩壇》第 3 卷第 1 期（1952 年 7 月），第 40 頁。

〔註68〕 參見編者〈編後記〉，文見《臺灣詩壇》第 1 卷第 6 期（1951 年 11 月），第 29 頁。

〔註69〕 參見于右任先生百年誕辰紀念籌備委員會編：《于右任先生年譜》，第 142 頁。

〔註70〕 參見于右任先生百年誕辰紀念籌備委員會編：《于右任先生年譜》，同上註，第 146 頁。

端午詩會，1952 年在韜園舉行的冬至小敘，1953 年禊集新蘭亭、重九士林登
高、晴園消寒之會，1954 年重九淡水登高，1955 年士林禊集、端午詩人大
會，1956 年在國立文物美術館舉行詩人修禊大會等。以上，這些選擇特定日
期舉行的詩會活動，因為參加者不少，如 1950 年重陽陽明山登高者一百二十
餘人，又如 1954 年甲午重九滬尾登高參加者二百十．人，1955 年的癸巳重九
士林登高與會者三百餘人，可稱聲勢浩大。而此種群聚性的詩歌活動，一
方面可將中國傳統文化節日的歷史記憶與儀式傳播來臺，通過詩歌雅宴傳
統，增益中國文化認同度，並強化省內外詩人文化同源意識，另一方面則可
為詩人營造遺民文化空間，製造遭遇國難、被迫離鄉者一個集體消愁遣懷的
機會，因而在懷舊記憶、避災感傷中，一同療癒又試圖振作，相互感召，相
濡以沫，彼此鼓舞，共同惕勵，甚而藉由詩歌改造時代，為鼓吹中興大業而
努力。〔註 71〕

　　以上，于右任的積極參加詩會，使他成為許多詩人想要接近的對象，更
在本地詩人心中累積超高人氣，陳渭雄簡短一句「得瞻諸老快平生往謁於賈
諸老」，〔註 72〕欣喜之情溢於言表，同時也說明了于右任平易近人的一面。而
在此形象之外的于氏，其實正藉多次舉辦的全國詩人大會，積極介入、主導
臺灣詩壇。首先是 1951 年的農曆詩人節與賈景德、黃純青一同發起召開全國

〔註 71〕 此種文化空間與詩會儀式的意義，在與會詩人的詩作中充分流露，例如《臺
灣詩壇》第 5 卷第 5 期（1953 年 11 月），第 5 頁，石墨園〈癸巳九日士林雅
集〉「詩人造時代」，以及吳海天〈癸巳重九士林登高〉「抗俄笳鼓河山動，反
共歌詞金玉音。」；第 10 頁，吳承燕〈癸巳重九士林登高〉「大陸沉淪鴻雁哀，
天涯何處避兵災。登山此日情惆悵，歸棹明年賦去來。」等。又如《臺灣詩
壇》第 7 卷第 5 期（1954 年 11 月），第 1 頁，于右任〈甲午重九滬尾山登高〉：
「海氣重開作勝遊，登高北望是神州（可搭配照片「于右任遙望中原」）。亡
人待旦遺民泣，百劫河山一戰收。」；「滬尾山頭百卉芳，國殤祠畔立斜陽。
黃花今日誰來贈，為祝詩人晚節香。」；「載酒尋詩興倍高，每逢佳節自相邀。
天風吹動相思樹，林外微聞唱大招。」另如《臺灣詩壇》第 10 卷第 5 期（1956
年 5 月），第 12 頁，陳邁子〈乙未新蘭亭修禊〉「瀛嶠春事濃，海山增韶秀。
霖雨喜及時，瀟瀟滌清晝。欣逢會稽遊，詩腸何辭陋。蘭亭碩彥集，江左變
雅奏。避地賦同仇，中原踞虜寇。誰甘新亭泣，河山慨非舊。相期振斯文，
勢同鋒鏑鬥。會當共匡復，生民得解救。一擲乾坤小，雞鳴風雨驟。俯仰百
年身，曾無金石壽。芳樹連嶂碧，嘉卉滿園囿。撩人故國思，暮色浸衫袖。」
以上，多首詩歌中的情感修辭，展現了世變之後，寓居臺灣的特殊時間、空
間感知，以及個人與群體生命情思，頗堪玩味。

〔註 72〕 參見陳渭雄：〈臺北旅次二首〉其一，詩載《臺灣詩壇》第 10 卷第 6 期（1956
年 6 月），第 18 頁。

詩人大會,《中央日報》對大會的準備工作略有報導,情形如下:

> 于右任、賈景德、黃純青三老發起於六月九日(端午)召集本
> 省各縣市著名詩社社員,由該社長選代表及內地寓臺名詩家共六百
> 二十五名,在中山堂舉行慶祝詩人節兼開全國詩人大會,詩題:
> (一)臺灣是民主自由之燈塔(二)辛卯詩人節懷沈斯庵。不拘□
> 韻,限本月底以前將詩稿寄交臺北市延平南路一〇九號臺灣省文獻
> 委員會,請帖現正分發中,均附有詳細辦法,本省詩家及內地詩家
> 多至一千五百餘名,因會場及經費所限,未能一一招待。總統對於
> 詩人節甚爲重視,特親筆賜題「發揚民族正氣」六字,將印成詩箋
> 分贈各與會詩人。〔註73〕

這次的詩會,乃是國民黨政權播遷來臺後,首次舉辦的具全國性質的詩會活動,在此之前於 1948 年時,曾今可曾經籌辦第一次的全臺詩人大會。從「全臺」到「全國」,意義自然不同,而從上列報導可知,全國詩人大會想要與會者人數甚夥,蔣中正還贈給與會者親筆賜題「發揚民族正氣」的詩箋,由此可以感受到舊詩界與國家民族主義精神的緊密連結。而此次詩會,詩題「臺灣是民族自由的燈塔」,實爲于右任所命題,後來他自作「文化平流接萬方,眞光遠射幾重洋。亦興人類安全感,航路時時對太陽。」希望藉由此詩呼喚同胞起義來歸。〔註74〕

其後,他更在多次的全國詩人大會中,藉由公開演說的方式,傳達其個人的詩歌見解,今日可見至少包括 1955 年於臺南、1956 年在嘉義以及 1958 年於臺東召開的全國詩人節大會中的發言。〔註75〕較特別的是,這些演講內容不僅談到對於古典詩歌的看法,有時更會觸及新詩問題,因此影響層面更大。例如陳紀瀅特別提到于氏在臺南舉行詩人大會演講詞所受啓發:

> 右老這篇詩論,可以說近年來關於詩的論文中,最值得讀的一
> 篇。他自己雖是作舊詩的,但他把舊詩的危機(厄運)說出來。舊
> 詩的危機在哪裏?脫離羣眾,而爲少數者優閒的文藝。新詩的危機

〔註73〕 參見《中央日報》,1951 年 5 月 18 日(四)。
〔註74〕 參見于右任先生百年誕辰紀念籌備委員會編:《于右任先生年譜》,第 153 頁。
〔註75〕 關於全國詩人大會地點的更動,除了提供與會者可以順道遊覽觀光,認識臺灣地方景觀與歷史記憶之外,也有助於省外文人與本土在地詩人之交流溝通,建立情感。

在哪裏？右老雖然沒有明白說出，但顯然也以發揚時代的精神與便
利大眾的欣賞兩個重要前提相期許，新詩如果缺乏時代的精神，則
同樣是無眞生命；新詩如果不爲大眾所欣賞，也同樣是廢話。作品
與人格一致，更爲重要。

我覺得這篇詩論，過去或者沒受到新詩作者們的注意，在于氏
謝世的今天讀來，更饒有意義。……于氏所接受的基本教育可以說
是中國古典文學，依一般情況，他要泥古薄今的，無論詩文，應滯
留在他幼年時代的範疇；可是右老一生革命，他從來沒有生活在時
代後邊，卻永遠同時代前進，因此不但思想是與時俱進的，文字也
是流行的。〔註76〕

有關於于氏在幾次詩人大會中的詩學演說，本文後面將會予以探討，但在此
可以獲見長期擔任中國文藝協會常務理事，著名反共文學作家的陳紀瀅，對
於于右任的高度肯定與揄揚，並認爲其人詩學理念與主張，應該也要受到新
詩人的注意。不過，耐人尋思的是「這篇詩論，過去或者沒受到新詩作者們
的注意」，這句話暗示了新詩派對於代表古典文學陣營的于右任的詩歌主張理
解太少，故多少顯示了新／舊詩派之間的疏離感，雙方之間顯然有著距離感
存在。但是，陳紀瀅也表達了倘若能夠理解于右任詩論的人，自然可以明白
于氏詩文表現與詩歌理論其實是與時代一同前進而流行的。

無庸置疑的，凡是瞭解于右任爲人或創作表現的人，自然對其讚譽有
加。尤其做爲最早追隨國父的黨國元勳，任事盡責的監察院院長，革命報業
開路先鋒，且對青年熱情提攜，又禮賢下士的他，更被許爲能夠達成立德、
立言、立功三不朽，德業早爲世人所公認，故臺灣詩壇亦莫不敬重，此由于
氏每年華誕，騷壇文友均紛紛獻詩以賀可窺一般，在《臺灣詩壇》、《詩文之
友》之中便存有大量作品。而透過相關賀詩，其實有利吾人掌握時人對於于
氏的定評，例如謝尊五〈壽于右任先生〉：「道范欽山斗，先生福壽全。美髯
長歲月，懋德立坤乾。歷劫滄桑健，調元監察賢。騷壇推領袖，寫作筆如
椽。」；〔註77〕羅家倫〈右任院長七四華誕〉：「詩雄草聖兩稱尊，況有胸中十
萬兵。」；張慕陶〈右老七四華誕〉「雄文垂百世，勳業冠三臺」〔註78〕其中

〔註76〕參見陳紀瀅：〈右老詩文研究〉，文見《于右任先生紀念集》，第187～188頁。
〔註77〕參見《臺灣詩壇》第1卷第4期（1951年9月），第9頁。
〔註78〕以上羅家倫與張慕陶之作，參見《臺灣詩壇》第2卷第5期（1952年5月），

便言及了道德人品、政治地位、書法藝術與文學成就。此外，對於于右任在詩壇的表現，品評者也是不少，王世昭〈寄懷于右老〉：「三讀公詩五百首，都關國計與民生。」；曾今可〈乙未禊集次均默社長韻兼呈右老〉「公掌騷壇似將兵，我如驍卒忝從征。……頌佐中興賴老成。」；王軍餘〈自題畫松鶴祝於右老七七華誕〉「復興文藝頻提倡」，〔註79〕以上或對于氏詩作內容均是關注國計民生而敬佩，或注意于氏頻頻提倡文藝復興的貢獻，至於幫助于氏建立與臺灣本土詩人互動橋樑的曾今可，更倒過來自許是于右任的兵卒，並以能夠追隨其旁而感榮幸，且稱許于氏既是騷壇將領，同時也是頌佐中興的老成者。在此讓人不能忽略的是，在戰後初期臺灣社會已有一股強烈學習三民主義的風氣，以及對於國父革命事蹟的崇仰，而顯然地，于右任不只平日就常闡揚國父遺教，而且其親身參與革命建國，以及時時以總理革命精神自期的現象，極易讓人將其視為國父之後真正革命精神的承繼者。至此，原本抱持反魯念頭，一心透過《正氣月刊》、《建國月刊》發揚國父革命精神，追求民族正氣的曾今可，當他轉而推揚于右任，協助結交臺灣本土詩人時，其實頗有承繼孫文革命傳統系譜之意味，因此極易獲得大眾的高度認同，愈加鞏固其人的騷壇地位。而另一方面，于氏本人雖然在寫作上並不刻意為之，但其《右任詩存》〔註80〕，由於深富詩歌改革理念，具有與時代結合的特質，遂使他在1955年，憑此獲得了教育部文藝獎，這是當時詩歌領域最高榮譽獎項。得獎原因如下：

> 于右任先生以字行，陝西省三原縣人，現年七十七歲，監察院院長，著有「右任詩存」，作者輝煌勳業，已為當勢所公認，其對文學之貢獻，為能將中西文學之意境熔合一爐，軒昂奮發，氣象崢嶸，

第18、19頁。

〔註79〕以上王世昭、曾今可、王軍餘之作，參見《臺灣詩壇》第8卷第5期（1955年5月），第15、16、17頁。

〔註80〕關於于右任詩歌創作與出版情形，張雲家：《于右任傳》（臺北：中外通訊社，1958年5月）有清楚描述，言及：「由學生時代開始，經過革命逃亡，以至擔任監察院長，前前後後，歷六十多年，從未停止寫詩，他陸續創作的詩篇，由他自己嚴格挑選印成的『右任詩存』，上下兩冊，共有八百多首，在印行時，他對自己每一首詩，再三斟酌推敲，有許多首，別人看來很好，他卻不吝惜的予以刪除。經他挑選，收集在「右任詩存」裏的八百多首詩，是他一生的代表作，其中受人讚美，他自己也認為得意之作，多半是五十歲以前的作品。」第118頁。又，也許是經過篩選，以及許多作品是詩存出版之後所作，目前報刊中仍有許多有待集佚之作，而新體詩部分亦然。

不但代表一國民族精神與正氣，且能充分表達二十世紀的時代精
神。其影響所及，則能鼓動時勢，創闢新潮。「右任詩存」所刊長歌
及曲，以遒勁之風格，寫革命之偉業，不但是繼承本國文化傳統，
發揚光大，且與復國建國之大業，有極密切之關係，如第二次大戰
回憶歌等，尤為其精心結撰之創作。〔註81〕

此次審查委員為李濟、周鴻經、錢思亮、劉眞、浦薛鳳、鄭彥棻、凌鴻勛、
沈宗瀚，另散文類得獎人蘇雪林、美術類為黃君璧。〔註82〕而由上列獲獎理
由的說明，可知于氏之能獲獎，正在於作品融合了中西文學意境，清楚傳達
民族精神與正氣，以及發揚時代精神，故能鼓動時勢；而所寫革命偉業，更
能承繼文化傳統，協助推動復國建國大業，而這自然與1950年代以後的反共
風潮有關。因此，無論是攸關國父遺志或是反共大業，于右任其人其作的時
代性意義，都促使他有機會躍上詩人典範地位。

　　而在獲得教育部詩歌文藝獎之後，到了1963年，美、奧、菲、巴（巴基
斯坦）等國有籌組國際桂冠詩人協會之舉〔註83〕，擬邀請各國推派代表參加，
魏清德與于右任、梁寒操、林熊祥、曾今可、何志浩等六人當選〔註84〕。得
獎次年，于氏過世，各界紛紛表達哀悼：

　　　于右老所留給大家的典範是：他那愛國始終如一的精神。……
　　我們可以在他的詩存中，看到他濃厚的革命思想和民族意識，「革命
　　詩人」、「愛國詩人」的雅譽，右老是當之無愧的。（中國一周〈敬悼
　　於右老〉）〔註85〕

　　　革命奇才、黨國元老；監察制度的完成（監察院長）；新聞報
　　業，革命報刊先鋒；中國文化方面，書法與詩詞歌曲，書法晉帖與
　　魏碑，融合百家草字，創標準草書，以節省簿書時間，為新中國「利
　　著作而新國運」；右老之詩出於放翁而尤過之，元氣磅礴，慷慨豪俠
　　與纏綿悱惻兼而有之，而一歸其旨於革命的提倡與人心的激勵。（中
　　央日報社論〈悼黨國元老于右任先生〉）〔註86〕

〔註81〕　參見《中央日報》，1955年12月25日（一）。
〔註82〕　參見《中央日報》，1955年12月25日（一）。
〔註83〕　參見《臺灣新生報》，民國53年6月14日。
〔註84〕　參見《詩文之友》第18卷第6期，1963年9月1日。
〔註85〕　參見中國一周：〈敬悼于右老〉，文章收入《于右任先生紀念集》，第163頁。
〔註86〕　參見中央日報社論，文章收入《于右任先生紀念集・紀念文選》，第151頁。

> 右老的德、功、言三者，實融合爲一體而不可分，……右老俠
> 心儒骨，是中國讀書人的典型，亦是本黨革命同志的典型。……誰
> 日不宜。（中央半月刊〈紀念黨國元勳于右任先生〉）〔註87〕

從上述悼詞中，清楚可知于右任的形象不只是革命詩人、愛國詩人，他更是讀書人與黨國革命同志的典型，以及眾人心中的典範。另，陳邁子在蓋棺論定于右任先生的詩作時，更引述了吳白屋（芳吉）的說法，強調于右任之詩「爲民國開國詩人中成就最偉者」，能夠出舊入新，繼往開來，於發傳統詩學之中，復篤開拓詩學，形成風氣。〔註88〕顯然，于右任不只是在臺詩人典範、全國詩人典範，時人甚至推許爲民國詩人中成就最偉者。

只是，面臨典範的殞墜，曾今可在〈敬輓于院長右老二首〉之一言及：「……海隅勝地埋忠骨，國際詩人暗桂冠。（各國應於本國桂冠詩人中選國際桂冠詩人，余提名右老爲我國之國際桂冠詩人，已由國際桂冠詩人協會通過，右老仙去，繼任人選殊難物色。）最是傷心難告語，更誰堪鎮我騷壇。」〔註89〕詩中凸顯了于右任具有難以取代的典範性意義，而耐人玩味的是，「誰堪鎮我騷壇」正意味著于氏平素對於舊詩壇的保護與捍衛作用，如今隨著于氏過世之後，舊詩界已然失去了羽翼，原先在國語運動、新文化中逐漸露出頹勢的狀態，顯然又要浮出檯面了，本文於「前言」曾引述鍾鼎文所謂傳統時代的終結，應該點出的就是曾今可的焦慮吧！那麼，佔在右翼位置的曾今可雖然在反魯上得以勝出，但在新時代的挑戰下，舊詩地位終將要爲新詩所取代，即使堅強的「右翼」也無法扭轉乾坤，這就是戰後臺灣左／右翼文學、新／舊文學相互交錯、角力後的最終結果。

四、于右任詩學觀的時代精神與文學史意義

在明白了從魯迅到于右任二位文學作家典範建構、更替的情形之後，雖然已經得知舊文學終將隨著于右任的去世而出現地位衰頹之勢，然而有關于右任在臺灣所提詩論，卻仍值得深究。而這不僅是從事1950年代臺灣反共文藝思潮相關研究者所未注意之處，尚且因爲透過曾今可到于右任在戰後臺灣

〔註87〕 參見聯合報〈敬悼于右任先生〉，文章收入《于右任先生紀念集・紀念文選》，第151頁。

〔註88〕 見陳邁子：〈論右任先生的詩〉，文章收入《于右任先生紀念集》，第296～298頁。

〔註89〕 參見《詩文之友》第21卷第5期（1965年3月），第3頁。

詩壇的介入與經營，同屬南社成員，且同樣戮力闡揚國父革命精神與三民主
義思想的二人，所折射出的南社精神在戰後臺灣的發展意義，其實值得多加
觀察。

　　而要釐析上述問題，自然得先整理于氏的詩論內容，然而就如陳邁子〈述
于右任先生詩學〉所言：「先生生平埋頭於詩歌創作，卻從來很少直接談到作
詩的理論──詩學。有之，還是近年的事。那是在每年在詩人大會中的演
講」。〔註90〕因此，以下便透過于氏演講內容，搭配其他報刊文章，去掌握其
人詩學內容，希冀一探于氏對於臺灣詩壇所展開的改革情形。

（一）詩學革命、革命詩學與南社精神

　　從 1949 年 10 月來臺之後的于右任，在有機會與臺灣省內外詩人一起從
事詩會活動之後，其內心就抱持了想要在臺灣進行詩學改革的念頭，而付諸
實踐的年份就在 1950 年。這一年他有幾次公開演講與談話的機會，依據《中
央日報》刊載，先是在七月份時重論中國國民黨的新生，接著九月份中央黨
部為紀念總理首次革命，于右任演講「偉大的時代偉大的事業」，此後如何在
偉大的時代創作有意義的文學作品，以及援引、效法國父革命精神，成了于
右任念茲在茲之要事。於是，他在 1950 年重陽臺北陽明山柑橘示範場登高吟
會中，提出敬望與會羣公，咸以康濟之懷抱，發為時代之歌聲，為詩學開闢
新的道路，為生民肩負新的使命的呼籲。〔註91〕接著則是在 1951 年這場政府
遷臺以來最大型的詩會活動裏，直接以（一）臺灣是民主自由之燈塔（二）
辛卯詩人節懷沈斯庵命題，而這一則是與臺灣詩歌、詩人產生連結，另外則
是力求詩作要與時代處境有所聯繫。再者，在會議真正召開當日，除了創作
外，會中于右任對於詩韻提出改革建議，並得到若干響應，正式提出的有：
（一）黃純青建議廢詩韻，改用國語的自然節奏（二）葉芝生、毛盟鷗建議
採用中華新韻（三）弓英德、李漁生……等建議修改律詩之聲韻，以符合國
音，響應于右任詩學革命之倡導。〔註92〕而據報載，參與的詩人，曾將建議
攜歸研究，並期盼提案成功，以利「揭起今人作詩不依唐宋之韻，而創造中
國詩史上的一個新紀元。」〔註93〕又，不單是詩歌改革論述的提出或詩韻改

〔註90〕參見陳邁子：〈述于右任先生詩學〉，《于右任先生紀念集》，第 290～296 頁。
〔註91〕參見《于右任先生年譜》，第 142 頁。
〔註92〕參見《中央日報》，1951 年 6 月 10 日。
〔註93〕參見《中央日報》，1951 年 6 月 10 日。

變的討論而已，于右任其實還曾謀求詩體解放，如同他在抗戰時期所寫長歌
復短歌二首、戰場的孤兒四首、老人歌二首等，來臺之後他也數次撰寫白話
詩，例如題郭明嵩之由黑暗到光明歌便是例子。相同的改革心志，更出現在
1952 年想要模仿杜甫曲江詩詩體，以達成詩體解放目的，因此本年度所作之
詩，多仿杜甫曲江三章體，原本曲江三章為杜甫之創體，調古格嚴，如平韻
者，末韻皆為三平，頗似詞曲，後人少有注意，更少有繼作，于右任卻連仿
其體，蓋有提倡之意。

　　而更多詩學觀點的陳述，則是出現在 1955 年於臺南舉行的全國詩人大
會，他提出下列看法：

> 執新詩以批評舊詩。或執舊詩以批評新詩。此皆不知詩者也。
> 舊詩體格之博大。在世界詩中。實無遜色。但今日詩人之責任。則
> 與時代而俱大。謹以拙見分陳如下。
>
> 一、發揚時代的精神。二、便利大眾的欣賞。蓋違乎時代者必
> 被時代偃棄。遠乎大眾者必被大眾冷落。再進一步言之。此時代應
> 為創造之時代。偉大的創造。必在偉大的時代產生。而偉大的時代，
> 亦需要眾多的作家以支配之。救濟之。並宣揚之。所謂江山需要偉
> 人扶也。此時之詩。非少數者優閒之文藝。而應為大眾勵心立命之
> 文藝。不管大眾之需要。而閉門為之。此詩便無真生命。便成廢話。
> 其結果便與大眾脫離。此乃舊詩之真正厄運。
>
> 我是發起詩人節之一人。我們為什麼以端午為詩人節。當然是
> 紀念屈原的。所謂紀念屈原。一是紀念其作品的偉大。一是紀念其
> 人格的崇高。屈原的作品。無論造詞、立意、都為中國詩人開闢一
> 廣大的境界。……所以紀念屈原。是紀念他衣被萬世的創作精神。
> 與日月爭光的高尚人格。做一詩人。最重要的是作品與人格的一
> 致。我們詩人要以屈原的創作精神。將詩的領域擴大起來。以屈原
> 的高尚人格。將詩的內容充實起來。以表現並發揚大時代日新又新
> 的崇高理念。而作者本身。更要有「知死不可讓兮。願勿愛兮」的
> 殉道精神。總之、一方面詩人的喉舌。是時代的呼聲。一方面詩人
> 的思想。是時代的前驅。以呼聲來反映時代的要求。以思想來促進
> 時代的前進。而詩人的生活。更當是實現此一呼聲與思想的鬥士。

在這篇演說詞中，于右任談到新、舊詩人相互批評，其實是不懂詩歌者。由

此可知在這時期，新舊詩派之間已經出現齟齬，于氏才會有此一說。接著他
勉勵詩人要發揚時代精神，並且寫出便利大眾欣賞之作，亦即要注意時代性
與大眾性。接著則是指出屈原及其創作精神，實爲現今詩人典範，當注意作
品與人格的一致，並應以詩歌呼應時代，力求作爲時代的思想鬥士。於此，
可見于右任深切思考了詩人與詩歌之間的一體性，且重視詩人責任，以及時
代反映論等。

但，詩歌的本質究竟爲何物？要想確切體會，必得細緻思考許多問題，
他在發表於 1956 年 1 月的〈詩人職責〉一文，從「詩言志」的詩的定義，談
到了時代之志、詩人之言、詩之境界、詩之體裁、詩人職責，〔註 94〕嘗試經
過層層釐析，去彰顯詩歌的眞義。此外，于右任還不停思索任何可以讓舊詩
產生新生命意義的改變與調整方式，同樣在本年完成的的〈詩變〉一詩中，
可以發現他的若干體會：

> 詩體豈有常，詩變數無方。何以明其然，時代自堂堂。風起臺
> 海峽，詩老太平洋。可乎曰不可，哲人知其詳。飲不潔之源，逞無
> 窮之路。涵天下之變，盡萬物之數。人生本是詩，時吐驚人句。不
> 必薄唐宋，人各有所遇。〔註 95〕

在這首詩裏，一個呼應其時代詩學觀點的重要思考，乃是「詩體豈有常，詩
變數無方」，因爲既然重視詩歌的時代意義，那麼根本不必特別去論唐爭宋，
不求常體，詩貴其變，如此方能理解唯有能夠反映時代意義者才是佳作；而
正是出於這樣的思考邏輯，于右任的詩學革命才有落實的空間。

接著，承繼上首詩歌的想法，他去參加同一年度在嘉義舉行的全國詩人
大會，事後將演講稿發表在《臺灣詩壇》，在名爲〈丙申詩人節大會演說〉的
文章中，做了如下陳述：

> 嘉義居臺灣省之中心。又是臺灣省詩教發祥之地。故詩風盛而
> 詩人多。詩教於此蘊育發展而輻射四方。故詩人始有今日之盛會。

> 追憶日據時代。有志之士。以詩教互通聲氣。傳達思想。爲民
> 族爭生存。爲文化爭地位。辛能很快的光復故物。前代詩人的艱辛
> 奮鬥也如此。現在又到了另一個時代。臺灣在此大時代中。成了反

〔註 94〕 參見《臺灣詩壇》第 10 卷第 1 期（1956 年 1 月），第 42 頁，于右任〈詩人職
責〉。
〔註 95〕 詩載《臺灣詩壇》第 10 卷第 3 期（1956 年 3 月），第 1 頁。

共復國的基地。自由民主的燈塔。對於鼓舞士氣。激勵人心。詩人仍須奮勇負擔。臺灣之詩教過去曾保衛了臺灣。將來更進而光復祖國。解救被奴役的同胞。這是可以做到的。可以斷言的。詩教爲什麼有這麼大的力量呢。古人說:「詩言志」。又說「詩可以羣」。把這兩句話連合起來。就是說詩可以團結人心。……所以在這個大時代中。詩人不獨具有鼓吹中興的使命。更負有爲生民立命的重任。詩人應如何自奮自幸。時代固然創造詩人。詩人亦在啓發時代。如此日新又新。詩人與時代皆日臻於至善至美之域。詩人有如此崇高的目標。如此廣闊的境界。

漢魏歟。唐宋歟。元明清歟。一個時代。自有一個時代的興者。爲聖爲賢。全看自己的努力如何。而今日之時代。吾知興者當更遠逾前代也。

何子貞論詩。謂做人要做今日當做之人。即做詩要做今日當做之詩。可知與時代同樣要放而大之。同光時的詩人。求其放大而未能。然已有其志矣。今日在臺灣以身任天下改造之詩人。其做法圍於一派乎。其本身拘於一地乎。其手握寸管目營八荒乎。吾思之。吾重思之。願與諸位先生共勉之。〔註96〕

倘若參照上列引文之段落，有助掌握于氏的幾個觀點，包括：其一、臺灣詩風很盛，日治詩教有利後來的光復；其二、現在是反共的時代，臺灣詩教要保衛臺灣，光復祖國，鼓吹中興，爲生民立命；其三、時代創造詩人，詩人啓發時代；其四、每一個時代都有屬於自己的興者，今日時代應可勝過漢魏到元明清；其五、體認何紹基所說「做人要做今日當做之人。即做詩要做今日當做之詩。」而從前的同光體未能與時俱進。以上這篇演講稿，顯然是與〈詩變〉所述相符，且有了更多發揮，而其中最爲重要者，仍屬詩歌與時代關係論的強調。因此，在反共年代裏，詩歌自當承擔保家衛國的重任，且要能夠鼓勵士氣，創造時代。而關於于右任的這種詩學觀點，在此處他引用了何紹基的說法，然而相似的意見，乃至對同光體的批評，其實都可在崛起於二十世紀初的革命文學團體南社之中窺見。例如柳亞子對「同光體」的不滿或對民族正氣的講求，高旭鼓吹革命的精神；至於于右任所認同的各時代均

有其自己當作之詩，這種想法又與馬君武「唐宋元明都不管，自成規範鑄詩
材」有近似思考。那麼，出身南社的于右任，雖然未以南社詩論爲標榜，但
其若干持論卻又與南社主張彷彿呼應，實在耐人尋思。再加上，前曾述及曾
今可亦是南社社員，且與于氏都積極宣揚國父三民主義與革命精神，並在編
輯《臺灣詩報》時還邀請過柳亞子擔任顧問，而其所編《臺灣詩壇》也在成
立之初，就聘請同屬南社的張默君擔任顧問，並一起參與多項詩會活動，互
相唱酬，則從曾今可到于右任的在臺相關詩歌活動與表現，或不妨視之爲南
社精神在臺灣延續發展的一個側向。

　　而繼上述詩歌時代說的觀點之後，于右任在 1958 年於臺東舉行的詩人大
會中，再次延續 1951 年曾經談過的詩韻問題，並提出更爲直接的改革建議：

　　　　詩應化難爲易，應接近大眾，這個意見，朋友中贊成的固然很
　　多，但是持疑難態度的亦復不少。這個原因：一是結習的積重難返，
　　一是沒有具體辦法。……我今天特向大會提出兩點意見，這只是初
　　步草草的設計，是否可行？是否能行？是否應行？請各位參考研
　　究。一、平仄──近體詩的平仄格律，完全是爲了聲調美。但是現
　　在平仄變了，如入聲字，國語完全讀平聲了，我們還要把它當仄聲
　　用，這樣我們的詩，便成目誦的聲調，而不是口誦的聲調了！所謂
　　聲調美，也只成爲目誦的美而不是口誦的美。二、──詩有韻，爲
　　的是讀起來諧口。但是後來韻變了。古時同韻的，讀來反而不諧：
　　異韻的反而相諧。如同韻的「元」、「門」，異韻「東」、「冬」。而我
　　們今日作詩，還要強不諧以爲諧，強同以爲異，這樣合理嗎？……
　　現在國家推行的是國語，而我們作詩用的是古韻，這樣一來，不知
　　埋沒了多少天才，損失了多少好詩！古人用自己的口語來作詩，我
　　們用古人的口話來作詩，其難易自見，我們要想把詩化難爲易，和
　　大眾接近，第一先要改用國語的平仄與韻。這是我蓄之於心的多年
　　願望！

這次的演講，于氏有感於詩歌對於大眾仍屬困難之物，因此想要針對詩歌聲
調音韻予以改革，轉而想要採用國語的平仄與韻，希望能夠讓推行國語之後
的大家，可以不必使用古韻，而能直接以口語作詩。關於此一聲韻改革意見
的提出，劉延濤〈于右任先生年譜編後記〉有一生動描述：

　　　　先生晚年，多主要解放舊詩，謂舊詩拘於平仄拘於韻。非以辭

> 害意，即以音害辭。如年譜內所引先生在詩人大會中的演講。來臺
> 後更嘗作白話詩以爲倡導。並主張用「中華新韻」用自己的話寫自
> 己的思想；不要把自己的思想，硬塞入古人的語句裏。〔註97〕

此段文字可與上述參看，當更增情味。不過，如果想及因爲國語運動的推行，竟導致詩歌古韻的不合時代，原本力主詩歌要迎合時代、書寫時代的于右任，終究因之而面臨了無法簡易化與大眾化的困境，則這對力主革命詩學、詩學革命的于氏而言，恐怕是極大的尷尬了。

綜上，本文梳理魯迅到于右任典範更迭與重構故事始末，乃始於國語運動，但最終成爲右翼詩人領導的于右任，卻也因爲國語運動而未能遂行其人的詩學革命理想。

（二）從「風雅論」、「時代說」到反共文學、戰鬥文藝

透過前述于右任相關詩歌觀念的彙整，可以發現其人最爲重要的詩學觀點，乃在於詩歌應該與時代相應，因而能夠形成具有鼓吹中興作用的革命詩學；對此，筆者將之稱爲「時代說」。而事實上，這個說法應該確屬于氏詩學的精華所在，賈景德在〈于右老榮獲中華文藝詩歌首選賦此爲賀〉一詩，便言及「作詩重創造，要合大時代。」；同時刊出的楊嘯霞同題詩作，也認同于氏之詩歌係「詩隨時代變，辭華無今古」，〔註98〕；二人均以「時代」此一關鍵詞形容于右任詩作特色與精神妙趣。

而對於于氏力倡的「時代說」，作爲一位詩人典範的他，其個人言論與主張，其實曾經獲致不少共鳴與推廣。即以于氏擔任榮譽社長的《臺灣詩壇》而言，曾今可〈臺灣詩壇第十卷開始感言〉表示：「于右老再三指示同仁，萬勿忽略時代精神，至理名言，大刊發人深省。……右老爲開國元勳，世所共知，但其貢獻於文學者尤大。……其詩歌……不惟代表民族正氣，亦足充分表達時代精神，其影響所及必能鼓動時勢，創立新潮。」〔註99〕顯然《臺灣詩壇》與該社同仁，都會成爲宣揚于氏「時代說」詩學觀的重要舵手。另如同刊刊出的陳邁子〈歲首獻辭〉，文中也特別闡釋了詩人與時代的關係、詩歌

〔註97〕參見劉延濤：〈于右任先生年譜編後記〉（下），文載《中央日報》，1978 年 5
月 1 日（十）。

〔註98〕以上二人之作參見《臺灣詩壇》第 10 卷第 1 期，第 40 頁。

〔註99〕參見楊嘯霞：〈前題〉，詩刊《臺灣詩壇》第 9 卷第 6 期（1955 年 12 月），第
3 頁。

如何發揮創造時代的精神，以及時代融合形塑詩歌的風格等相關問題，所述
多從于右任詩學主張而來。〔註100〕且不僅如此，《臺灣詩壇》在第十卷第一期
〈編後記〉中，還描述了 1956 年于右任獲教育部文藝獎章之後的情景：

> 各大詩畫家為慶賀于右老榮獲中華文藝首選，同深親仰。於上
> 月二十五日，假聯合國中國同志會歡讌右老。到賈景德……等六十
> 餘人。右老精神奕奕，謙靄可風。席次賈景德、梁寒操先後致詞，
> 對右老詩歌多時代創作性備致讚揚，並由鄭品聰、黃景南提議，以
> 此次讌集意義重大，如何發揮時代精神，及擴大詩的境界，今後與
> 會同仁，應每月集會一次，藉資觀摩。即以此次為第一雅集，以賀
> 右老獲獎為題，不拘體韻，各賦詩一章，彙為丙申第一集。每月集
> 會一次，賦詩作畫各盡其長，其佳作按月由本刊登載，年終並出詩
> 畫專集，期以完成闡揚國粹之大任。〔註101〕

在為于右任獲獎所開慶祝歡讌中，眾人肯定于右任詩歌的時代性意義，並表
示爾後大家要每月集會一次，一起觀摩學習如何發揮時代精神，或擴大詩歌
境界，相關佳作則會按月刊出。

那麼，到底要如何看待與詮釋于右任「時代說」的詩學意義呢？如果從
日治時代臺灣詩學來談戰後狀態，又會有何發現？關於日治時代臺灣詩學情
形，最為重要的自是「風雅論」莫屬。不過以「風雅」詩論而言，這既是一
個詩論，但對臺人而言，也同樣是一「話語」運作。因為一方面，日本致力
推展其日式的「風雅」美感精神，促使臺灣抑雅揚風，塑造出一個具有高尚
興味的清雅社會，讓臺人沉醉於詩歌風流之中；但另一方面，則是進行中國
風雅教化詩觀的挪用與再詮釋，尤其是在與國家殖民主義有所嫁接後，「風雅」
話語充當日本統治者的意識形態工具，暗含了權力的施加和承受的意義，於
是「風雅」話語與詩人教養╱馴化、和衷協同的親善任務相連結。〔註102〕面
對日治時代極具文學政治色彩的風雅論，到了戰後究竟會出現何等變化？而
從「風雅論」到「時代說」的詩學變化意義為何？

─────────────

〔註100〕參見《臺灣詩壇》第 9 卷第 6 期（1955 年 12 月），第 2 頁。
〔註101〕參見《臺灣詩壇》第 10 卷第 1 期，第 38 頁。
〔註102〕關於「風雅論」更多的討論，參見拙文〈日、臺間的漢文關係──殖民地時
　　　　期臺灣古典詩歌知識論的重構與衍異〉，文見吳盛青、高嘉謙主編：《抒情傳
　　　　統與維新時代──辛亥前後的文人、文學、文化》（上海：上海文藝出版社，
　　　　2012 年 11 月），第 402～431 頁。

　　在探討此一問題之前，也許可以先行省思 1948 年所舉行的第一次全臺詩
人大會的情景，由於林獻堂有參與這次的詩會，因此他的想法值得探究。他
在〈全省聯吟會祝詞〉寫下內心感觸：

> 古人有言曰詩言志，又曰詩爲心聲。……既能抒人之情懷，引
> 人之興致，又可發人之深省與警惕。……詩學一道，啓雕蟲小技也
> 哉！……今也國土重光，山川依舊，而老儒碩學，先後凋零，若不
> 有以振興之，他日文喪詩亡，深茲憂懼。此次嵌南詩友倡開全省聯
> 吟大會，實爲崇尚斯文，獎掖後進之壯舉。〔註 103〕

對於戰後首次全臺詩人大會，林獻堂採用《毛詩序》說法，肯定詩歌具有表
達個人心聲情感的作用，同時可以發出深省和警惕，所以強調詩歌並非雕蟲
小技，其次是將此次全臺詩會視爲日治結束之後的詩學斯文重興，故深切期
盼以後能夠延續這個詩文傳統，並獎勵後進詩人。於此，林獻堂所關心的顯
然是漢詩詩歌傳統延續發展的問題，也就是對漢文命脈的重視。然而林氏所
關注的焦點，卻沒有成爲于右任掛心之事，如同曾今可一般，于右任他在多
次演說中，都高度肯定臺灣是一個具有詩教文化之處，而且具備民族正氣，
因此能夠促成戰後的光復事務，這由前引〈丙申詩人節大會演說〉可知一斑。
因此，與林獻堂之想法不同，于右任在 1951 年全國詩人大會中，所期盼寄寓
的是革命詩學，這相當不同於日治時代以和諧、優美、親善、馴化爲特徵的
風雅論詩學，反而要以高熱情、責任感去面對時代挑戰，繼而從事反共、復
國工作。因此，從風雅論到林獻堂保存斯文，乃至于右任的時代說，戰前到
戰後的臺灣詩學主張，顯然出現不小的轉折與變化。

　　而標舉「時代說」的丁右任，在 1955 年被教育部提名參選文藝獎選拔之
初，原曾多次寫信給教育部，表示請勿提名，但最後仍獲獎。爲此，使他更
加慎思詩之志、時代之志、人之志、詩之境界、詩之體裁、詩人職責之間的
許多問題，他以爲：

> 詩言「志」，志是時代之「志」，人類之「志」，故古有采詩之官，
> 欲因之而知時代之趨向、人類之志向，其所欲者樂成之，其所否者
> 革除之，故詩人之關係新運也至重大，今日時代之「志」爲何？人
> 類之「志」爲何？詩人之應言者又爲何？爲適應此大時代與人類之

〔註 103〕參見林獻堂：〈全省聯吟會祝詞〉，文刊《建國月刊》第 2 卷第 6 期（1948
　　　　年），第 6 頁。

呼喚，詩之境界應如何使之擴大？詩之體裁應如何使之靈活？此乃
今日詩人之唯一職責，而願隨諸作家之後，相共勉焉。拙作實不足
取，然青年作者如能以拙作且可入選，因而砥礪奮發，使新中國之
詩苑，因老樹著花，而萬卉爭芳，放大香於大地，則我又只有靦覥
接受矣！〔註104〕

這一段由個人小「志」出發，擴大談到時代之「志」、人類之「志」，乃至「放
大香於大地」的宏大審美意趣，實與日治時代風雅論的重風流、優美、親善
與和諧大相逕庭。其後，在得獎之後，賈景德等人邀宴祝賀，于右任作詩
〈迎接戰鬥年〉〔註105〕以申己意，由此詩題就更能明白所謂「老樹著花」的
詩人心事了！同時也更能理解其人詩作何以能鼓動時勢，因而可以協助復國
建國大業。因此從先前對於革命精神的鼓吹，到直接命題寫出〈迎接戰鬥
年〉時，于右任所謂的詩歌與時代關係，其實已與 1950 年代蔚爲主流的反共
文學、戰鬥文藝，兩相契合了。如此一來，這對於 1953 年蔣介石出版《民生
主義育樂兩篇補述》、張道藩發表「三民主義論」，乃至後來的戰鬥文藝論
所沒有特別關注的古典詩歌範疇，其實具有分工合作之效。然而，儘管在文
藝思想上有著合作、應和的空間，但在反共文學與戰鬥文藝大纛之下，不
能隨著國語運動一起前進革命的舊文學，最終也只能逐漸成爲時代下的落伍
者了。

五、結語

本文針對戰後臺灣文學場域進行考察，在一般學界偏重留意的魯迅典範
建構狀況之外，另外指出于右任與臺灣古典詩壇實亦具有相當密切的關係，
值得予以關注。而全文除了說明曾今可如何在于右任來臺之後，努力協助促
成其與臺籍詩人往來互動，以及進一步成爲省內、外詩人典範的原因與過程，
還將相關現象與戰後魯迅風潮與反魯情形相連結，故能發現其中有著左、右
翼重要文學典範更迭替代的意味。

其次，爲了便於梳理從魯迅到于右任典範移轉所蘊含的文學史意義，文
中先從戰後臺灣文學與中國文學的嫁接關係談起，透過國語運動及其相關語

〔註104〕參見《中央日報》，1955 年 12 月 26 日（四）。
〔註105〕參見《中央日報》，1956 年 1 月 11 日（四），詩作內容：「合以詩將歲月酬，
寧忘後樂與先憂。行看渡海高歌返，未忍當筵不醉休。老樹花香鬥春訊，□
杯力大卻寒流。中原七載□消息，穿眼收京復舊郵。」

文問題的耙梳，最終闡明于右任所帶動的典範生成與消解，將會與臺灣舊詩、古典文學地位升降息息相關，其中實際牽涉著新／舊文學頡頏競爭的問題。再者，由於在戰後初期三民主義、國父言論及其革命事蹟，對於臺灣文學頗具啓發與影響意義，並導致左右翼作家對於民主主義、民族主義各有倚賴，甚至產生以國家或人民爲重的不同趨向的創作目的與寫作觀點，在此情形之下，以曾今可爲主編的正氣學社刊物所代表的民族主義文藝觀，在于氏來臺之後獲得了更多發展與茁壯空間，且由於于右任兼俱革命元老與愛國詩人的形象，以及其人強調標榜符應時代精神的詩學觀，不僅上承戰後初期以來臺灣社會與文壇對於孫中山三民主義與革命精神敬仰情懷的延續，二則頗能與反共文學、戰鬥文藝相連結，乃至補足蔣介石〈民生主義育樂兩篇補述〉、張道藩〈三民主義文藝論〉中並未重視的古典詩學，因此頗具意義。至於，本文在從事上述問題分析之中，所勾勒出的從曾今可到于右任在戰後臺灣古典詩壇的角色意義，則或可視爲中國革命著名文學團體「南社」在臺灣精神延續的一個側面，後續值得更深入的考掘。

綜合前述，本文選從魯迅與于右任典範轉變現象出發的考察，雖屬以小窺大，但因爲試圖綜觀左／右、新／舊不同文學勢力的流變與較勁，因此應當有利於彰顯戰後臺灣文學秩序重整的樣貌，而這也是一個不同以往的研究視角與方法論。

作爲公共知識分子的郭沫若（1945～1947）

李斌〔中國社科院〕

　　公共知識分子是近十多年思想界和輿論探討的熱門話題。由於界定不當，及部分「公共知識分子」難孚眾望，這一概念逐漸帶上貶義色彩，有人甚至一提起「公知」就冷嘲熱諷。這無異於將嬰兒連同髒水一起潑掉。

　　綜合有關公共知識分子的各種定義，我認爲作爲公共知識分子應該具備五個條件：一、具有專業背景，這是公眾信賴的前提；二、表達「有關或涉及政治或意識形態色調的社會公眾關注之問題」〔註1〕；三、目的是建立一種公共權力，從而有效防止政府威權的過度膨脹，並有效監督相關政策遵守既有承諾或「普遍的理性、正義和理想」〔註2〕；四、表達渠道不是政府組織或秘密組織，而是報刊、聚會等公共空間；五，要用公眾所能理解的表達方式。

　　從這種意義上，「公共知識分子」是民主健全社會必不可少的重要力量。他們對於約束威權、表達民意、維護社會穩定，起著至關重要的作用。近代中國的確出現過這樣的知識分子。尤其是抗戰勝利結束後，知識分子的參政議政熱情空前高漲。迫於國際形勢和國內輿論的壓力，國民政府在短期內表現出一定程度上的民主傾向，放開黨禁，輿論自由。但這僅是曇花一現，很快就趨向專制保守了。部分文化人在這樣的政治空間中，表現出可貴的「公共知識分子」的膽識和責任，郭沫若就是其中的傑出代表。

〔註1〕 波納斯著，徐昕譯：《公共知識分子——衰落之研究》，中國政法大學出版社，2002年12月，第43頁。
〔註2〕 許紀霖：《從普遍走向特殊——專業化時代的公共知識分子如何可能？》，《公共性和知識分子》，江蘇人民出版社，2003年6月，第43頁。

　　已有郭沫若研究從未將郭沫若與「公共知識分子」聯繫在一起。一方面是因為我們習慣將郭沫若定位於文學家、歷史學家和古文字學家，另一方面囿於現有學科分工，大多數郭沫若研究者來自文學史和史學史兩個專業，故對於建國前郭沫若的研究，多從文學創作和學術成就兩方面展開。這些研究在大多數時候對於郭沫若是適用的，但也遮蔽了很多複雜的問題。對於 1945～1947 年的郭沫若，就不能僅從這兩個角度去探討。該期郭沫若的主要身份既非學者，亦非作家，而是通過公共空間展開輿論批評的公共知識分子，所以有必要引入思想史和近代史研究的視角。

走向「公共知識分子」的郭沫若

　　抗戰結束至 1947 年 11 月郭沫若出走香港為止期間，郭沫若的主要角色是「公共知識分子」，擔當這一角色，一半出於主動，一半出於被迫。

　　郭沫若本想繼續進行中國古代社會和古文字研究，但條件不允許。

　　他在該期僅寫過 4 篇有關中國古代思想和文字研究的論文，跟抗戰後期相比，數量少，質量不高，且不成體系。對於這種現象，他自己解釋說：「這一類的工作可惜做得太少。但在我目前的情形之下實在也做不出更多的出來：因為我手中不要說沒有什麼研究的便利，就是極普通的工具書都很缺乏。時局動盪倒並沒有惹出我的心境不寧，不能研究，而事實是我被摒除在研究的園地之外了。」〔註3〕郭沫若抱怨被摒除在「研究的園地」之外，這不是誇大。

　　1946 年 6 月下旬，郭沫若應邀赴南京參加促進國共談判的工作。22 日赴中央研究院歷史語言研究所與中共代表及第三方面人士討論最後決定權問題。傅斯年向他引見了參與安陽小屯殷墟發掘工作的李濟之。郭沫若通過李濟之看到幾箱安陽發掘的古物。剛看了幾眼，傅斯年、羅隆基就邀請他去傅斯年的辦公室談政局了。他非常難捨這些珍貴的考古材料，離開的時候「實在只好割愛」。等到跟傅斯年等人的談話暫告一段落，他又立即「戀戀不捨的跑去找李濟之」，看李濟之從日本帶回來的一些新出考古學著作。〔註4〕

　　作為該期郭沫若的少數幾篇學術論文之一，《〈詛楚文〉考釋》的寫作緣起也頗能說明問題。1947 年 6 月中旬，郭沫若在虹口一家小醫院陪著幼子郭

〔註 3〕　郭沫若：《序》，《天地玄黃》，新文藝出版社，1953 年 6 月。
〔註 4〕　郭沫若：《南京印象》，《郭沫若全集・文學編》第 14 卷，人民文學出版社，1992 年 9 月，第 494、495 頁。

民英治療燙傷，正苦於寂寞，鄭振鐸派人送來五本《中國歷史參考圖譜》，其中收錄的三種詛楚文為郭沫若所未見。他沒有任何參考資料，「全憑念那白文去領悟那文辭的時代和其中所包含的史事」，日夕諷誦，一星期後竟然「豁然貫通」，後又參考從暨南大學丁山教授處借來的容庚《占石刻零拾》，寫出了這篇考釋文章。

可見，疏離於學院體制之外，且經歷了顛沛流離生活的郭沫若，跟高等學府中的陳寅恪和研究機構中的李濟之，或長期生活於上海，有豐富私人藏書的鄭振鐸等人都不一樣，他沒有研究資料，也不容易掌握學術界的最新動態。他即使有能力，有熱情，也沒有條件把主要精力投入到歷史考古研究中去。

1945 年 9 月～1947 年 11 月，郭沫若僅寫過一篇小說——《地下的笑聲》，這倒並非江郎才盡，而是因為他不願意做一個純粹的文學家。1947 年 5 月 5 日，《大公報》刊出社評，批評當時中國文壇，「近來文壇上稱公稱老，已染上不少腐化風氣，而人在中年，便大張壽筵，尤令人感到暮氣。」要求「一個有理想，站得住的作家，絕不宜受黨派風氣的左右，而能根據社會與藝術的良知，勇敢而不畏艱苦的創作。」〔註5〕針對這些批評，郭沫若說：「我自己在這兒可以公開的宣佈：我要取消掉我這個『文藝家』或『作家』的頭銜。」「不做『文藝家』不要緊，我們總得要做『人』；寫不出『偉作』可以和蕭伯納相比的也不要緊，總要對得起每天給我們飯吃的老百姓。」〔註6〕這說明了以新詩和戲劇創作風靡文壇的郭沫若，此時的主要關注點並不在文學，這或許也是他該期文學創作較少的原因。

除很少進行學術研究和文學創作外，郭沫若也幾乎不可能參加具體的政治談判和實踐。

1946 年 1 月 10 日，政治協商會議開幕，探討和平民主建國、國民代表大會與解放區等問題。出席這次會議的政協代表共 38 名，郭沫若作為社會賢達成為政協代表。在將近一個月的政協會議期間，郭沫若擔任了施政綱領和憲法草案兩個組的成員，提出了很多尖銳意見。但自 1946 年 5 月 5 日國民政府還都南京後，政協小組及憲草小組幾乎完全停頓，郭沫若事實上不能通過政協發揮作用。

〔註 5〕 《中國文藝往哪裏走？》，《大公報》，1947 年 5 月 5 日。
〔註 6〕 郭沫若：《序》，《盲腸炎》，群益出版社，1947 年 6 月。

1946 年 5 月 8 日郭沫若飛赴上海後，最重要的政治活動是 6 月下旬作爲第三方面代表之一去南京參加促進國共談判的工作。6 月 20 日晨，郭沫若到達南京，6 月 20 日、21 日、22 日連續三個下午與國民黨、民盟、青年黨、無黨派政協代表會談，23 日晚赴梅園新邨會見周恩來，6 月 24 日晚同黃炎培等宴請上海人民代表，6 月 26 日從南京返上海。這一星期的活動非常緊湊。但這次會談中的很多重要信息的透漏和重要問題的決定，郭沫若並不在場。例如，6 月 20 日夜，黃炎培、梁漱溟至陳立夫家商談；6 月 21 日夜，張君勱、羅隆基、黃炎培訪周恩來，交換中共和民盟雙方關於和談的設想。這兩次重要會談郭沫若就都不在場。

可見，1945～1947 年間作爲無黨派人士的郭沫若，不是政府官員，不參與政黨的具體運作，雖是政協 38 個代表之一，但政協很快就處於停頓狀態，他沒有條件通過具體的政治談判和政黨運作實踐他的政治理想和抱負。

那麼，郭沫若的主要精力究竟放在何處了呢？他主要是通過報刊、集會等公共空間，面向大眾，就大眾關心的政治問題和社會問題展開社會批評和文化批評。

積極而鮮明地表達獨特的政治觀點

抗戰結束至 1947 年 11 月的兩年多里，郭沫若先後生活在重慶和上海，除編輯舊作外，他這兩年的作品主要收在兩個集子裏：《南京印象》和《天地玄黃》。《南京印象》主題和寫作時間相對集中。《天地玄黃》是一本編年的雜文集，共收作品 76 篇，既有學術論文、抒情散文，也有時評雜感，在文體上相當駁雜。除《天地玄黃》和《南京印象》外，該期郭沫若還有 80 餘篇未入集的作品，相比於《天地玄黃》，這些集外文在內容和文體上更爲駁雜，難于歸類。這些作品大都不長，涉及面非常廣。他不但發揮作爲權威文藝評論家的專長，對於文藝問題及未來走向提出自己的看法，而且就公眾普遍關心的政治與社會熱點問題發表看法，以引導輿論，形成政府之外的另一重要聲音。

郭沫若通過篩選作品入集及 1957 年出版《沫若文集》時修改舊作，對1946 年前後的政治觀點多有掩飾和修正。通過校勘原作，我們歸納出他三個重要的政治觀點：一是旗幟鮮明地反對內戰；二是希望中國走「中間偏左」的政治路線，仿效法國等戰後新型民主國家，建立包括執政當局和各在野

黨及無黨派人士在內的民主聯合政府；三是希望中國在國際關係上對於兩大陣營不偏不倚，做美蘇之橋梁。這些觀點為以前研究所未及，值得詳細論述。

首先，同大多數自由知識分子一樣，郭沫若堅決反對內戰。

郭沫若當時稱國共兩黨的戰爭為「內戰」或「黨爭」。但新中國成立後，史學家將抗戰結束後國共戰爭稱為解放戰爭，認為這次戰爭是必要的。所以後來郭沫若有意抹去他在這段時間對戰爭的反對。這種有意抹去，表現在兩個方面，一是對收進集子裏的文章進行修改，二是沒有將相關文章收進集子。

在收入《南京印象》中的《南京喲，再見！》一文中，郭沫若曾對中國未來做過簡短思考。《沫若文集》中是這樣的：「中國的軌道，擺在眼面前的就只有這麼兩條：一條是消滅大打出手的人，另一條是實現民主政治。不照著這樣做，一切的一切都是軌外行動，那必然要鬧出亂子。」在這段文字中，「一條是消滅大打出手的人，另一條是實現民主政治」兩句是被修改後的，其在 1946 年 8 月 25 日《文匯報》發表時為：「一條是無條件全面停戰，一條是實現政治協商會議的各項決議。」將「無條件全面停戰」改為「消滅大打出手的人」，完全改變了作者對戰爭的態度。而「無條件全面停戰」這一態度，為郭沫若在相當長時間內所堅持。

在寫於 1945 年 12 月 25 日的《歷史的大轉變》中，郭沫若說：「內戰無論如何不能再打了。以前曾經打過內戰，打了十年，只打出了一個日本人的大侵略。今天我們再打，就再打十年吧，別的國家已經進入了原子能生產時代，而我們只是鬪裏拍拉的亂打，不是會打出一個萬劫不復的落後民族來嗎？這罪惡和逆運，人民不願意擔荷！」〔註7〕此處郭沫若似乎對戰爭雙方都有譴責之意。但根據大陸歷史學家後來的認識，曾經打了十年的內戰，事實上並非「只打出了一個日本人的大侵略」，還保存並壯大了革命武裝力量。所以這段文字在《沫若文集》中被刪得只剩下「內戰無論如何不能再打了」幾個字了。1946 年 10 月 4 日《祭李聞》中有「誓當泯黨爭而民主」〔註8〕的句子，在《沫若文集》中「泯黨爭」被改成了「毀獨裁」。在 1946 年 10 月 10 日《怎樣使雙十節更值得慶幸》中，郭沫若說：「從國內國外的情形看來，國、共兩

〔註7〕 郭沫若：《歷史的大轉變》，《天地玄黃》，新文藝出版社，1953 年 6 月。
〔註8〕 郭沫若：《祭李聞》，上海《聯合日報晚刊》，1946 年 10 月 4 日。

黨斷無不能合作的道理。然而功敗垂成,自從政治協商會議召開以來,雖然獲得了各項合理的協議,而終竟成了廢紙,終竟鬧到彼此各以兩三百萬大兵角逐於疆場,實在是令我大惑不解。當然我也知道有美國帝國主義的發展在那兒作祟。」〔註9〕後來,《沫若文集》刪去了「終竟鬧到彼此各以兩三百萬大兵角逐於疆場,實在是令我大惑不解」一句。

還有些旗幟鮮明反對戰爭的文章,後來都沒有進集子。1946 年 5 月 18 日,郭沫若發表《反對戰爭》,文章認為:「我們站在老百姓的立場,對於目前國內的危機,不但是東北,就在關內亦烽火彌漫,我們惟一的任務,就是乘這大規模的內戰沒有正式爆發的時候,我們要用全力來制止。」〔註10〕1946 年 6 月 25 日,郭沫若發表《反內戰》,文章說:「眞和大家一樣,我也是中國的一個老百姓,在目前我們做老百姓的,應該盡可能的爭取時間,共同來制止國內快將爆發的全面性內戰!」〔註11〕這兩篇作品都沒有收入郭沫若的任何集子。

其次,郭沫若希望仿傚戰後法國等新型民主國家,建立包括執政當局和各在野黨及無黨派人士在內的民主聯合政府。這一觀念在新中國成立後也被他本人遮蔽了。

1945 年 12 月 9 日,郭沫若接受《新民報晚刊》記者浦熙修採訪時說,「今天解決中國問題,以聯合政府方式最爲適合。只有通過聯合政府才能執行公正的普選,以達到眞正還政於民。聯合政府也可以說是爲還政於民作準備工作。這是國際國內的要求,必須要走這條路的。」〔註12〕郭沫若本人在政協會議上表現得很活躍,他是施政綱領和憲法草案兩個組的成員,提出了很多尖銳意見。在 1946 年 1 月 14 日改組政府問題的發言中,他要求限制政府主席權限,建議設立「副主席或常委會」,他對於主席具有新增國府委員的人選決定權也很不滿,認爲這樣的後果可能讓黨外人士「成伴食大臣」,並要求各黨派另立機構研究國府組織法。〔註13〕同天,郭沫若在《鞏固和平》中說「既

〔註 9〕 郭沫若:《怎樣使雙十節更值得慶幸》,上海《民主》周刊第 2 卷第 1、2 期合刊,1946 年 10 月 10 日。

〔註10〕 郭沫若:《反對戰爭》,上海《人民世紀》周刊第 12 期,1946 年 5 月 18 日。

〔註11〕 郭沫若:《反內戰》,上海《民言》半月刊創刊號,1946 年 6 月 25 日。

〔註12〕 《郭沫若先生——政治協商代表訪問之十》,《新民報晚刊》,1945 年 12 月 10 日。

〔註13〕 《郭沫若說:主席權限太大,國府委員連建議權也沒有》,《新華日報》,1946 年 1 月 14 日。

已應允各政黨平等合作，那嗎目前的中央政府和地方政府便應該根據這個原則一律改組，要由各政黨乃至社會賢達人士共同管理政權，組織通情合理的臨時性的聯合政府以過渡到正式的民主政府成立，一切以前在政黨不平等的基礎上所立定的一黨專政的法令和機構都要從新改革，要這樣才能名符其實，使各政黨平等合法。」〔註14〕

　　隨著時局的進展，郭沫若關於聯合政府的觀點越來越明確。收入1957年《沫若文集》的《怎樣使雙十節更值得紀念》（1946年10月10日）倒數第二段的前三句如下：

> 在我認為中山先生的三民主義可以認為是三個階段，分別奉行可能成為三個政黨，綜合奉行便可以聯合而為一。他的三民主義和三大政策是平行的，國、共兩黨斷無不能合作的道理。然而功敗垂成，自從政治協商會議召開以來，雖然獲得了各項合理的協議，而終竟成了廢紙。我也知道這裡有美國帝國主義的發展在作祟。

這三句話實際上是兩段半的文字刪改而成，在最初發表時，原文如下：

> 再請拿國外的情形來敘說罷。美國英國都有共產黨，英國的共產黨更和工黨、保守黨、自由黨等同列議席。大戰前後被解放的國家，如法國，捷克，波蘭，南斯拉夫等，共產黨都和其它黨派共同組織著聯合政權。就是昨天的敵人，如意大利，如德國，如日本，共產黨都已經有了參政的機會。各黨派的聯合政權是這次大戰後所產生的新式的民主政治，在我認為和中山先生的三民主義的道路正深相契合。三民主義可以認為是三個階段，分別奉行可能成為三個政黨，綜合奉行便可聯合而為一。即此，我倒深深感佩中山先生是一位先知先覺者。他的三民主義和三大政策是平行的，今天我們倒可以說，世界上主要國家都在奉行著他的主義和政策了，而且奉行得最徹底的，在大體上都被證明著收到了相當美滿的成功。從國內國外的情形看來，國、共兩黨斷無不能合作的道理。然而功敗垂成，自從政治協商會議召開以來，雖然獲得了各項合理的協議，而終竟成了廢紙，終竟鬧到彼此各以兩三百萬大兵角逐於疆場，實在是令我大惑不解。當然我也知道有美國帝國主義的發展在那兒作祟。

〔註14〕郭沫若：《鞏固和平》，《新華日報》，1946年1月15日。

顯然，郭沫若當時認為，從三民主義發展下來，可以組建聯合政權。

再次，跟後來一邊倒向蘇聯不同，郭沫若希望中國能成為美蘇之間的橋梁。

在李公樸聞一多追悼會上，郭沫若代表大會朗讀了他創作的《祭李聞》。《祭李聞》在收入《沫若文集》時，有這樣的句子：「我輩後死，其敢徬徨？誓當毀獨裁而民主，代乖異以慈祥，化干戈為玉帛，作和平之橋梁。俾社會主義及早實施於當代，而使我泱泱華夏允克臻乎自由，平等，富強。」跟當初發表時的祭文相比，這段話有四處重要改動，一是「毀獨裁」原為「泯黨爭」，二是「作和平之橋梁」原為「作蘇美之橋梁」，三是「社會主義」原為「三民主義」，四是「泱泱華夏」原為「中華民國」。這四處改動都很重要。此處需要強調的是「作美蘇之橋梁」。郭沫若儘管在一年前訪問了蘇聯，後來又不斷地在各種場合談蘇聯的發展態勢和民主政治。但他在 1946 年時並不認為應該向蘇聯一邊倒，而是應該溝通美蘇兩個大國，以成為重要的和平力量。

這些文章發表在重要的公共集會或當時有重要影響的報刊雜誌上，具有重要影響。

通過社會熱點事件及時發表政見

《大公報》1947 年 5 月 5 日社評批評當時中國文壇，「近來文壇上稱公稱老，已染上不少腐化風氣，而人在中年，便大張壽筵，尤令人感到暮氣。」〔註15〕這很明顯是指向郭沫若、茅盾等文化人。《大公報》在政治傾向上跟郭沫若、茅盾等人不一樣，他們敏銳地感覺到「稱公稱老」不僅僅是一般文人之間的相互尊敬，而是蘊含著更為重要的意義。事實確乎如此，郭沫若等人正是通過「稱公稱老」，祝壽追悼等活動，介入社會熱點，及時發表政見。最具代表的是對李公樸聞一多的追悼行為。通過不斷地追悼，郭沫若將自己跟當局的意見區別開來。

郭沫若在李公樸、聞一多遇刺後就此發表了 12 篇作品。這 12 篇作品可分三組。第一組寫在李聞受害後的 7～8 月。7 月 11 日，李公樸遇刺，15 日，郭沫若寫作《讓公樸永遠抱著一個孩子》。15 日，聞一多遇刺，17 日，郭沫若寫作《悼聞一多》、《等於打死了林肯和羅斯福》；28 日作《同聲一哭》。本

〔註15〕《中國文藝往哪裏走？》，《大公報》，1947 年 5 月 5 日。

月，寫作詩歌《中國人的母親》，歌頌聞一多夫人。8 月，郭沫若爲李聞二烈士紀念委員會編輯出版的《人民英烈李公樸聞一多遇刺紀實》作序。第二組寫於 10 月初。10 月 4 日，社會各界在上海召開李聞追悼會，郭沫若爲大會寫作祭文《祭李聞》，同時寫作《李聞二先生悼辭》，在大會公開宣讀，並發表於 1946 年 10 月 12 日上海《時代》週刊第 40 期。第三組作於此後 1～2 年之內。1947 年 6 月 28 日作《聞一多萬歲》，8 月 7 日作《論聞一多做學問的態度》，8 月 15 日作《聞一多治學的精神》，1948 年 7 月 8 日作《南無·鄒李聞陶》。

李公樸聞一多遇刺後最初一月，郭沫若反應相當激烈、言辭非常犀利。他在《讓公樸永遠抱著一個孩子》中說：「李公樸是死了，被他們用美國特種手槍打死了。讓他們去向洋記爺爺報功吧，多謝洋記爺爺大老闆給了他們美械師，更給了他們美械特務。」「我也曾經幻想過：帝國主義者經過了第二次大戰的慘痛，似乎可以變質了，世界似乎可以不流血地走向大同，今天我可遭逢著了血的嘲笑。希特勒畢竟還是活著，他還要活到第二個柏林完全被毀滅的一天。」〔註 16〕在《悼聞一多》中，郭沫若說：「用恐怖政策來鎮壓人民。歷史替我們證明，誰也沒有成功過！恐怖不屬於我們，恐怖是屬於執行恐怖政策者的。」「聞一多沒有死。死了的是那些失掉了人性、執行恐怖政策的一二人，他們是死了一個萬劫不復的死！」〔註 17〕在《等於打死了林肯和羅斯福》中，郭沫若寫道：「反民主施瘟使者們的幌子，今天是自行揭穿了。他們說：他們在反蘇反共，但事實上他們是反民主反人民。」「學習李公樸和聞一多，學習聞立鶴，爲了人民，撲滅反民主的法西斯瘟疫！」〔註 18〕這些言論事實上告訴人們，暗殺李聞的兇手正是國民政府當局，並號召人民撲滅他們這種迫害民主人士的法西斯行徑。

但隨著時局的改變，在李聞追悼會期間，郭沫若的言論並不像先前那樣激烈。《李聞二先生悼辭》僅僅呼籲「停止內戰，恢復和平」，「使《和平建國綱領》及早實施，使我們中國的政治，切實走向民主化的道路。」〔註 19〕相

〔註 16〕郭沫若：《讓公樸永遠抱著一個孩子》，《群眾》第 11 卷第 12 期，1946 年 7 月 21 日。

〔註 17〕郭沫若：《悼聞一多》，《民主》第 41 期，1946 年 7 月 20 日。

〔註 18〕郭沫若：《等於打死了林肯和羅斯福》，《群眾》第 11 卷第 12 期，1946 年 7 月 21 日。

〔註 19〕郭沫若：《李聞二先生悼辭》，《時代》週刊第 40 期，1946 年 10 月 12 日。

比於 7 月中旬的幾篇文章來說，郭沫若的確像《文匯報》記者所說，「約束悲痛的情感」〔註 20〕，語氣緩和得多。7 月中旬，李聞遇刺真相尚不明朗。9 月，民盟正式發佈《李聞案調查報告書》，以大量證據確證兇手和主使都是「雲南警備總司令部」，要求「課問國民黨及其特務機關的責任」。〔註 21〕在真相尚不明朗的情況下，郭沫若敢於用「美械特務」、「反蘇反共」、「反民主反人民」等敏感詞語直指國民政府。為什麼在真相大白於天下後，郭沫若的語氣反而要緩和得多呢？這跟追悼會的場合和背景有關。本次追悼會之所以國民政府、中共、民盟三方面能夠達成協議，共同舉辦，除了葉聖陶所說的「在黨政方面，藉此得以開成一會，不鬧亂子，自足心慰。而在民主派方面，容忍成事，得一宣傳機會，亦未始非得計」〔註 22〕等原因外，還在於國共雙方有繼續和談的跡象。10 月 1 日，周恩來在上海召開記者招待會，呼籲立即停戰。10 月 3 日，孫科、邵力子等函覆中共代表周恩來、董必武等：「至盼恩來先生即日命駕返京，繼續商談。」在此情況下召開李聞追悼會，郭沫若語氣自然比較和緩。從這一和緩中，也可以見出郭沫若等人對於和談還寄予一線希望。這一微妙心態也可從郭沫若為追悼會所作的《祭李聞》中體會到。祭文中的「泯黨爭」、「美蘇之橋梁」、「三民主義」、「中華民國」等詞語，雖說有些類似特定場合的官樣文章，但也可以解讀為郭沫若對國民政府還抱有希望。

到李聞一週年紀念時，郭沫若僅談學問方面的成就，這是因為當時有關李聞的事情已經不再是輿論關注的中心，他已經不能再借這件事來表達政見。

通過李聞追悼可見，郭沫若善於利用公共輿論關心的重大事件表達自己獨立的政見。

開創並維護公共空間

作為公共知識分子，郭沫若非常重視對群眾集會、報刊等公共空間的開創與維護。

1946 年 2 月 10 日，郭沫若前往較場口，參加重慶各界慶祝政協成功大

〔註 20〕《會場花絮》，《文匯報》，1946 年 10 月 5 日。
〔註 21〕梁漱溟、田新民：《李聞案調查報告書》，民主出版社，1946 年 9 月，第 25～27 頁。
〔註 22〕《葉聖陶集》（第 21 卷），江蘇教育出版社，1994 年 6 月，第 116～117 頁。

會。特務破壞大會，他遭到暴徒毆打，額頭、胸部受傷。對於特務破壞公共空間的行為，郭沫若感到特別憤怒，並利用其影響力，將這一事件演化成對公共空間的保衛活動。當天下午，郭沫若帶傷出席中外記者招待會，憤怒譴責反動派製造這次血案的陰謀，要求嚴懲兇手，並駁斥一些報紙的「無恥造謠」。自 11 日起，來寓所慰問者絡繹不絕。他在接待《新華日報》和各報記者三十餘人的慰問時，指著傷處說：「不算什麼，實現民主才是最重要的整體。」並指出，「反動派這種卑劣行徑，絕對挽救不了他們的覆滅，相反，只會加速他們的滅亡」。〔註 23〕此後，中華全國文藝界協會，復旦大學等卅團體，《中原》、《希望》、《文哨》、《文藝雜誌》等刊物，晉冀魯豫邊區文化新聞界相繼發來慰問電。這些慰問電刊發在《新華日報》等有影響的刊物上，使得較場口事件演化成保衛公共空間的活動。到這一事件一週年時，郭沫若仍寫文章紀念，特別譴責對群眾大會的騷擾和禁止，「政協愈近閉幕，特種人物的騷擾愈見猖獗，那開曠的園地不知幾時竟被挖鬆，被闢成了花圃。於是這兒也就把開會的事情不聲不響地禁止了。」感歎「重慶這座都城並不算小，可是竟沒有一處可以召開群眾大會的地方」，並追問「好好的，他們為什麼要亂打人呢？」〔註 24〕指向的是對破壞群眾大會這一公共空間的不滿。

郭沫若積極開創報刊等公共空間，利用輿論陣地，參與對熱點問題的批評。

胡適 1947 年 2 月 22 日給王雪艇的信中說：「聽說郭沫若要辦七個副刊來打胡適。我並不怕『打』，但不願政府供給他們子彈，也不願我自己供給他們子彈。」〔註 25〕果然，郭沫若應徐鑄成之邀，主持革新上海《文匯報》副刊。革新後的《文匯報》，周一至周日分別出版經濟周刊（千家駒主編）、教育周刊（孫起孟主編）、新思潮（侯外廬主編）、新文藝（郭沫若主編）、史地周刊（翦伯贊主編）、科學生活（曾昭掄主編）、青年周刊（宋文彬主編）。郭沫若為《新思潮》所寫的發刊詞《春天的信號》中，針對胡適的學術觀點提出了不同意見。同時，通過這些公共空間，郭沫若團結了侯外廬、翦伯贊等學者，唐弢等文學家共同探討當時的熱點話題，形成了一股頗有影響的勢力。這一

〔註 23〕 楊春洲：《哲人其萎墨寶長存——懷念郭老》，《郭沫若研究》第 2 輯，文化藝術出版社，1984 年 3 月。

〔註 24〕 郭沫若：《較場口》，1947 年 2 月 12 日《新華日報》。

〔註 25〕 胡適：《致王雪艇（1947 年 2 月 22 日）》，轉引自胡頌平編著：《胡適之先生年譜長編初稿（第六冊）》，臺灣聯經出版公司 1984 年 5 月，第 1960 頁。

勢力引起了當局的恐慌，1947 年 5 月，國民政府下令查封《文匯報》。這次公共空間的被破壞令郭沫若非常憤慨。半年後他說：「去年三月開始我在《文匯報》上編《新文藝》，登了許多好文章，但文匯報五月廿五日被封，《新文藝》只出全十二期。文匯被封後，上海文壇就更蕭條了。」〔註 26〕1948 年 9 月《文匯報》復刊，他特意發去祝詞：「文匯報是人民喉舌，我們應愛護我們的喉舌，讓它發出更宏壯的聲音。」〔註 27〕

　　綜上所述，我認為郭沫若是戰後公共知識分子的代表，他從書齋出走，又沒有條件參加政黨運作與實際政治談判，他的主要精力放在通過群眾集會、報刊雜誌等公共空間表達政見，引導輿論上。由於新中國成立後郭沫若對自己當初的言論多有掩蔽和修改，以致他的公共知識分子角色長期以來較為模糊，沒有得到明確的揭示。

〔註 26〕郭沫若：《一年來中國文藝運動及其趨向》，1948 年 1 月 7 日香港《華商報》。
〔註 27〕郭沫若：《祝〈文匯報〉復刊》，1948 年 9 月 5 日《華商報》。

是教育還是革命？
——論葉聖陶的個人體驗與《倪煥之》的關係

李俊傑（北京師範大學）

　　無論給小說《倪煥之》貼上「教育小說」、「革命小說」或是「小資產階級知識分子小說」等任何標籤，都不能否認，小說的主要角色倪煥之在身份設計、心理活動以及人生軌跡上，都有顯著的葉聖陶個人經驗的印記，這不是一般意義上的「一切的文學作品都是作家的自傳」這樣具有藝術化與抽象化的泛化描述與概括，這部小說內嵌的作者葉聖陶個人的經驗與人生的歷程使這部小說呈現出個人精神歷程的特點。

　　儘管收錄於開明版《倪煥之》中夏丏尊的《關於〈倪煥之〉》和茅盾評論節選的《讀〈倪煥之〉》〔註1〕這兩篇評論文字對這部小說有諸如「扛鼎之作」、「劃一時代」這樣的讚美之辭，但葉聖陶還是對這兩位好友的批評性文字做了一次回應，他在 1929 年初版的《倪煥之》的《作者自記》中談到：「他們兩位（按：茅盾和夏丏尊）的文字裏，都極精當地指謫我許多疵病。我承認這些疵病由於作者的力量不充實，我相信這些疵病超出修改的可能範圍之外。現在既不將這一篇毀了重來，在機構上，這些指謫竟是必不可少的部分。」〔註2〕葉聖陶對於這些「超出修改的可能範圍」的「疵病」抱有如此態度，其中的原因需從這些「疵病」本身的所指向的問題去觀察和分析。

　　夏丏尊認為小說中有數處「流於空泛的疏說」，例如寫「倪煥之感到幻滅

〔註1〕　夏丏尊的《關於〈倪煥之〉》，節錄茅盾的《讀〈倪煥之〉》，與葉聖陶的《作者自記》，均附於開明書店十三次出版的《倪煥之》前後。

〔註2〕　葉聖陶：《倪煥之‧作者自記》，引自《葉聖陶集‧3》，江蘇教育出版社，2004年版，第285頁。

每日跑酒肆」，夏丏尊特意引文進行說明「這就皈依到酒的座下來。酒，歡快的人因了它更增歡快，尋常的人因了它得到消遣；而瑣悶的人也可以因了它接近安慰與興奮的道路」，夏丏尊認為，這段描寫是「等於蛇足的東西，不十分會有表現的效果」，夏丏尊還認為，和這段一樣「抽象的疏說」的，還有小說的第二十章「抽象的」敘述「『五四』後思想界的大勢」，與整篇小說「不調和」。總之，這部小說中有一些「表現技巧上的小問題」〔註3〕。

　　茅盾認為，小說第二十三章以倪煥之個人的「感念」、「烘托出」工人運動的情形，而非「正面的直接描寫」，這是一個「缺點」，使得「文氣鬆懈」。作為「教育文藝」的前半部分「在全體上發生了頭重腳輕的毛病」。第二十二章後半段的「回敘」、「妨礙了前半的氣勢」。在最後一章，「金佩璋突然勇敢起來」稍顯「突兀」。在故事的發展和人物性格的發展上，茅盾還提出了前半部分和後半部分之間的不協調。茅盾為這些問題找到的理由是連載的寫作方式使得葉聖陶不能「慢慢推敲」，並且這種「枝枝節節地用自己的尺度去任意衡量」的「藝術上」的批評不那麼重要，更要的是這部小說的「時代性」問題。在「時代性」這個命題中，茅盾解釋了兩個「要義」：「一是時代給與人們怎樣的影響，二是人們的集團的活力又怎樣地將時代推進了新的方向」，他發現這部小說中「寂寞」的情緒投射了「『五四』以後彌漫在知識界中間的彷徨苦悶」，倪煥之這樣「受了時代潮流的激蕩而始從教育到群眾運動，從自由主義到集團主義的」，茅盾以為，由於倪煥之是「脆弱」的「小資產階級知識分子」，他「不能很堅實地成為推進時代的社會活力的一點滴」，本身的「幻滅」、「迷惘」，使其看不到「群眾」，即便是「瞭解革命意義」的王樂山，也沒有正面的「推進時代的工作」。儘管茅盾看到了這些問題，但在這篇評論文章最後，他還是在文學與人情的角度肯定了這部小說，認為「在目前許多作者還是僅僅根據了一點耳食的社會科學常識或是辯證法，便自負不凡地寫他們的所謂富有革命情緒的『即興小說』的時候，像《倪煥之》那樣『扛鼎』的工作，即使有多少缺點，該也是值得讚美的吧」，因為小說中「沒有一個叫人鼓舞的革命者，是不足病的」，因為「正可以表示轉換期中的革命的知識分子的『意識形態』」。最終茅盾以為，像《倪煥之》這樣「有目的有計劃的小說」之於文壇，「無論如何不能不說是有意義的事」，甚至可以將這

〔註3〕夏丏尊：《關於〈倪煥之〉》，引自《葉聖陶集‧3》，江蘇教育出版社，2004年版，第276頁。

部小說之於「五卅」，可以看作與「五四」時期「代表時代的作品」有同等的意義。〔註4〕

　　在夏丏尊和茅盾之後，對《倪煥之》進行的評價，大多是圍繞著夏丏尊和茅盾（尤其是茅盾）的觀點進行再闡釋（有的則是質疑，如錢杏邨的評論），這兩則與《倪煥之》小說「捆綁銷售」的評論〔註5〕，形成了各個時期各種時代語境下闡釋的基點與重要的佐證。作為解釋基礎的這兩則評論，對小說的敘述層次進行了區隔和劃分，主要圍繞兩個核心關鍵詞，「教育」和「革命」。無疑，這兩個關鍵詞正是這部總共三十章小說的核心，小說中「教育」一詞共計出現 198 處，「革命」一詞出現 50 處，從詞語的頻次上看，這二者的確在很大意義上決定了這部小說的敘事走向。對於這兩個關鍵詞構成的前後兩個部分，大多評論文章持支持的態度，並且也大都認為倪煥之「由最初改良主義性質的『教育救國』」轉向了「革命」〔註6〕。本文首先探討的問題就是由「教育」與「革命」這兩個關鍵詞「劃分」出的茅盾所謂的小說不協調的前半部分和後半部分。

一、「教育」與「革命」：不協調中的協調

　　茅盾對這部小說前後兩部分不協調、「不均衡」的觀點，成就了兩種主要的立論的表達模式，那就是「教育小說」、「革命小說」。（當然也有人將其歸納為「教育－革命小說」，這種嘗試彌合前後兩部分不協調感的解釋也遠未抵達這部小說真正的追求。）雖然這兩種闡釋都是基於這部小說的兩個核心關鍵詞，但在「教育小說」和「革命小說」的闡釋過程裏體現了完全不同的解讀目的。「教育小說」的闡釋者主要站在「教育學」的角度，突出這部小說涵蓋的教育知識、教育意義和教育發展史，這樣既突出了特點，進入了「部分歷史」，又跳出了時代語境的某些「泥潭」，獲得了一定的收穫。「革命小說」闡釋者的歷史語境則更為複雜，這部小說被認為是「革命小說」主要是為了說明其革命的不徹底性，對於小說中片段的擇取與闡釋，成為了重構歷史的

〔註4〕茅盾：《讀〈倪煥之〉》，原載《文學周報》，1929 年 7 月，引自《葉聖陶集‧3》，江蘇教育出版社，2004 年版，第 277～283 頁。

〔註5〕1949 年至 1978 年出版的單行本，除內容刪改修訂外，附錄三篇均刪去。

〔註6〕唐弢等：《中國現代文學史》，人民文學出版社，1979 年 6 月版，轉引自《中國現代作家作品研究資料叢書‧葉聖陶研究資料》，北京十月文藝出版社，1988 年 6 月版，第 764 頁。

方式,「它形象地啓示人們特別是知識分子:倪煥之所走的道路,是一條死胡同;主觀上要求革命的知識分子,如果還想沿著倪煥之的道路走下去,其結局,也只能是悲觀絕望,碰壁而死。」〔註7〕本文也認爲,過去研究中「革命小說」的接受視野上失去「拓新」的意義,在建立在建國後三十多年的那類「革命」語境中,貼上「革命」標籤進行讀解,今天看來,已然毫無再深究的價值和意義。〔註8〕這裡的「革命小說」的標籤由於具體歷史語境,與小說中提及的「辛亥革命」、「國民革命」、包括《倪煥之》寫作之年興起的「革命文學論爭」中諸多「革命」的話語立場顯然是不同質的,正本清源,或對這個「革命」標籤有嶄新的發現。

站在「教育」角度的有所發現和站在「革命」角度的有所批判都離不開這些闡釋語境的對這部小說分析過程產生的影響,這兩個角度本身,也反映出在研究過程中文本的「不協調」帶來的解讀契機。也有臺灣學者這樣批評道,「整部《倪煥之》的後三分之一,乃是草率的急就章,與前三分之二相對照,顯然頭重腳輕。」〔註9〕誠然,在描繪前半部分倪煥之從事鄉村「教育事業」的時候,作者以詩意的筆觸,柔緩的敘事節奏描繪了倪煥之的生活,第二十章以後,敘述的節奏「彷彿」加快了。除卻這些感受,事實上這裡還包含著一個時間的跨度的問題,這部小說文本描寫的時間範圍大約是 1916 年到 1927 年,算上借主人公回憶進行描寫的辛亥革命前後,前二十章敘述的時間範圍可以看成 1909 年到 1919 年這十年間倪煥之的生活狀況。第二十一章表述了 1920 年前後倪煥之重逢王樂山,第二十二章直接跳到了 1925 年五卅運動。用前二十章敘述了將近十年的狀況,之後的九章內容描繪了 1925 年前後到 1927 年的倪煥之遭遇,按篇幅和描繪的時間跨度來看,事實上後半部分本因用了近十章寫兩年間的事情本應會更深入一些,但「頭重腳輕」這種直觀感受的產生,包括評價者認爲的前半部分比後半部分人物塑造更爲得力的普遍認識,形成一種頗有趣味的觀感上的矛盾。事實上這個矛盾的解答在於如

〔註7〕 金梅:《「五四」前後小資產階級知識分子思想歷程的眞實寫照——讀葉聖陶的長篇小說〈倪煥之〉》,文史哲,1979 年第 3 期。

〔註8〕 參看陳思廣:《〈倪煥之〉接受的四個視野》,載遼寧大學學報,2012 年第 3 期。

〔註9〕 周錦:《中國新文學史》,臺北長歌出版社,1976 年版,轉引自《中國現代作家作品研究資料叢書·葉聖陶研究資料》,北京十月文藝出版社,1988 年 6 月版,第 768 頁。

何看待「教育」與「革命」這兩大命題在小說中的變奏效果以及葉聖陶圍繞的並非「經歷」而是「心靈」的敘事風格。

從小說文本中，我們可以看到，「教育」的端倪，並非是倪煥之自覺的人生追求，辛亥革命的「種族的仇恨，平等的思想」帶來的「新鮮強烈的力量」催生出倪煥之的「要做一點兒事」的衝動，「一面旗子」、「一顆炸彈」、「一支槍」的暴力衝動與光復後「隨即失望了」，「感到了人生的悲哀」使倪煥之過早的感受到了「革命」後並未帶來理想的生活，甚至使他有了「跳下池塘去死的強烈欲望」。從「反感」開始，倪煥之當起了小學教員，起初他因種種不滿感到他從事的這份「教育」的工作是「墮落的」，從教三年後因一位同事的教育理念的影響，有了「嚴飾」、「地獄」而成「天堂」的轉變，認準了「教育」這項事業是實踐理想的途徑。〔註 10〕通過開頭這部分的描述，可以發現「革命」帶來了倪煥之心態從高潮到低谷的一系列變化，辛亥革命以後帶給他的失落感甚至絕望感，恰好是被「教育」曲折地拯救了。所以這部小說所謂前半部分的教育主題，也綴連著一個密不可分的命題，那就是「革命」！

這裡描繪的場景和葉聖陶個人的經驗是匹配的，他和倪煥之一樣，辛亥年中學畢業沒錢升學，小學教員「一連當了十年」，「職業的興趣是越到後來越好」〔註 11〕，葉聖陶還談到過一個「朋友」曾「萌生」跳入池塘的「悵惘」，是與倪煥之相似的境遇。某些學者甚至將其描述為葉聖陶個人萌生的自沉的衝動，這裡面體會到了這樣的情感，也罔顧了葉氏的自述。〔註 12〕葉聖陶這種失落的感情完全是個人經歷的積澱，辛亥革命後，葉聖陶歡欣鼓舞，參加了江亢虎組織的中國社會黨，抱有樸素的所謂「社會主義」的觀念，這種觀念在「不妨礙國家存廢的基礎上主張純粹社會主義」〔註 13〕。在日記中，他滿懷激情的記載了江亢虎的「社會主義」的演說，「無貧富之階級」、「提倡社會教育」、「提倡工商實業」，「於是絕對的平等，絕對的自由方達」。〔註 14〕吸

〔註 10〕 葉聖陶：《倪煥之》，《葉聖陶集·3》，江蘇教育出版社，2004 年版，第 15、16、17、18、22、25 頁。

〔註 11〕 葉聖陶：《過去隨談》，《葉聖陶集·5》，江蘇教育出版社，2004 年版，第 304、305 頁。

〔註 12〕 葉聖陶在《過去隨談》中明確說到，「這樣傷感的青年心情我可沒有」。

〔註 13〕 參看周海樂：《江亢虎和中國社會黨》，載《江西社會科學》，1989 年第 1 期。

〔註 14〕 葉聖陶：《辛亥革命前後日記摘抄·十五號》，載《新文學史料》，1983 年第 2 期。

引葉聖陶的未必是某個宏大的「主義」，而是其中頗具吸引力的觀點，其中的如「女性問題」、「教育問題」的思考也一直伴隨著葉聖陶，是其精神資源的起點之一。二次革命的失敗，北洋政府的專制，包括江亢虎個人的命運變遷，影響了葉聖陶，讓他發現了「世界的虛偽」，「高懸五色之徽」，不過是「逢場作戲」〔註15〕。從帶有民族主義的「起我同胞揚軒轅，保護我自由，張我大漢魂」到「此是人間罪惡府，悲風慘日怪魔橫」〔註16〕的絕望，可以看到辛亥革命前後葉聖陶的心路變遷，正基於這點，才有了倪煥之的「在辛亥那年，曾做過美滿的夢，以為增進大眾福利的政治立刻就實現了。誰知道開了個新局面，只把清朝皇帝的權威分給了一般武人！」〔註17〕。

這裡並非要說明倪煥之乃是葉氏本人的自畫像，而是通過葉聖陶個人的體驗，再體會倪煥之這個角色塑造過程中作家構造的「鏡像」之中內嵌的意義，可以發現「革命」未曾遠離過倪煥之，只不過這一層「革命」的概念，包含了巨大的時間跨度和社會事件，而非某一特定觀念就可解釋，歷經辛亥、五四、五卅、國民革命等事件的倪煥之對「革命」的理解，尤其值得重視。在小說中，「革命」是被拉長了其刻度的，可謂貫穿始終，而與這種「革命」的敘述相輔相成的，就是「教育」。

葉氏借蔣冰如與倪煥之的對話，道出了倪煥之最初的教育觀念，「在各個人懂得了怎樣做個正當的人以後」，世界會變得更具有「諒解與同情」，「養成正當的人，除了教育還有什麼事業能夠擔當？一切的希望在教育。所以他不管別的，只願對教育盡力。」蔣冰如則從反面談到：「教育興了也有好多年，結果民國裏會演出帝制的醜戲；這就可知以前的教育完全沒有效力。辦教育的若不趕快覺悟，朝新的道路走去，誰說得定不會再有第二回第二回的帝制把戲呢！」〔註18〕從這方面來看，「革命」的後續工作，或者說「革命」之後的工作，從倪煥之們的角度來看須得要「教育」來完成。可見，上半部分儘管有很大篇幅，來敘述倪煥之的「教育理想」，但這個教育理想的出發點是「革命」。

〔註15〕 參看鄧程：《葉聖陶的早期「革命」敘事》，載《文藝報》，2012 年 2 月 15 日。
〔註16〕 葉聖陶：《大漢天聲》，1911 年 11 月 18 日；《送頡剛北行》，《葉聖陶集·8》，江蘇教育出版社，2004 年版，第 6、23 頁。
〔註17〕 葉聖陶：《倪煥之》，《葉聖陶集·3》，江蘇教育出版社，2004 年版，第 34 頁。
〔註18〕 葉聖陶：《倪煥之》，《葉聖陶集·3》，江蘇教育出版社，2004 年版，第 34、35 頁。

二、「革命的教育者」：「革命」觀念的發展與成型

在軍閥混戰包括讓倪煥之有更真切感受的江浙戰爭的背景之下，通過王樂山的引導，倪煥之又更新了自己的教育觀，「教育該有更深的根柢吧？單單培養學生處理事物應付情勢的一種能力，未必便是根柢。」，葉氏參加國民黨的經驗與文本中倪煥之的經驗有產生了契合，倪煥之找到了「組織」，重溫了「革命」並生發出了嶄新的意義，分辨了「今後的革命與辛亥那一回名目雖同，而意義互異，從前是忽略了根本意義的」，「如今已經捉住了那根本」，「根柢到底是什麼呢？同時他就發見了教育的更深的根底：為教育而教育，只是毫無意義的玄語；目前的教育應該從革命出發。教育者如果不知革命，一切努力全是徒勞；而革命者不顧教育，也將空洞地少所憑藉。十年以來，自己是以教育者自許的；要求得到一點實在的成績，從今起做個革命的教育者吧。」倪煥之發現，教育的前面必須加以限定，即要做「革命的教育者」。〔註19〕

事實上，在文本中的 1924 年至 1925 年春倪煥之思考「革命的教育」，並計劃奔赴上海「工作」之際，葉聖陶本人也對「革命」這一命題進行了思考。

「革命」這個詞含著極廣泛的意義。一切人物和行為，用「革命」這個詞來形容這一部分，又用「反革命」這個詞兒來形容另一部分，那就包括淨了。拿治國故來說，墨守某先生的一家言，是反革命；打破家法，唯求研究對象的真際，是革命。拿行為習慣來說，拘泥禮俗，惴惴地唯恐逾越，是反革命；唯正確是求，唯意識之伸，是革命。拿社會常識來說，相信某階級可以壓制某階級，宰割某階級，而某階級應該受某階級的壓制和宰割，是反革命；不相信上述的那些情形是正當的，要是當前有那些情形，就竭力反抗，竭力撲滅，是革命；……反革命是以當前的狀況為完美無缺的，革命是認為這些是尚待加以完善的；反革命像靜定不波的湖泊，革命像包羅萬象的海洋；反革命的前途像一幅白布，或者是一幅黑布，革命的前途卻是真和善的國土，美的花園。

……所以我們歌頌革命，願意推行革命，對於一切種種都希望永遠革命。

〔註19〕葉聖陶：《倪煥之》，《葉聖陶集·3》，江蘇教育出版社，2004 年版，第 206、207 頁。

……由此看來，說我們需要革命文學與說我們需要文學沒有多少差異，因為凡是文學，總含著廣義的革命的意味。

如果說所謂革命文學的革命二字，是對於現在的社會制度和政治實況而言，並不是什麼廣義的革命。這樣的用心，我們是非常同情的。現在的社會制度和政治實況難道還不該革命麼！可是略有一點兒疑問，革命文學是否必須以從事社會和政治的革命為題材呢，還是專事鼓吹革命呢？我想不論前者或者後者，都不能算現在最需要的，現在最需要的是革命者。成了真正的革命者，或者特意為文，或者乘興為文，哪有不含著廣義的革命的意味的？含著廣義的革命意味，正式文學的正常性狀，也就不必冠以「革命」二字，徑稱為「文學」就是了。〔註20〕

從這段論述來看，這一時期葉聖陶對於「革命」的理解，是超歷史、超政治、超文學的。這一方面有「反者道之動」的古老哲思，另一方面包含著葉氏依據個人經驗的一個清晰判斷，「革命」作為精神的「根柢」斷然是極端必要的，但外化為一種自我解釋、自我確證的名目，則是有問題的。在歷史文化方面，求真的態度展現革命；在行為方面，貫徹自由意志是革命；在社會政治方面，反對專制和極權是革命。在思想上，批判精神則意味著革命。在這個解釋的基礎上，反觀倪煥之要做「革命的教育者」，並非是「知識分子遭遇政治」的想象形態，而是保有上述的思想情態之後的自主選擇。倪煥之當然不是葉聖陶，但倪煥之亦存在獲得這種思想狀態的可能，倪煥之身上浸潤了葉聖陶的所思所想。並且這篇關於「革命文學」的探討，比1927年蔚為壯觀的「革命文學」論爭早了許多。

這種可能性出現在夏丏尊批評的與整篇小說不調和的第二十章，「抽象的」敘述『「五四」後思想界的大勢』那裡。葉聖陶寫到，青年們被「五四」驚醒，「知道自己錮弊得太深了，畏縮得太甚了，瞭解得太少了，歷練得太淺了」，「雖然自己批判的字眼不常見於當時的刊物，不常用在大家的口頭，但確然有一種自己批判的精神在青年的心胸間流蕩著。革新自己吧，振作自己吧，長育自己吧，鍛鍊自己吧」，從這般自我了解開始敘述，葉氏將自己的「五四」體驗與倪煥之的「五四」進行對接，一方面這是葉聖陶自我心緒的表達，另一方面，也為解釋倪煥之的人生選擇與心理狀況，奠定了基礎。「一

〔註20〕葉聖陶：《「革命文學」》，載《文學》第129期，1924年7月5日作，引自《葉聖陶集·9》，江蘇教育出版社，2004年版，第98～99頁。

切價值的重新估定，漸漸成爲當時流行的觀念。對於學術思想，對於風俗習慣，對於政治制度，都要把它們檢驗一下，重行排列它們的等第；而檢驗者就是覺悟青年的心。」〔註 21〕在這裡，反思精神和批判精神承接了「辛亥」以來的不安與探索的心理狀態，演化著二十年代以後直至「國民革命」時期的精神脈絡。在這個篇章中，葉聖陶對「五四」精神滌蕩的文化、政治與個人生活的各個方面進行的檢索與描繪，幾乎可以看成是他《「革命文學」》中「革命」觀的精神源頭。

　　小說在洋洋灑灑的描繪了令人激動的「五四」以後，筆鋒一轉，讓倪煥之遭遇王樂山。按照推斷和歷史的一般情況的演繹，倪煥之在經歷「五四」以後出現了一個人生的低潮。在小說中，葉氏將其描繪爲倪煥之過了一段「隱士一般的生活」，王樂山的建議讓倪煥之考慮到上海去「有組織的幹」〔註 22〕。到上海去，也就是告別鄉鎮，到「革命」的中心去。對於倪煥之而言，他到底是去幹什麼的？借王樂山的回信，可以看到，倪煥之抱著的，還是「教育」的理想。王樂山回信「所述革命與教育的關係，也頗有理由。」倪煥之琢磨，「用到『也』字，就同上峰的批語用『尚』字相仿，有未見十分完善的意思。」倪煥之並未介意這語言背後對其糾纏於「教育」事業的不屑，去到上海，按照王樂山的安排「不失教育者的本分」，去了一所女子中學任教。在任教期，「到『五卅慘案』發生時，他已習慣他的新生活」，〔註 23〕可是「五卅」又帶給了他新的認知和經驗。

　　在這份經驗上，葉聖陶和倪煥之又開始了某種暗合。發表於《文學周報》第 179 期（另刊《小說月報》第 16 卷第 7 期）的《五月三十一日急雨中》，和小說的第二十二章和第二十三章以同樣的情感和相似的基調，描繪了五卅慘案帶來的驚心動魄以及葉聖陶的思考。刪繁就簡，可以發現在這兩個文本中，同樣出現了一個形象和這個形象說的一句話，「中國人不會齊心啊！如果齊心，嚇，怕什麼！」和這句話一同在響起的，還有倪煥之與「他們」那「咱們是一夥兒」的呼籲。〔註 24〕《倪煥之》文本中，作者藉此讓倪煥之進行自

〔註 21〕葉聖陶：《倪煥之》,《葉聖陶集・3》，江蘇教育出版社，2004 年版，第 186～190 頁。
〔註 22〕葉聖陶：《倪煥之》,《葉聖陶集・3》，江蘇教育出版社，2004 年版，第 198 頁。
〔註 23〕葉聖陶：《倪煥之》,《葉聖陶集・3》，江蘇教育出版社，2004 年版，第 207～208 頁。
〔註 24〕葉聖陶：《倪煥之》,《葉聖陶集・3》，江蘇教育出版社，2004 年版，第 214 頁。

省，對自己知識分子身份的自己進行批評，對「青布大褂」的勞動者加之以崇拜，在《五月三十一日急雨中》，這種感情在小說中被表述爲「你喊出這樣簡要精錬的話來，你偉大！你剛強！你是具有解放的優先權者！——我虔誠地向他點頭。」按照學界的某些觀點，現代文學自「五四」以後，第一次由這一方面發現了知識者與勞動者的距離：知識者在革命中看到了擁有巨大的行動力量的勞動者群眾。同一瞬間，知識者人物有了「自我渺小感」。〔註25〕這一發現在二十年代中後期開始，逐步被放大、凸顯、利用，成爲了二十世紀中國文學發展的一種思潮。

這兩處文本的契合，事實上就是葉聖陶人生經驗與小說創作的又一次重要的互動。小說寫作的背後，不僅有大歷史驅動的因素，更爲具體和眞切的，是這一代、這一類、這一個知識分子具體的生活與思考，這也使小說塑造的「象」背後有了一個眞切的對應主體。

國民革命的鄉村圖景，倪煥之在國民革命期間，接收學校、思忖著如何改良教育、提出鄉村師範的計劃，充滿了激情與幹勁，然而「四・一二」之後的現實又使他陷入了失望與迷惘。「王樂山」被殺，密斯殷被凌辱。作爲對歷史的描述與回應，作者設計了這兩處情節。這兩個角色引起了很多人對於其現實指涉的追問，柳亞子 1929 年 9 月 27 日、10 月 2 日、10 月 6 日、10 月8 日致信姜長林，詢問「王樂山」是否爲「侯紹裘」，並追問密斯殷是誰，在1931 年的《左袒集》中，柳亞子寫道，「刎頸侯嬴漫怨哀，已從稗史證豐裁」，稗史指的就是《倪煥之》，另詩寫道：「光輪未轉骨先靡，一語深悲倪煥之。」〔註26〕可見這部小說對於柳亞子而言，其中的現實指涉帶來的衝擊力和感染力遠比其在藝術方面獲取的成就更重要。從另外一個方面說，葉聖陶的這部小說鎔鑄的個人經驗，在 1930 年代，已經感染了讀者。

夏丏尊提到的「流於空泛的疏說」和茅盾的「文氣鬆懈」的部分，恰好是倪煥之精神狀況和現實際遇的寫照，五四、五卅、包括大革命失敗的這些章節出現的文本裂縫，也正是我們進入葉聖陶精神世界的門徑。作爲「五四」

另見葉聖陶：《五月三十一日急雨中》，《葉聖陶集・5》，江蘇教育出版社，2004年版，第 176 頁。

〔註25〕趙園：《知識者「對人民的態度的歷史」──由一個特殊方面看三、四十年代中國現代小說》，《中國現代文學研究叢刊》，1985 年第 2 期。

〔註26〕商金林：《葉聖陶年譜長編・第一卷》，人民教育出版社，2004 年版，第 415～416 頁。

一代知識分子，其人生歷程與社會變革之際的諸多大事件有著紛繁的交疊，葉聖陶採用的回溯式的寫作方式，先陳列大事件，再探究心靈史，更側重的是對內心的探索。在歷史事件面前，知識分子既是啓蒙者，也是被啓蒙者。《倪煥之》幾乎是作者對自己之前的小說創作生涯的一次總結，婦女與兒童、社會的邊緣與底層人、鄉村的教員、動盪之際的芸芸眾生，在這部小說中，得以集中的展示。在「革命」這個詞的召喚下，各色人等登上舞臺，逃避「革命」的蔣冰如，擁抱革命的「王樂山」，利用革命的「蔣老虎」等，當然最重要的是在「革命」的名義之下充滿希望又收穫絕望的倪煥之。有研究指出：這部小說的結構應該是倪煥之的心理活動，而不是他的外部人生歷程。〔註 27〕「教育」與「革命」這兩個關鍵詞彙，一方面是倪煥之人生歷程中不斷追求、不斷認知的實踐理想的方式，一方面又是葉聖陶探索心靈的一種方式。

三、「知識分子」與「革命」：葉氏「革命」觀與個人選擇

從一定意義上看，《倪煥之》的闡釋史背後有個深刻的歷史背景，即 20 世紀 20 年代末期知識界的精神狀況的轉變。事實上這一轉變自 20 年代中期就已然出現，包括創造社在內的諸多作家，將自己的「理論、知識興趣逐漸由文學轉向社會和革命」〔註 28〕。背後的動機不一而足，在國民革命期間倪煥之的精神歷程，夾雜著興奮與軟弱、希望與絕望。最終，葉聖陶讓倪煥之死於傷寒（「腸窒扶斯」）這種因爲蒼蠅、蟑螂等帶病菌傳播的疾病，結束了倪煥之的個人理想探索之路。

茅盾對這部小說「時代性」特徵的讚美，由於特定時期茅盾的境遇，一定程度上偏離了這部小說探索的方向。茅盾那種對於時代新人在不可逆轉、不斷進步的歷史中承擔宏大、莊嚴、廣闊的歷史責任，在倪煥之中，只是敘事結構中的焊點，而非主幹。在這部小說中，主要展示的是「辛亥革命」後，倪煥之激動而又幻滅了，「五四來臨」倪煥之激動而又幻滅了，「五卅」事件和「四·一二清黨」以後，倪煥之激動而又幻滅了。在這一基礎上，葉聖陶描繪的是不斷尋找、不斷失去，在歷史變革面前躊躇滿志、雄心勃勃，卻又

〔註 27〕 馮鴿：《現代長篇小說之知識分子心靈敘事──重讀〈倪煥之〉》，載《西北大學學報》，2010 年第 3 期。

〔註 28〕 程凱：《1920 年代末文學知識分子的思想困境與唯物史觀文學論的興起》，載《文史哲》，2007 年第 3 期。

在現實的嚴酷面前被打擊得粉碎的形象。倪煥之不斷轉換著生活的場景和生活的主題，職業的理想、愛情的理想、革命的理想，不斷地破滅，「唉，死吧！死吧！脆弱的能力，浮動的感情，不中用，完全不中用！一個個希望抓到手裏，一個個失掉了；再活三十年，還是一個樣！」在「命運」、「循環」之中，倪煥之徹底失望。〔註 29〕德國漢學家顧彬將其解釋為倪煥之「在面對中國社會向現代性轉換中所承受的不能解脫的彷徨」，「現代性」在「根本上改變了中國作為一個詩歌古國的內在基礎——民族文化的整體感」，〔註30〕他的解釋將這部小說的認知推向了「現代人狀態」這個研究的視閾中。〔註 31〕亦有學人將葉氏的小說命名為「生存狀態小說」〔註 32〕，這也是在現代性的視閾中的一種發現。從葉氏個人經驗史的角度看，這部小說不僅是呈現「現代人狀態」，更是重要的是凸顯了具體歷史境遇中，個人在具體事件面前的抉擇。「現代人的狀態」這個解釋多少有些語焉不詳，顧彬提到，「葉聖陶得到了不公正的忽視」，「倪煥之」這個「相當典型的人物」的意義，不僅存在於「時間幽靈的諷刺性描述中」，也存在於「對革命與憂鬱關係的偉大發現中」。〔註 33〕通過發掘葉聖陶個人經驗與小說文本中人物的精神契合，點出「個人精神發展史」之於這部作品的意義，分析葉氏個人的「五四經驗」、「五卅體驗」、「革命」認知，才更為真切的理解塑造這一形象的動機和小說人物的性格發展。通過這部小說，我們能清晰的看到，「『革命』是晚清以來一直就影響思想與現實的重要理念，中國現代文學的「革命意識」受到了多重社會實踐的推動，從晚晴種族革命到國民革命再到無產階級革命等等都在各自增添新的內容。」〔註 34〕通過《倪煥之》這部小說，正能觀察到作為小說角色的倪煥之和作為作者的葉聖陶在歷經民國建國以來諸多打著「革命」名號的社會運動之中逐步清晰的「革命觀」及其心路歷程。這樣，也就不難理解了葉聖陶「我相信

〔註 29〕葉聖陶：《倪煥之》，《葉聖陶集・3》，江蘇教育出版社，2004 年版，第 266、270 頁。

〔註 30〕〔德〕顧彬：《德國的憂鬱和中國的彷徨：葉聖陶的小說倪煥之》，載《清華大學學報》，2002 年第 2 期。

〔註 31〕陳思廣：《〈倪煥之〉接受的四個視野》，載《遼寧大學學報》，2012 年第 3 期。

〔註 32〕閻浩崗：《重新認識葉紹鈞小說的文學史地位》，載《文學評論》，2003 年第 4 期。

〔註 33〕〔德〕顧彬：《德國的憂鬱和中國的彷徨：葉聖陶的小說倪煥之》，載《清華大學學報》，2002 年第 2 期。

〔註 34〕李怡：《民國文學：闡釋優先，史著緩行》，載《學術月刊》，2014 年第 3 期。

這些疵病超出修改的可能範圍之外。現在既不將這一篇毀了重來，在機構上，這些指謫竟是必不可少的部分」的論述了。

　　1924 年葉聖陶闡述其革命觀有其具體的歷史背景，時值 1922 年中共提出的「國民革命」口號逐漸風靡〔註 35〕，以孫中山為代表的國民黨人認同了中共提出的這一口號，儘管在理解上存在分歧。孫中山的政治理想和革命目標，「是要建立一個獨立的主權國家和一個在政治上、經濟上比西方更平等的改良社會。」〔註 36〕國共合作意義上的「國民革命」主要口號為「打倒軍閥、打倒帝國主義」，另有中國青年黨（國家主義青年團）也提出「全民革命」，其口號為「內除國賊、外抗強權」，其本質千差萬別，本文不贅述，在這眾聲喧嘩的「革命」話語之下，文學團體和文學從業者也裹挾其中。考量葉聖陶的「革命觀」，可以先從他的政黨經驗說起。葉聖陶於「辛亥」之後參加了「中國社會黨」，於「五卅」之後參與了國民黨，1923 年 3 月，葉聖陶拒絕了楊賢江加入共產黨的邀請，即便是「『五卅』前後」，「一些共產黨員和（按：國民黨）左派」「借」葉聖陶的家「開會」，他也「並不參加」，〔註37〕這些事實都能夠指向，葉聖陶參與「政黨」皆是「事出有因」，辛亥後入社會黨，贊同的是該黨提出的「無貴賤之階級」的「平等」，「社會教育」和「提倡工商實業」帶來的「絕對的自由」，這個黨組織鬆散，吸引葉聖陶的，是這些基本的理念；五卅後入國民黨，則為了具體做事情，入國民黨後，葉的夫人「胡墨林參加上海各界婦女聯合會，常和楊之華、姚韻漪（楊賢江夫人）、孔德祉（沈雁冰夫人）在一起活動，支持工人的罷工」；葉聖陶立刻就參與創辦《公理周報》，一方面對政府妥協於英日感到憤慨，一方面呼籲抵制英日，捐款協助工人罷工，直至「清黨」以後，小報爆出國民黨「要逮捕胡墨林」，他以「無比憤怒的心情將國民黨黨證撕得粉碎」〔註 38〕。

〔註35〕據考證，這一名詞最早出現於 1906 年孫中山、黃興、章太炎等起草的《軍政府宣言》，並未引起重視，1922 年中共賦予其新內涵，以階級革命的實質，宣揚「國民革命」，參見金沖及：《第一次國共合作的建立》，載沙健孫：《中國共產黨通史》，湖南教育出版社，1996 年版，第 115～116 頁。

〔註36〕王奇生：《「革命」與「反革命」：一九二〇年代中國三大政黨的黨際互動》，載《歷史研究》，2004 年第 5 期。

〔註37〕商金林：《葉聖陶年譜長編·第一卷》，人民教育出版社，2004 年版，第 327頁。

〔註38〕商金林：《葉聖陶年譜長編·第一卷》，人民教育出版社，2004 年版，第 327、373 頁。

　　兩次加入政黨的經歷，基本可以看出葉聖陶對黨派活動的基本態度，在觀點上有所契合，能夠做實際的事情，是其參與黨派的基本動機，在個人與組織的「利益」這個層面，他考慮的不多。在五卅以後創辦《蘇州評論》時，有人說他拿了「廣州的宣傳費」，他作文回擊，「印刷費是你一塊錢他兩塊錢湊集起來的」，為的是「改善蘇州」，這些造謠的人不明白「一個人會有謀及大眾的志願，他們不相信自己就包在大中裏，大眾的福利才是自己的福利」〔註39〕，這裡並非鼓吹葉氏個人有超高的道德情操，而旨在說明二十年代的「知識分子」與「組織」的一種關係。「組織」或曰黨派，僅是個人實踐改善社會理想的一種途徑，並非值得完全依賴的團體，更不用說是個人牟利的集團了。對於葉聖陶而言，加入國民黨和離開國民黨一樣正常，加入其中，是因為感佩孫中山「純乎其純」的「革命精神」〔註40〕，是「推重」、「當代賢豪」，如「吳稚暉、汪精衛」〔註41〕，也是因「四・一二」等事件，對黨派或某些「賢豪」失望至極，隨即選擇離開。

餘論：「革命」文化的主體特徵

　　1927 年末至 1928 年，葉聖陶逐步熟悉了《小說月報》的編輯工作，送走了一批友人，把置身危險中的茅盾「隱藏」在身邊又送去了日本，期間發表了他的《蝕》三部曲，為錢杏邨、馮雪峰、夏衍等人提前預支稿費，在這個「教人徘徊的時代」創作《倪煥之》，1928 年 9 月去往錢塘江觀潮（這一細節也出現在了《倪煥之》中），在為茅盾撰寫《幻滅》、《動搖》、《追求》三部曲的廣告時，葉聖陶寫到，「革命的浪潮，打動古老中國的每一顆心。」〔註42〕葉聖陶自己也有著一顆被革命浪潮拍打著的心，它催促著溫柔敦厚的他創作了《倪煥之》，從個人體驗出發，以主觀化、個人化的表達對時代精神和社會心理的某些變化進行了歷史的想像性重構。在普遍懷疑文學、走向社會革命的歷史情形下，葉氏的《「革命文學」》早就表達了自己的「革命觀」，站在個

〔註39〕葉聖陶：《腐爛了的玷污了的》，原載《蘇州評論》第 5 期（1926 年 6 月 30 日），引自《葉聖陶集・5》，江蘇教育出版社，2004 年版，第 248～248 頁。

〔註40〕葉聖陶：《純乎其純》，刊《文學旬刊》第 166 期，引自《葉聖陶集・5》，江蘇教育出版社，2004 年版，第 161～164 頁。

〔註41〕原載《王伯祥日記》，引自商金林：《葉聖陶年譜長編・第一卷》，人民教育出版社，2004 年版，第 325 頁。

〔註42〕商金林：《葉聖陶年譜長編・第一卷》，人民教育出版社，2004 年版，第 404 頁。

人的角度，亦可具有「革命」的精神，做出「革命」的行爲。1927 年以後，中共黨組織將革命失敗歸咎於小資產階級的動搖與叛變，〔註 43〕知識青年要麼走出「革命」，要麼改造自己接近嶄新的「革命」定義，在「革命」概念的滌蕩中更新著本身的認識和判斷。葉聖陶借倪煥之將「革命」理想轉移到「組織」上去，理想破滅了，以說明並強調其「革命」的觀念「去組織化」的思考。「組織」始終要將自己的利益放在第一位，這形成了「寬泛意義上的專制」。〔註 44〕葉聖陶對「組織」的困惑，斷然不是否定革命，他對「革命」本身有超高的熱情，他主張的革命，不僅是通常意義中暴力的形式與政治的主張，而是一系列關於「個人」與「革命」關係的新定義、新追求，正是個人化的對「革命」的限定，使他即便在「革命文學論爭」的高潮期，也未曾改變立場。1931 年，葉聖陶接受夏丏尊邀請，主編《中學生》雜誌，並一生致力於教育事業，不得不說，他始終在堅持以某種方式進行著他所謂的「革命」。在葉聖陶那裡，「革命」始終不是「組織」壟斷的話語，不是自我闡釋的名目，對於他而言，學術上求眞，堅持自由意志，反對專制和極權，就是革命。這一思想，秉承了五四以來的「立人」傳統，是將「革命」溫和化、改良化的一種努力。

　　誠然，作爲時代的關鍵詞，「革命」概念在不同個體的內部發展邏輯和與個人與外部社會發生的互動關係產生的「革命」的定義是不同的，在考察「革命」概念時，除了要考察它作爲組織的概念、群體性的概念的含義，還應分辨這個概念的主體性特徵。梁啓超不僅對「革命」的廣義和狹義做出了區分，還在《釋革》一文中指出革命的內涵在於「遷於善」的「以仁易暴」而非「以暴易暴」，從道德上明確了革命「善」的追求〔註 45〕；魯迅在「立人」的角度認爲「所謂革命，那不安於現在，不滿意於現狀的都是。文藝催促舊的漸漸消滅也是革命」〔註 46〕；與此一脈相承，葉聖陶的「革命觀」也是站在廣義角度，強調完善「主體」的意義。「革命」作爲二十世紀中國的關鍵詞，不僅是政治文化的重要標識，更是「世界觀」、「人生觀」和一種重要

〔註 43〕 參看《最近組織問題的重要任務決議案》，選自《中央文件選集・第 3 冊》，中央黨校出版社，1983 年版。
〔註 44〕 參看鄧程：《葉聖陶的早期「革命」敘事》，載《文藝報》，2012 年 2 月 15 日。
〔註 45〕 參看張品興、梁啓超：《梁啓超全集・第 2 冊》，北京出版社，1999 年版，第759～760 頁。
〔註 46〕 魯迅：《魯迅全集・第七卷》，人民文學出版社，1981 年版，第 118～119 頁。

的「文化」，這一文化，是在個人「具體的人生道路上極其偶然地生成和發展起來的」〔註 47〕。考察中國現代文學中「革命」話語在不同時期在不同的文學從業者那裡的言說範圍，不僅是對概念史的梳理，也是對知識分子心理結構的探索。

〔註47〕 王富仁：《魯迅與革命——丸山昇〈魯迅・革命・歷史〉讀後（上）》，載《魯迅研究月刊》，2007 年第 2 期。

抗爭與堅守
——論創造社時期鄭伯奇文學觀的轉變

呂潔宇（西南大學）

　　創造社同人文學觀的轉變是有跡可循的，現有的研究在對這種變化進行討論時，一方面強調轉變時集體精神的共性，另一方面也對郭沫若、郁達夫等人的心理進行了很深入全面的闡述，而對創造社元老鄭伯奇的文學觀轉變的研究一直較少，現有的研究更多地將他視爲創造社同人的追隨者，強調他與創造社轉變潮流的一致性，對他獨特性的關注也主要集中在「國民文學」，因此他的光芒一直都是被遮蓋的，他個人文學的軌跡也被創造社的轉變潮流所淹沒。但事實上，他自己身處創造社之中，由於個人思想上的矛盾和現實衝擊等多方面因素的影響，在同人不斷前行的進程中，他一直都顯得比較滯後，但是隨著認識的不斷深化，他也一直在不停地奮力追趕，這種不斷趨於同步的過程也是鄭伯奇不斷進行自我身份確認的過程，必然帶著他個人思想的獨特性，從鄭伯奇文學觀的改變中，我們或許可以更清晰的體察到時代潮流裏挾之下的知識分子的無奈、苦悶和反抗。

一

　　1927 年第 34 期的《洪水》上刊登了鄭伯奇的一篇文章：《芥川龍之介與有島武郎——文人自殺心理的一考察》，當時正值芥川龍之介去世不久，而他與有島武郎都相同地選擇了以自殺的方式結束自己的生命，這在日本文壇引起了軒然大波，鄭伯奇針對這一事件寫下了這篇文章，他選擇了從心理層面對二者的死進行考察，這原因可能有二，一是鄭伯奇在日本學習時選修的心理學，擅長心理分析，另外一方面，自殺事件讓他獲得了某些思想感悟。從

他的文章中，我們發現他寫這篇文章的動機更多的是出於對有島武郎死亡的感情抒發，「看見芥川氏自殺的詳細報告，第一個衝入我的聯想領域內的，便是三年以前的有島武郎的情死。我那時就想把他們兩人比較論列一番。現在時機有點遲了，我還是抽出工夫，來完成這無聊的工作，以了當初的心願。」這篇文章的風格與他當時的其他作品差異很大，可見有島武郎的死曾一度對他產生了極大地影響，以至於他在三年之後仍要努力完成這個工作。文章中涉及到對兩人生平的介紹，對有島氏的敘述明顯更細緻，包括他所受思潮的影響以及他思想的轉變，他都進行了非常詳細的介紹。接下來他從多個方面對兩人進行了比較，而對於二者的死，鄭伯奇認為其原因在於他們都相同的墜入了虛無主義，而這種虛無主義則主要來自於自我人生觀和馬克思學說的矛盾。有島原本信仰基督，是個博愛的人道主義者，又深受惠特曼的影響，「及至和馬克思學說相接觸，他數十年來所懷抱的思想和信念，根本上發生了動搖。從來住慣了懸空的概念世界的他，在赤裸裸的現實世界的當前不能不發生一種恐怖的顫慄。在資產階級的太平時代所練成的殺法，到爭鬥的過渡時代，完全覺得無力。而尤其使他絕望的是機械的唯物論，機械的人生觀，機械的階級觀。這種馬克思學說的機械論的解釋，完全是河上肇博士的流毒，而有島氏也是受了這個流毒的一個。才踏出了思想變革的第一步，就這麼著入了絕望的迷路的他，以後完全沉溺到虛無主義的深淵了。」而芥川亦如此，思想和現實的苦悶最終導致了他徹底的絕望。鄭伯奇最後得出結論：「一個人在思想轉換的期間，最容易陷入於虛無主義的境地；到虛無主義去有兩條路：一是懷疑，一是消極。和虛無主義戰鬥的方法：行動，行動，行動！所以一個文人或思想家到了將墮落到虛無主義迷途的時候，他的自救法便是：轉換方向，積極地驀入行動的世界。」這篇文章發表之時，革命的呼聲已經開始在文壇蔓延，而大多數知識分子也正面臨著轉型的痛苦，鄭伯奇在此無疑有倡導革命文學的意味，不同的是，此時創造社其他成員都表現地格外激進，而相比之下，鄭伯奇的這篇文章則更多地帶有勸誡和幫助的意味。

基於這篇文章中所描述的有島氏的經歷和性格，我們發現鄭伯奇早年與他有著很多的相似之處。比如，鄭伯奇與有島氏一樣很重視自我感受，同時他也深受科學的洗禮，而更為巧合的是，鄭伯奇同有島一樣，在受到了各種西方思潮的影響之後，其思想也一度產生了難以調和的矛盾，並且「在相當

常的時間內，像黑夜迷失路徑的行人一樣，我只在這些資產階級的錯誤思想中間兜圈子，找不到一條出路。有時不免產生一些懷疑思想和消極情緒。所以可以推測，鄭伯奇此時肯定也注意到了這位日本文壇上的同情者。事實上，因此《芥川龍之介與有島武郎——文人自殺心理的一考察》這篇文章的結論也是一直以來作者與自身虛無主義對抗的感悟。縱觀鄭伯奇的心路歷程，我們會發現內心和現實的衝突一直都困擾著他，在他自己所持的知識分子身份和無產階級革命之間，一直都存在著難以調和的矛盾。

除了思想的矛盾之外，他對自我身份的獨特定位也是他內心複雜情緒的反映。鄭伯奇作為創造社的元老之一，隨行創造社由始至終，他見證並參與了文壇上很多的活動，但是他對於自己的文藝工作卻不以為然，一直都不認同「文藝家」這個稱號。在1930年《大眾文藝》裏的《我的文藝生活》訪談中他表示「叫我將我的文藝生活，我真慚愧！到現在我還不曉得我是不是一個文壇人（假使有這麼東西）。」如果說此時的鄭伯奇還沉浸在創造社失敗的苦悶中的話，但是他在 1933 年卻仍舊表示：「一直到現在，我沒有什麼創作生活。要談創作經驗，根本上不夠資格。」〔註1〕即使到了 1944 年，他對自己的成就也還是表示懷疑：「回顧之下，自己在文壇內的確兜了不少的圈子。可是成績確是太少了，想起不禁慚愧。這 25 年間自己所留下的，只是沙灘上的一點足印而已，時代的巨浪將要一洗而無餘，想到這裡，真是不寒而慄。這有什麼可紀念的呢，還有什麼可紀念呢！」〔註2〕幾乎在所有的回憶錄中，當談到他在創造社的成就時，他都一貫地表露出自己的默默無聞。但事實上，他參與了創造社的很多活動，對創造社存在著很深的感情，他對自己文學成就的輕描淡寫一方面是由於他的謙遜，而另一方面，或許是他真實感受的抒發。作為創造社元老之一，他對文藝家標準的參照系是其他的創造社同人，他們在文學上的先鋒性肯定讓鄭伯奇感受到了後進者的壓力，加上思想上的矛盾的折磨以及現實生活中遭遇的失敗，使他在很長的一段時間裏都沉浸在苦悶之中，因此面對時代的巨浪，他也難免會表現出自己跟不上時代步伐的挫敗感。但是另一方面，他深知這種情緒的弊端，也為此深感苦惱，並一直在努力反抗這種苦悶和虛無。

〔註1〕 鄭伯奇：《即興主義和即物主義的——我的創作態度的一省察》，樓適夷編：《創作的經驗》，江西人民出版社，1982 年版，第 61 頁。
〔註2〕 鄭伯奇：《沙上足跡——文壇生活二十五年的回顧》，《高原》，1944 年 12 月 1日第 1 卷第 2 期。

二

　　鄭伯奇在日本的學習直接導致了他認識上的矛盾。當時的日本留學生大都經歷了學業科目的更改，而鄭伯奇卻「算是兜了大圈子的一個，……去日本的當初，我原想學習些科學知識。那曉得，到了日本以後，一變而爲商業，再變而爲政治經濟。乃至進了高等學校，濫讀了一些書籍，哲學和文學交替著佔領了興趣的中心。哲學上佔了上風，文學作品會變成淺薄無聊的東西；文學趣味濃厚的時候，哲學的思想又成了灰色的煩瑣的撈什子。」〔註3〕而後又學習了心理學，更重要的是在接觸了馬克思主義思想之後，各種思想在他身上產生了複雜的交織和反應，他的知識分子身份與無產階級革命思想之間產生了矛盾。此時的鄭伯奇是主張革命的：「革命雖不是幸福，卻是求幸福必經的一個階段：若是退避，那便是自絕於幸福之門了。」〔註4〕但是另一方面階級觀念的介入讓一些跨階層的社會共識被強加了階級屬性，而這與他的教育背景和社會經驗背道而馳，這種矛盾不僅帶來了思想上的苦悶，同時導致「我的興會和文學開始了向後轉的步驟。」〔註5〕因此，它也直接影響了他對創造社活動的參與，在他當時僅有的幾篇文章裏，都顯現出了他對一切思想的懷疑和深深的幻滅感：「我常常終日冷靜反省，我的行爲和思想相衝突，相矛盾之點，不知道有多少。理智與感情的調和！我對於此點怎樣努力過。但是我依然抱著個破裂不完全的自我。我不願認定現狀，肯定人生，我只意識我是一個人，應該快快活活地做一個人應做的事：然而我常常感到微妙的疑惑和清淡的悲哀！是的！我常常感到疑惑，怠倦，焦躁，悲哀！我也不曉得爲什麼。」〔註6〕這無疑是作者的自我表白，但是同時他的內心也充滿著反抗的欲望：「天下最痛苦，最不幸福的，沒過活潑潑的生命力，被人束縛，不能自由發揮的。被人束縛，被機械束縛，被學說束縛，被自己的思想束縛，都是一樣的，我們應該把這些網羅都決衝破，所以根據求幸福的心去革命反抗，幸福就有了；幸福決不是由天上飛下來的。」〔註7〕這無疑是鄭伯奇思想的眞

〔註3〕鄭伯奇：《即興主義和即物主義的——我的創作態度的一省察》，樓適夷編：《創作的經驗》，江西人民出版社，1982年版，第57頁。

〔註4〕鄭伯奇：《沙上足跡·〈盧森堡之一夜〉代序》，黑龍江人民出版社，1999年，第274頁。

〔註5〕鄭伯奇：《〈寒灰集〉評論》，《洪水》第3卷第33期。

〔註6〕鄭伯奇：《A與B「對話」》，《創造日》（日刊），1923年7月21日。

〔註7〕鄭伯奇：《沙上足跡·〈盧森堡之一夜〉代序》，黑龍江人民出版社，1999年，第274頁。

實告白。

　　革命意志和身份之間的矛盾困擾著鄭伯奇，思想上的矛盾導致了他對一切事物的懷疑，直到 1923 年回國他才尋找到了突破的途徑。他回國之後廣泛地接觸了當時的文壇，在日益高漲的革命情緒中，全國對文藝界對政治的熱情極大地消除了他的疑慮，同時 1923 年 6 月有島的死應該也對鄭伯奇產生了觸動，他意識到這種墮入虛無而無法自拔的心理痛苦最終會引起可怕的後果，而自己此時的狀態與有島氏如此相似，因而必須要尋求改變，在力圖突破的內在要求和有島武郎死亡事件這雙重力量的驅動下，他的文學觀也發生了轉變。在《新文學之警鐘》和《國民文學論》裏他已經開始對文學有了新的認識，這主要表現爲兩方面：一是認識到文學的社會功用，要求文學對社會政治的參與。在這之前，他一直都否認文學的政治色彩，他認爲藝術是藝術家自我的表現，同時又由於個人是社會的動物，不能脫離社會影響，因此藝術和社會和時代都有密切的關係，而文學家則應該多與國民的現實生活接觸，才能更好地反映社會生活。二是解除了自己身份的困惑，認爲小資產階級有參與革命的資格。他對有島武郎絕對承認階級鬥爭的這一觀點予以反對，但是同時又否定了階級文學存在的可能性：「我也承認第三階級的自覺的人可以替第四階級的抱不平，但是代抱不平決不是現身說法。第四階級的痛苦，只有第四階級的人們自己感受過，自己可以表現。其他的階級，雖不隔岸觀火，那所表現的，總不免隔靴抓癢。」〔註8〕可見他忽略了知識分子思想的能動性，正如他自己所說：「不知道階級立場可以轉化，更不知道思想改造，而只糾纏在『國民』這一含糊不清的名詞上亂做空洞的文章，就更顯得越說越糊塗了。」〔註9〕此時鄭伯奇在認識論上是有偏差的，還沒掌握辯證法的觀念。同時鄭伯奇對階級文學仍存在著異議，「我們不主張階級文學而先提倡國民文學。……而因爲國民文學之故可以引起個異階級的好奇心和研究，這更是促進階級文學的大動力。」〔註10〕對於「國民革命」的主張，郭沫若認爲其缺乏明確的解說，同時在文壇上引起的反響也並不強烈。事實上，「國民文學」可謂是他難以接受「革命文學」而進行的觀念上的調和，但不管怎樣，鄭伯奇已經開始將自己納入到了革命陣營之中，邁出了革命理想的第

〔註 8〕 鄭伯奇：《國民文學論》，《創造周報》，1923 年 12 月 23 日第 33 號。
〔註 9〕 鄭伯奇：《沙上足跡・憶創造社》，黑龍江人民出版社，1999 年，第 31 頁。
〔註 10〕 鄭伯奇：《國民文學論》，《創造周報》，1923 年 12 月 23 日第 33 號。

一步。

　　如果將 1923 年作爲鄭伯奇文學觀的第一階段，即探討「小資產階級作家能否參與革命」的話，那麼 1927 年這一階段則主要關注的是小資產階級作家該如何參與革命。他回國之時正好遇上「四・一二」政變，大革命失敗的情緒再一次掀起了文學的浪潮，而他自己亦感受到了革命的殘酷，如何更有效地表現革命便成爲了當下急需解決的問題。在「革命文學」的呼聲中，他拋棄了自己早前的機械論觀念，號召「在反帝國主義的這個 Moto 下面，革命文學家聯合起來。」〔註 11〕同時他也認識到了改造作家主觀意識的重要性，他在評論《寒灰集》時對郁達夫的轉變表示讚賞，但同時也看到了郁達夫在表現下層民眾時的軟弱無力，原因在於他的寫作更多是自我表現，對下層的生活認識不夠深入，同時也是由於生活體驗的差異，「我們和他們窮苦階級的男女，依然是隔膜的。」〔註 12〕這種由而階級差異而導致的表現無力正與《國民文學論》中的觀念相契合。但不同的是，他同時又認爲這種只停留於表面而缺少了客觀性的寫作是可以改變的，也即通過主觀意識的改變和深化來獲得：「我們現在毋寧要求主觀的深刻，主觀的徹底：這是合理而可能的要求。若是起手就概念地排斥主觀，強持似是而非的客觀的態度，往往有變成通俗的危險。」從他的觀點中我們可以發現，鄭伯奇此時仍然堅持著知識分子在文學中的主觀性，沒有在革命文學中失掉知識分子的立場，他在《文壇的五月》中也強調了這個觀點，他認爲「要作一個革命文學家，先要有徹底的革命意識和強烈的革命情緒。」在這裡，鄭伯奇已經開始拋棄了他認識上的機械論觀點，轉而開始承認知識分子主觀認識的能動性，但是此時他對作家主觀認識的要求更多地處於對生活的深入考察，還未觸及到對思想的武裝，但是相比於前一階段，他又向前邁進了一步。

　　隨著革命與大眾關係的日益緊密，如何讓大眾參與其中便成爲了文壇的熱點，革命意識的普及也要求文學不能是少數知識分子的專利，因此鄭伯奇在現有認識的基礎之上，開始關注如何將文學引入大眾群體之中。在 1928 年的「文藝大眾化」的討論中，鄭伯奇主要探討小資產階級作家在大眾文學中的位置。他提倡普羅列塔利亞文學，對於大眾文學的作家這一問題，他與當

〔註11〕何大白：《文壇的五月——文藝時評》，《創造月刊》，1928 年 8 月 10 日第 2 卷第 1 期。

〔註12〕鄭伯奇：《〈寒灰集〉評論》，《洪水》第 3 卷第 33 期。

時文壇上的主導意見一致，認爲它原則上應該是由大眾中間出身的，但是大眾文學藝術性的要求使得工農大眾出生的作家很難獲得這種技術，因此他認爲「智識階級出身的作家，也不是應該排斥的。尤其是在文化落後的國度裏，我們更應該歡迎這樣傾向的智識階級出身的作家。」〔註13〕他這裡所指的大眾文學家就較爲寬泛，工農大眾中間出身和智識階級出身的作家都包含在內。在對知識分子的認識上，他一方面認爲知識分子要努力獲得大眾的意識，同時又由於當前民眾文化修養不高、現存的大眾文學思想落後，大眾文學家應該幫助大眾去進行創作，即強調知識分子的領導作用：「中國目下所要求的大眾文學是眞正的啓蒙文學。」〔註14〕但是隨後就這個問題，鄭伯奇的觀念也發生了一些改變，這個改變不僅在於革命意識的推進，也與他失敗的經歷有關。1929年之後，「創造社」和「藝術劇社」先後被封，而文獻書院也因周轉不靈而被迫停業，作爲當時創造社的領導人，多年努力的心血遭到毀滅，無疑讓他再次陷入痛苦，「這一連串的打擊，使我在一個期間，物質上和精神上，都失去了創作的餘裕。」〔註15〕這種悲觀的情緒長久地困擾著他，使其無法擺脫，「偶有些會使我回顧我的既往，我不禁懷抱著無限的悲哀，無限的寂寥。」並將自己比作契科夫作品裏的萬尼亞舅舅，「我近來每每想到這部劇本中的那位可憐的主人公，他到了覺醒的時候，他那副寂寞悲憤的心情，我眞的具有十二分的同感。好像那位主人公有點像是我的前身；他的失敗與覺悟也應該是我切身的經驗。」〔註16〕現實的挫敗讓他深感知識分子在革命運動中的孤獨和無力，也帶來了他對革命的重新認知和大眾化的更高的要求，他強調作家的思想改造，認爲普羅文學收穫不豐的原因在於意識上的觀念論傾向與技巧上的非大眾化傾向，而「把握唯物辯證法是克服這些錯誤傾向的唯一方法。」〔註17〕在第二次「文藝大眾化」討論中，他將大眾化問題只局限於作家這一點，也即普洛文學的領導權的問題。他認爲中國的普洛文學一直是急進的知識分子在領導，討論者一直站在知識分子的立場，他們唯一關

〔註13〕 鄭伯奇：《關於文藝大眾化的問題》，《大眾文藝》，1930年第2卷第3期。
〔註14〕 鄭伯奇：《關於文藝大眾化的問題》，《大眾文藝》，1930年第2卷第3期。
〔註15〕 鄭伯奇：《沙上足跡・即興主義和即物主義的──我的創作態度的一省察》，樓適夷編《創作的經驗》，江西人民出版社，1982年版，第60頁。
〔註16〕 鄭伯奇：《我的文藝生活》，《大眾文藝》，1930年第2卷第5～6期。
〔註17〕 鄭伯奇：《創作不振之原因及其出路》，《北斗》，1932年1月20日第2卷第1期。

心的是知識分子的左翼作家怎樣才可以爲工農勞苦大眾所理解，而知識分子的軟弱和動搖影響了文學作品，「我們坦白地承認現在的作家不會給大眾很大的影響，以既成作家爲本位是錯誤的，之注重培養知識分子出身的未來作家也不正當。……我們認爲大眾化的任務，是在工農大眾中間，造出眞正的普洛作家。」而「既成作家以及一切知識分子，在今後的普洛文學運動中，只能居於補助地位。在工農大眾出身的作家尚未養成，一切知識分子（包含既成作家在內），應該多做一些文學上的教育工作。」〔註18〕這種主體的轉換說明他將文學的重心由知識分子轉向了大眾，知識分子的身份由啓蒙者變成參與者，此時他更加深刻地認識到了知識分子的局限性。

從這一系列的轉變中，我們發現鄭伯奇對知識分子作用的認識由質疑開始，最後又回到質疑，但在這個看似循環的過程中，鄭伯奇經過不斷地自我否定和探尋，逐漸擺脫了小資產階級知識分子自我認知上的誤區而融入革命大眾，並最終得以從矛盾中解脫。而與他相似的無數知識分子也是逐步由此，並在左翼文學的刺激下，最終彙入了延安文學「大眾化」的潮流之中。相對而言，鄭伯奇屬於思想轉變較爲緩慢的那一類，身處勇進的創造社中尚且如此，知識分子在這潮流中自我前進中的矛盾和痛苦可想而知。

三

創造社的很多作家都經歷了這種矛盾帶來的焦灼與痛苦，因此，從鄭伯奇的轉變中，我們可以看到他大體上與創造社的轉變歷程是重合的，但在這過程中又展現出了自己的獨特性。

首先是他在文壇上一直保持著中立的立場。鄭伯奇與創造社其他人相比，他的氣質和性格更偏於沈穩和敦厚，更多的少了激情和熱烈，郭沫若曾因爲鄭伯奇感情不夠豐富而認爲其不適合寫詩，這樣的性格導致了他一直以來思想變化的和緩，我們發現雖然鄭伯奇在思想轉變的過程中也有諸多苦悶和痛苦，但是他並不喜歡將情緒外露，他的創作不多，且立場也表現得不夠鮮明激烈。1927 年他回國之後，「革命文學」論爭逐漸熱烈，且創造社同人大都言辭激烈，極具革命性和先鋒性，鄭伯奇未參與其中，並在整個進程中表現地尤爲冷靜。他對這次帶有「關門主義」弊病的文藝論戰表示出了不同的

〔註18〕何大白：《文學的大眾化和大眾文學》，《北斗》，1932 年 7 月 2 日第 2 卷第 3、4 期合刊。

意見，「但是對於這次革命文學的論戰，我們確實發生了意外的感想。我們可以老老實實告白我們其初沒有算到我們的敵人乃是魯迅周作人等語絲派的諸君。」〔註19〕他在雙方焦灼的爭戰中表現出了調和的態度：「我們所批評的不是魯迅個人，也不是語絲派幾個人，乃是魯迅與語絲諸君所代表的一種傾向。這種傾向也許支配著許多青年，然而這種傾向在現階段是有害的。我們批評了他，是我們對於現階段的任務。」鄭伯奇一方面有維護創造社的意思，但同時也有緩和雙方情緒的意味。除此之外，他一直保持著審視的姿態，對當時文壇的弊病洞察明晰，批判了論爭中知識分子的投機和軟弱。在創造社熱烈的情緒中，鄭伯奇的冷靜顯得很獨特。而在創造社複雜的人際糾紛中，他也一直不偏不倚，能清楚地釐清矛盾的主次，對是非做出公正的評斷。因為這種中立的態度，他化解了魯迅與創造社的矛盾，組織起持不同見解的文學家的合作，維護了整個社團的運作，並在「左聯」中擔任了重領導者的角色，為左翼文藝戰線的團結起到了促進作用。

其次是鄭伯奇的文學觀在創造社團體中表現出了滯後性。這種滯後性最早表現為他對文學功用的認知上。與郭沫若他們相比，鄭伯奇對文藝創作的起步較晚，他早期曾愛好法國文學，在日本「三高」時「對於文學的興趣越高了。然而依然純粹是一個愛好者而已；至於寫作的志向，當時一點也沒有。」〔註20〕1920年他寫了第一首詩《別後》，在郭沫若的鼓勵之下他將此詩發表在《少年中國》上，而這也算是鄭伯奇最早的文藝寫作，這之後郭沫若給予了這個文壇新人很多幫助和鼓勵，並且由於他和田漢的關係，鄭伯奇加入了創造社，成為了創造社元老之一。但是在1923年以前，相對於一時名聲大噪的郁達夫和郭沫若來說，鄭伯奇的聲音是很微弱的，這一則由於他不在國內，同時也因為他對文學並不重視：「當時我對於文學藝術缺乏正確的認識。我總覺得文藝只能業餘搞，同時也自慚缺乏文采，更不敢涉想去專搞文學。」〔註21〕並且文學對他來說只是一種自我表達的方式，他一直強調「藝術只是自我的最完全、最統一、最純真的表現，再無別的。」因此他前期的詩歌創作都是感傷的個人情緒的流露，就連他在《創造季刊》上發表的《最

〔註19〕何大白：《文壇的五月——文藝時評》，《創造月刊》，1928年8月10日第2卷第1期。

〔註20〕鄭伯奇：《沙上足跡——文壇生活二十五年的回顧》，《高原》，1944年12月1日第1卷第2期。

〔註21〕鄭伯奇：《沙上足跡‧憶創造社》，黑龍江人民出版社，1999年，第30頁。

初之課》都因爲介意其內容的政治性而署名東山,「他要用筆名,十足地表示他當時對於文學的冷淡」〔註 22〕。此時在鄭伯奇看來,政治與文學是相互獨立的。相比於創造社其他的諸多人來說,鄭伯奇加入這個社團更多的出於強烈的愛國心,他此時的興趣點都停留在愛國、反帝之上,對文學批評涉及較少。而隨著文學與政治關係的日益緊密,文學觀念上的滯後也影響到了他對文學潮流的接受。當 1923 年他還在質疑小資產階級作家能否參與革命時,郭沫若和成仿吾等人都已經開始展現出了「革命文學」的思想,並認爲藝術家和革命家這兩個角色能夠完美融合:「藝術家要把他的藝術來宣傳革命,我們不能論他宣傳革命的可不可,我們只能論他所藉以宣傳的是不是藝術。假如他宣傳的工具確是藝術的作品,那他自然是個藝術家。這樣的藝術家以他的作品來宣傳革命,也就和實行家拿一個炸彈去實行革命一樣,一樣對於革命事業有實際的貢獻。」〔註23〕而直到 1927 年鄭伯奇才開始認同「革命文學」的觀念,並承認文學家與革命家身份的統一。但此時的郁達夫等人卻又先他一步,開始探討階級文學中作家的階級性問題了。當他努力進入了階級文學的話題時,大眾化運動的討論卻早已呈現出一片熱鬧之勢。正因爲這種滯後讓鄭伯奇在創造社中一直處於被遮蔽的狀態。

但是我們也注意到,鄭伯奇在創造社後期,特別是進入左聯之後,文學成就也逐漸凸顯,而這都與他的處境變化有關。首先是創造社人事的變動帶來了他工作上的變化,在創造社早期,社內事務主要由郭沫若和成仿吾等人處理,他一直是以一個追隨者的身份出現的。在籌備《創造》季刊時,只有他和郭沫若兩個人,稿子的修改基本全由郭沫若完成。而編輯事務移交給了郁達夫之後,「我還留了 個時期,和達大經常在 起,但《創造季刊》創刊號的完成,確實由達夫完全負責的。」〔註 24〕「結果,自己便成了一個有名無實的成員。」〔註 25〕而後由於各種原因,創造社成員紛紛離散,田漢、郁達夫離開,郭沫若、成仿吾出國,而張資平和王獨清也被除社,鄭伯奇轉而成爲了社中資歷最深的人之一,如果說在前期他的活動還出於一種文學自

〔註22〕鄭伯奇:《中國新文學大系·小說三集導言》,上海文藝出版社,2003 年版,第 18 頁。
〔註23〕郭沫若:《藝術家與革命家》,《創造周報》,1932 年第 18 期。
〔註24〕鄭伯奇:《沙上足跡·憶創造社》,黑龍江人民出版社,1999 年,第 20 頁。
〔註25〕鄭伯奇:《沙上足跡·二十年代的一面——郭沫若先生和前期創造社》,黑龍江人民出版社,1999 年,第 184 頁。

覺,那麼在後期則更多地增加了一種責任感,責任感的驅使讓他必須維持創造社的成績、保持創造社的先進性並努力成為領跑者。此外,加入左聯也無疑改變了他的身份和心態,在創造社時期,他的思想帶有更多的自發性,但是到了左聯之後,作為一個有意識倡導革命的團體來說,團體意識對自我產生了更大的約束力,此時的左聯知識分子必須完成知識分子向革命家的轉換,在這種意識形態和文學目的的要求中,無論是主動還是被動,他都必須努力跟上時代的步伐。

第三,鄭伯奇一直以來都堅守著自己的知識分子立場,而他文學觀的轉變也主要緣自於此,他在努力追尋小資產階級知識分子的革命合法性和話語權時,無一不體現著他對知識分子身份的焦慮。他在日本期間的痛苦主要來自於知識分子身份與革命權利的矛盾,而回到國內,他又在尋找文學家和革命家二者身份的權衡,而到了「文藝大眾化」的討論中,他的重心仍在知識分子角色的討論上。儘管瞿秋白曾經在《「我們」是誰》上就他的小資產階級知識分子立場進行了批判,但是鄭伯奇的轉變也只是對知識分子介入文學方式的微調,他所有的討論都在一個大前提之下,即大眾文學的作者終將為工農大眾,只是在討論過程中將知識分子的身份從啟蒙者變成了輔助者,但並沒有否定知識分子的獨立性,對知識分子在大眾文學實現過程中對無產階級教化的「化大眾」一直持肯定態度。在對形式的討論中,其他左翼作家如張天翼、周揚等人則將文學的通俗化推向了極端:「用什麼形式都可以,只要是遷就大眾的。」〔註26〕相比之下,鄭伯奇一直堅持著大眾文學作品的藝術性,他主張漢語拉丁化,並對當時文壇上出現的「舊瓶裝新酒」的主張予以反對:「有人相信將來中國普洛文學的一部分,也可以由這大眾文學的舊形式中產生。這一些錯誤是應該糾正。我們只能承認,獲得這一些大眾文學的形式,只是教育上一時的必要,而不是普羅文學進展上必然的要求。」〔註27〕這顯然是站在知識分子立場的發聲。而相比之下,在左翼文學的規範之下,郭沫若和成仿吾都有一個自我身份由文學家轉變為革命家的過程,而李初梨等人也加入了黨派,更多地以政治意識來指導文學。而鄭伯奇一直都是作為自由的知識分子的身份參與革命的,並一直堅持著自己的立場。正如他自己所說:

〔註26〕張天翼:《文學大眾化問題徵文》,《北斗》,1932 年 7 月 20 日第 2 卷第 3、4 期合刊。

〔註27〕何大白:《文學的大眾化和大眾文學》,《北斗》,1932 年 7 月 2 日第 2 卷第 3、4 期合刊。

「在『左聯』時期，從事『無產階級革命文學』的作家，大都是小資產階級知識分子。其中大多數對於階級問題只是理論上有所認識，而實際上並沒有明確解決。通過鬥爭實踐，有的同志的階級立場問題逐漸解決了，成為無產階級的革命戰士。但是也有不少人沒有很好解決，有的甚至始終停留在小資產階級知識分子的圈子裏，踏步不前（筆者就是其中的一個）。」〔註28〕鄭伯奇克服機械認識論上的缺陷一步步走向大眾，在他的主觀革命欲望和客觀知識分子身份之間的矛盾讓他一度沉浸於痛苦，他一直都表現出了對知識分子參與革命的關注，通過自我文學觀的改變呈現出了一個愛國知識分子自我鬥爭的複雜歷程。但是總的來說，知識分子身份與革命理想都是他所堅持的，問題在於如何將二者更好地結合在一起，而他也一直在通過文學觀的調試去尋找答案，雖然他的一些文藝主張在當時文壇並沒有引起實質性的突破，但是我們從他的自我努力和抗爭過程中可以感受到知識分子的自我進取精神和對國家、民族命運的關切。

〔註28〕鄭伯奇：《「左聯」回憶散記》，《新文學史料》，1982 年第 1 期。

分裂的黨國與「無政府」的革命青年

劉軍（宜賓學院）

南京時期的聶紺弩（1927～1931）一向爲相關研究者所忽視。考其原因，不外乎兩：一、研究對象在這個時期思想與文章的學徒性，觀念不具穩定性，不好把捉，又因爲學徒期的文字，其原創性有限，所以常爲人忽略，二、由於這個時期的聶紺弩在在政治派繫上屬於國民黨陣營，而且與中共的關係甚微妙，他自己也常迴避這個時期的寫作與活動。研究者囿於自己的立場和觀念，在正統黨史構築起來的闡釋與理解框架制約下，有意無意迴避這段，即使述及這段，也要強調聶紺弩如何放棄國民黨的優厚祿位（作爲天子門生的黃埔二期生蘊含的飛黃騰達，曾任國民黨中宣部總幹事，國民黨中央通訊社副主任等），如何不蠅營狗苟，不熱衷權位，又如何反對蔣介石等，暗示他走向「左翼」，尋求「進步」、「民主」的人格層次的必然性。〔註1〕這是正統的歷史敘述爲那些由「國」轉向「共」或由中間向左轉的知識分人心路歷程設定的經典模式。聶紺弩曾被稱「大自由主義者」，此稱謂係周恩來所贈，後常爲聶的文友提及。自由主義是中共整風語境中特定的詞語，它來自毛澤東的一次反對自由主義的演講。它處理的是革命隊伍中個體與黨的紀律與秩序的關係問題。自由主義且大，說明聶與黨組織的關係，有爲組織難以容忍的散漫。然而，聶紺弩研究者一般把這一特徵用來描述聶的中晚期的諸種行爲以及寫作，並不往前延伸。筆者在考察聶紺弩的所謂自由主義者行狀時，引入南京時期這一時段，並不僅僅是要勾勒聶這段模糊的個人史。而是要說，南京時期的作爲國民黨高級幹部的聶紺弩與後來黨領導下的左翼文化人在自由主義問題上有同一性。當然，強調同一性並不是要抹去不同時段的差異。其

〔註1〕周健強：《聶紺弩傳》，四川人民出版社，1987年，第85頁。

次，考察這個時期的聶紺弩的觀念史，還可以發現，在國民黨陣營，那些聚集在國民黨各派系領袖名下的知識青年，有被我們的文學史或思想史低估的道德形象，他們也有自己的良知判斷以及對於近代中國未來走向的良好期待，這種期待未必就是反動的發革命的。甚至，他們自己也有自己的奠基於「國民革命」這一概念之上的革命想像與自我理解。而國民革命這一詞，也為我們的歷史所限制，正統的黨史把國民革命等同於國共合作時期的政治運動。其實，在國民黨的高層領袖如蔣介石或國民黨自身的意識形態專家眼裏，國民革命是國民黨對中國所負有的責任或使命。國民革命的複雜蘊含表明國民黨對自身有更豐富但為我們忽略的自我設計。

一

王奇生對知識青年與時代思潮的微妙關係做過這樣的描述：「中小知識青年與上層知識精英相比，其學識能力畢竟稍遜一籌，故而在時代大潮中，他們一般不能成為領潮者，而只能扮演隨潮和追潮者的角色。」〔註2〕所謂中小知識青年，雖是一個邊界模糊的概念，但就聶紺弩的受教育層次來說，把他劃歸到五四後的中小知識青年，應該不引起很大的爭議。聶紺弩回憶自己初進黃埔時誤解「帝國主義」的含義，對沒有皇帝的共和國家被稱作帝國主義始終不能理解。在中央黨務學校做訓育員時，請教周佛海問題，因為問的問題太幼稚，以致周佛海以為聶故意捉弄他。可見，即使從莫斯科中山大學留學回來，聶紺弩的現代知識依然是欠缺得厲害。一個時代的領潮者固然值得後來者大書特書，但是一個被時代思潮牽引者的精神世界也有另外的價值。個體雖然受到時代的大潮的牽引，但是他接受這種學說而拒絕那種學說或今天信這個學說明天信那個學說，都並不是一味地盲從，在某種意義上說，也是一定程度上自由選擇的結果。就聶紺弩在中央黨務學校（後又改中央政治學校，遷臺後又名國立政治大學）及國民黨中宣部的言論而言，恰恰可以證明王奇生先生所勾勒的上層知識精英與中小知識青年的關係還有更為複雜的一面。中小知識青年，未必會因為自己的知識少就在權威面前唯唯諾諾，亦步亦趨。他的生存困境，他的前知識，他身處的人際世界等，都可能會影響到這種學徒期的年輕個體的觀念吸取與變動。聶紺弩的個案最特別的是，他甚至不願意人云亦云地宣傳某種思想，他有很獨立的觀點與表達，在聶紺弩

〔註2〕王奇生：《黨員、黨權與黨爭》，華文出版社，2011年，第38頁。

這裡，中小知識青年與上層知識精英的關係不止如王奇生說得那麼單向。因此，對聶這樣的處於學徒期的知識青年的觀念世界的進行考察，不僅要看他的詩文流露出來的思想傾向，更要細考引導、刺激他形成此種觀念的境遇或曰語境。從 1927 年開始算起，到 1931 年底聶紺弩離開南京到日本，聶在南京時間四年有餘。這個時期的民國政府，蔣汪胡桂等派系，爲爭奪中樞權力而勾連縱橫，辦雜誌，造輿論，其間的紛亂雜陳，讓後人頓生理還亂之感。我們細考聶紺弩這一時期的觀念形成與表達，發現聶的精神世界亂得像當時的各種政治派別角力中的南京政權。這或許是陳公博所謂苦悶青年精神狀態的普遍特徵。〔註3〕

就官位給予的社會身份而言，聶紺弩可劃到統治集團內部的精英群體。但就知識結構而言，聶紺弩的知識以及視界顯然不能應付彼時紛亂的世界。那麼，有哪些觀念在支配著這個時期的聶紺弩呢？他的精神世界的支撐性要素是什麼？在周健強「著」《聶紺弩傳》「彷徨」一節裏，作者敘述了聶矛盾的內心世界。強調他的苦悶。考慮到周著聶傳係聶紺弩的口述自傳，所以可以認爲，這是聶紺弩按照某種歷史敘述對自己的心路歷程的重構。講述者和記錄者合作，提前且誇大了聶的苦悶，並賦予這苦悶以進步性質，認爲它是個體在探索社會與個人出路時暫時無果的症候，而一旦找到，則前路豁然開朗。爲此，作者不惜把聶紺弩的寫作活動顛倒。此外，作者說聶紺弩編《黨基》的最後兩期，其實，聶紺弩在第四期就開始主持《黨基》，這可以第四期的《問與答》爲依據，可以推斷，聶紺弩與《黨基》雜誌聯繫甚密。〔註4〕聶紺弩在肅反期間寫得交代中說：「這個時期我很苦悶，心理上矛盾很多，總的矛盾是對國民黨及其內部派系都感到失望，而不知如何是好。」〔註5〕這個時

〔註3〕「清黨以後，最苦悶的是一般青年。這一般先生決議不肯做共產黨，而又苦於中國沒有出路，戴季陶先生所著的《青年之路》是不能滿足他們的知識荒的，南京中央黨部把孫先生擡起來要繼承堯舜禹湯文武周孔的道統，他們也是懷疑的。」見陳公博：《苦笑錄》，現代史料編刊社，1981 年，第 122 頁。

〔註4〕《聶紺弩年表》的編製者也受此影響，他們在年表中也認爲，聶紺弩只編《黨基》最後兩期。何漢文回憶：「賀衷寒、鄧文儀等約集當時初進中央黨部的聶騎（即聶紺弩，又名甘雨，當時是中央通訊社副社長）、沈苑明和我，說是爲了闡明三民主義，駁斥共產黨的理論，樹立國民黨的理論基礎，要創辦一個刊物，當即商定：組織黨基社，出版《黨基》半月刊，……鄧聶沈何爲編輯以聶爲主編。」，何漢文：《記留俄同學》，《湖南文史資料》第 26 期，第 165 頁。何漢文筆名汗文，是《黨基》旬刊的主要作者。

〔註5〕聶紺弩：《聶紺弩全集》，武漢出版社，2004 年，第 321 頁。

期就是聶 30 年初從湖北探親回南京後的時期。之所以苦悶，國民黨內的左派發起的改革運動失敗，二是，聶紺弩滯留武漢遲遲不歸，被撤銷中央通訊社副主任一職。在這之前，我們不能從聶紺弩的文章中讀到多少苦悶，相反，我們看到聶紺弩對國民黨黨爭積極介入。聶紺弩這個時期的政論試問主要集中兩個方面。一、維護中央法統；二、清理自己的觀念以及參與重建國民黨治國理念。

二

一、攻擊「西山會議派」。「西山會議派」作為國民黨內部最早祭起反共大旗的政治派系。在國民黨二大時被開除出黨。1927 年清黨後，西山會議派的政客紛紛回到國民黨內，並以反共先知先覺自居。但是，他們並沒有獲得年輕人的擁護。在黨內的革命青年眼裏，西山會議派是「一般昏庸老朽、頑固落後分子，以反共先覺自居，不知政策為何物……在寧漢合作的當兒，挑撥離間，篡奪本黨黨權，把持起黨務來了。他們本來只知道怎樣發財，怎樣做官，怎樣討姨太太，以及是他們的哥哥弟弟姐姐妹妹姐夫舅子同鄉同年以及一切什麼姨太太的乾兒子，可以得我而使他們做定發財討姨太太……」〔註6〕聶紺弩在中央黨務學校時期，亦積極參與「一一二二」遊行。《聶紺弩傳》（周健強著）關於這一段的敘述非常矛盾，一邊強調聶紺弩反對西山會議派的強烈心理，一邊又說聶紺弩參加反西山會議派的遊行為學生熱情湧裏。其實，聶紺弩對政治是熱心的，聶紺弩雖不投機鑽營求飛黃騰達，但不求官不等於不關心政治。參與這次遊行，是聶紺弩內心觀念與情感的真實體現。1927年底，國民黨南京中央黨部特別委員會號召南京各界慶祝「征西」（即討伐唐生智）勝利，但是慶祝活動的主導權為當時中央黨務學校丁惟汾、康澤等人手中，而中央黨務學校忠於蔣介石。因此，「被中央黨務學校取得了領導權的慶祝征西勝利的籌備會，這時，骨子裏已是救黨運動委員會，中央特別委員會對此多少有點察覺。」〔註7〕同時，當時主事的國民政府常務委員李烈鈞「慮翌日討唐勝利會，為共黨所乘」，因此下令延遲召開慶祝大會。〔註8〕但命令下時會已開。一方有意抗爭，一方有意壓制，最終釀成四死七十五傷的慘案。聶紺弩後來的女友周穎亦在此次遊行中受重傷。此事件之後，聶紺弩

〔註 6〕奉佯：《所望於第五次中央全會者》，《黨基》，1928 年第 4 期。
〔註 7〕康澤：《康澤自述及其下落》頁，傳記文學出版社，1988 年，第 19 頁。
〔註 8〕李雲漢：《從容共到清黨》，臺北中國學術獎助委員會，1987 年影印二版。

寫了兩篇文章，一篇《與李協和論黨爭》，《共產黨的宣傳機關——「西山會議派」》，由於兩文佚失，無法查看全文，但據聶紺弩自述，兩文旨在爲擁護蔣汪的中央黨務學校師生辯誣，因爲李烈鈞事後的報告中，指此次慶祝會爲共黨所乘。指控對方是國民黨保守派政治爭鬥時常用的手段。因西山會議派常污左派青年爲共黨分子，「使本黨忠實熱烈分子，逼得無路可走之時，轉而消極厭世者有之，投入共產黨而惡化者有之。」〔註9〕聶文均發表於賀揚靈主編的《救黨特刊》。賀揚靈，江西永新人。政治立場極端反共，因此「會『四一二』事變，全家長幼十餘人，皆被共黨殘殺。先生僅幸免於難。」〔註10〕賀揚靈除了在中央黨務學校任訓育員，還兼任國民黨中央清黨委員會秘書。故筆者推斷，聶爲中央黨務學校遊行師生辯誣的文章，只是站在護黨的立場批評李烈鈞與西山會議派對「一一二二」慘案中的死者與傷者的政治栽贓。該文不會有替中共代言的意涵。因此，反對西山會議派，不見得就是中共的同路人。還有可能是國民黨內部新崛起的政治集團的立場表達。據聶的回憶，這兩文的大意是，西山會議派動輒指控這是共黨，那是共黨，言下之意黨內的品行優異，忠黨護黨的年輕人都是中共，這無異於共黨做廣告。即，共黨都是品行優異者。透過這樣的修辭，我們可以看到聶紺弩爲他中央黨務學校的，後被中共的革命史釘在恥辱柱上如段錫朋、康澤等的道德人格的肯定。即，他的那些忠於蔣介石派系的同事們都也是品行優異，愛國護黨的革命人。在這個意義上，聶紺弩和康澤、賀揚靈在對南京政權內部各派系的態度上，聶紺弩和賀揚靈、康澤等並無本質的差異。都是國民黨派系中蔣系的擁蠆者。〔註11〕

　　二、批評「武裝同志」，維護中央法統與權威。首先，批評軍閥以「軍」亂「黨」，國民黨清共以後的政局，頗爲紛亂。孫中山在世時，黨還可以指揮

〔註9〕　奉佯：《所望於第五次中央全會者》，《黨基》第28年第4期。

〔註10〕　秦孝怡：《革命人物志‧16集》，1977年，第274頁。在這篇人物志附錄是陳立夫撰《憶賀培心同志》，文中稱讚賀抗戰時治理浙西有功，說淪陷區只有浙西公署沒有「亮紅點」。由此可推知賀揚靈是有才幹且反共立場堅定的國民黨員。

〔註11〕　郭廷以先生回憶，「一一二二」血案前，谷正綱召集中央黨務學校的年輕人開秘密會議，商討攻擊西山會議派。參會者有「白瑜、聶琦……」聶琦當是「聶騎」，即聶紺弩先生。可以參加谷正綱的秘密會議，聶紺弩並不如後來回憶總是游離於各政治派系。見張朋園、郭廷以等：《郭廷以先生訪問記錄》，中央研究院近代史研究所，1988年印，第178頁。

槍。孫去世，國民黨內的「武裝同志」，常常干涉黨政，一時之間，「槍」指揮了「黨」。有實力的武裝同志，常常在幕後操縱前臺的政客。以吳稚暉爲例，吳稚暉在與陳公博的辯論中，有《弱者之結語》，就以弱者自居，指控對手陳公博所在的汪派後面常有桂系會唐生智等武裝同志。指控對方與武裝同志勾結，是彼時在輿論場上獲勝的法寶之一。於此可見，「武裝同志」以武力操縱黨國政治並不爲民眾接受。但是，清黨後的國民政府高層往往都是以武力爲後盾的，這讓黨內青年激憤難忍。南京市特別市黨務指導委員會專電中呼籲「尤望武裝同志，潔身遠嫌，自覺干政之習，共維黨國之紀。」宥電中，黨務指導委員會雖然指出有少數軍人以功高自居，漸露驕矜。但是，隱去了中央常委會決議中的更具體的指責。「近有少數軍人……以功首自居，往往用個人名義，電陳黨國政要，或推薦國府部長分會主席，……」。聶在文中議道：「以一『武裝同志』，公然『電保』某某爲國府部長，或政分會及省政府主席，不能不說是僭天下之大越……武人干政，以此爲尤」。〔註12〕國民黨的口號是「以黨治國」，其首要之義，就是黨指揮槍。地方實力派以武力干涉黨務政務，自然與此要義衝突。聶紺弩此時調任中央宣傳部任職。若說在中央黨務學校時爲康澤、谷正綱這樣的「頑固分子「包圍。此時已脫離那落後的環境，然護黨之心，仍未見退。恐怕很難用一句「那是對國民黨有幻想」可以打發掉。要維護黨中央的權威，除了要維護黨治的法統，聶紺弩還對那些想割據一方的地方實力派，大加嘲弄。在編輯《黨基》時期，有署名「曙南」的讀者來信，問爲何1928年的廣州市黨部爲何不紀念沙基慘案，作爲編者的聶紺弩回答道：「廣州市尙確屬於廣州，因其爲我國民革命軍第八路總指揮李公任潮駐節之地也。然李總指揮現正與大英帝國修好睦鄰，若紀念沙基，勢必至有反英之舉，此非我李總指揮所願出也。」〔註13〕如此回覆，暗示李濟深背叛國民革命。因爲即使在分共以後也有打倒帝國主義的重要意涵。這是三大主義應有之義，是中山先生的抱負所寄，也是國民黨的理想所在。聶紺弩還有《大日本對支那貧民問題之最輕便之解決法》，以反語的修辭式，激憤抗議日人製造的濟南慘案。在第三期《黨基》所作的時事述評裏，聶紺弩批評馮玉祥爲反革命，批評李宗仁勾結軍閥李寶章，背叛黨內同志。因爲李寶章在上海屠殺國民黨「幾千同志」，更是是 1927 年龍潭戰役中的孫傳芳的前鋒。如今搖

〔註12〕聶紺弩：《聶紺弩全集》卷二，武漢出版社，2004 年，第 69 頁。
〔註13〕聶紺弩：《聶紺弩全集》卷二，武漢出版社，2004 年，第 67 頁。

身一變，咸與維新了，成了李宗仁手下一名軍團副總指揮。北洋政府時期的舊軍閥，在後北伐時代的國民黨內，已是聲名狼藉。1927 年李宗仁的桂系擊敗唐生智，有一個重要的原因是，唐生智勾結直系與奉系，想聯合攻擊南京。引發輿論譁然，爲黨內輿論所不恥。

三

前面評述的是作爲中央權威護法者的聶紺弩，除此外，聶紺弩還開始觀念的自我清洗，同時積極參與國民黨意識形態重建過程。一、清算無政府主義者。聶紺弩早期精神世界的構成，無政府主義是備受研究者強調的一面。聶紺弩自己也是反覆陳說無政府主義如何影響了自己。〔註 14〕但是無政府主義如何影響了他，聶紺弩又是如何理解無政府主義，因爲聶紺弩留下的文字不多，後人難究其詳。根據《我與文學》中的陳述，聶紺弩對無政府主義的接觸是通過劉師復。劉著有《安那其主義討論集》，聶紺弩讀到的應該是這部書。時間是在聶紺弩在泉州何成濬部隊裏做錄事期間。五四新文化運動後，陳炯明在閩南建立「閩南護法區」，一批無政府主義者被羅致到閩南，宣傳無政府主義。聶紺弩在泉州碰到師復的無政府主義著作，應該是陳炯明卵翼下的無政府主義者們栽下的成果。聶紺弩清算無政府主義，不是在批評吳稚暉時才開始。思想的學徒期的最大特點就是思想搖擺不定，常以今日之我清算昨日之我。聶紺弩拋離無政府主義思想，估計在他進入黃埔軍校時就開始了。軍校是無政府主義者的天敵。何況彼時廣州革命陣營的意識形態氛圍是列寧主義的左派思潮。現代思想史一般認爲，五四後馬列主義「戰勝」無政府主義，成爲激進學生的思想偶像。就聶紺弩個人而言，正式拋棄無政府主義思想是在蘇聯留學時期。在他致鍾敬文的信中，聶這樣描述了自己的心路歷程：「我有什麼感觸，我說，朋友，或許你們已經知道，簡單幾句，就是我曾死心塌地地信仰過他的主張，現在我已經死心塌地地拋棄他的主張。……從信仰到拋棄這一段時間，……我的心上如像凌遲般地難過。」〔註 15〕「如凌遲般地難過」，略顯誇張，但可見年輕的聶紺弩對無政府主義信仰的眞誠。那麼，聶紺弩從理智上自我說服拋棄無政府主義的文章是《麵包，如何略取呢？》，在這篇文章裏，聶紺弩清算了無政府主義烏托邦至境與實現這至境的

〔註 14〕聶紺弩：《我與文學》，《聶紺弩全集》卷四，第 117 頁；《檢討》，《全集》卷十，武漢出版社，2004 年，第 197 頁。
〔註 15〕聶騎：《謁克魯泡特金墓》，《黎明》，1926 年 10 月號，第 67 頁。

手段匱乏與軟弱的矛盾。因此，無政府主義要實現自己的目的，就要「兩個法寶：一個是政權，一個是武力。」〔註16〕而武力則是奪取政權和保持政權的依憑。而強厚武力的培養，更要有有主義和有紀律的黨。這裡的黨，就是指國民黨。到這裡，聶紺弩的思想中已經有了極權主義的傾向。聶紺弩一方面以批評無政府主義來嫁接南京政權訓政時期的軍政要求。而在另一邊，聶紺弩嚴厲地批評中國無政府主義者。在《無政府主義與軍閥》中，聶紺弩指出無政府主義者既反對一切現存的制度，又承認一切現存的制度。對中國的無政府主義，如秦抱樸、梅景九、李石曾等，都以無政府主義者顯名而又投身依附軍閥的知識分子。這幾個人都是順便提及，聶紺弩此文的攻擊目標，是曾為無政府主義者的吳稚暉。聶紺弩先引出吳稚暉的言論中對武力者的崇拜，並嘲諷這批人先投身北洋軍閥，後又投身國民黨，並自稱「燒成灰了也是國民黨員」。其原因，皆因國民黨有了「強權」。聶紺弩為何對吳稚暉如冷嘲熱諷，甚至不惜扭曲吳的話意。一個是吳稚暉是西山會議派，二，吳稚暉在清黨後積極反共，甚至到了凡與他意見不同者，皆污之為共產黨。寧漢合流後，國民黨上下層都還有大量的左派人士。吳稚暉在與改組派陳公博的論爭中，極力暗示陳公博與共產黨的精神聯繫，如《共產黨扮了一個從犯起來了》，就攻擊陳公博為共產黨政策的從犯。而在國民黨內的革命青年看來，國民黨要集中黨的力量，就「不得不請求黨內的老同志吳稚暉先生之流，不要在第五次全會以前，又有如第四次全會時大吹大擂說，某某是共產黨，某某是準共產黨的一類的大檢舉，使黨的人才本可以集中，弄得不能集中。」〔註17〕在革命青年看來，吳稚暉這樣的集封建與投機於一身的「昏庸老朽」者，怎麼亦可躋身革命的國民黨。從這樣的論說立場看，聶紺弩應該屬於陳公博所言的那種清黨以後的苦悶的一般青年。到這裡，其實我們可以看出聶紺弩與改組派的精神聯繫。聶紺弩一邊清理無政府主義思想的深層缺陷，以致無政府主義都要投身「武裝同志」，聶自己也有這樣的心路歷程。那麼，吳稚暉投靠政治強人，和聶的認同武力有何不同？除了前面的所說吳稚暉在清共以後的言行，還有一點就是聶這樣的革命青年還保有一種可能導向極權的激進道德理想主義。這種傾向在《麵包，如何略取》中有所體現，而在聶紺

〔註16〕聶紺弩：《麵包，如何略取呢》，《聶紺弩全集》卷二，武漢出版社，2004年，第56頁。
〔註17〕奉佯：《所望於第五次中央全會者》，《黨基》，1928年第4期。

弩討論國民黨的「以黨治國」含義時，表現的更爲充分。

　　二、闡釋黨治。黨的意識形態闡釋權分散化。此時，國民黨內的三民主義或孫文主義已經有了像戴季陶這樣的保守主義解釋者，然而，在國民黨內，除了戴季陶，還有像胡漢民汪精衛等，這些都是有理論素養的同志，不像蔣介石武夫出身。即使各家主義在黨內並沒有絕對的支配力量，可以使自己的解釋及黨國未來的規劃路徑獲得全黨同志的認同。隨著北伐勝利，國民政府宣佈結束軍政進入訓政時期。訓政的核心問題是以黨治國，但什麼是以黨治國，引發黨內的大討論。生性好辯而又爲《黨基》編者的聶紺弩，自然沒有旁觀這一關係國民黨未來的路線問題討論。以黨治國，是國民黨結束「軍政」，進入「訓政」時期的黨政體制設計。關於此，歷史學者的共識是，「『軍政』時期是『以黨建國』時期，『訓政』時期是『以黨治國』時期。」〔註18〕在由「軍政」向「訓政」過渡時期，一切治國方案都尚未進入實施階段。不僅國民政府的訓政引發自由派這些黨外力量的批評，就連國民黨內關於「以黨治國」都爭論不休。聶紺弩這樣的黨內革命青年，對於何爲以黨治國，雖然對政治學之類的知識並不通曉，但也不妨礙他們對何爲以黨治國發表自己的意見。聶紺弩在他主持的《黨基》上發表了《中國國民黨的以黨治國》的長文。因爲長，所以分期發表。在聶紺弩爲第五期《黨基》寫的「編後」中，向讀者道歉，因爲他的《中國國民黨的以黨治國》下篇盡然沒有寫出來，不能及時滿足黨內青年的精神渴求。第四期的《黨基》編後有云：「最近各書店來函，本刊銷路驟增，第一期已罄，而來探問者尚日夕不絕。」因爲銷路好，所以取消寄贈，請讀者自行購買。從這可看《黨基》裏的文章確實可以投彼時革命青年所好。聶紺弩在這篇自稱「最反動」的文章中，對什麼是以黨治國問題，左右開弓。北伐時期，沒人對軍政提出懷疑，北洋軍閥尚在。然而，對於如何以黨治國，則人言言殊。有說以黨治國，不是一黨治國，有說以黨義治國，有說一黨在朝，眾多在野黨監督等等。聶紺弩在此文的上半部分，通過解釋黨治含義，得出了黨把「政」（何爲政，政者，眾人之事。）獨攬過來，國民黨爲什麼有這樣的資格，因爲國民黨是「革命的黨」，並且「代表各被壓迫階級的革命黨」。〔註19〕既然國民黨有如此資格，當然要當仁不讓。不准什

〔註18〕張玉法：《中國現代政治史論》（增訂版），東華書局，2002 年，第 156 頁。
〔註19〕聶紺弩：《中國國民黨的以黨治國》，《聶紺弩全集》卷二，武漢出版社，2004
　　　　年，第 76、88、90 頁。

麼第三黨、共產黨、青年黨國家社會黨染指國家事務。在解決了爲什麼國民黨不能與其他黨分權的問題後，此文的下半部分要討論黨治的時間問題。因爲有人主張「以黨治國是永久的」，有人主張「是暫時的」，只限於軍政訓政時期，消弭於憲政時期。聶紺弩對於憲政並無異議，只是主張憲政時期也要以黨治國，爲什麼呢？「因爲憲政時期是能說是政權鞏固的時期」，政權能不能鞏固，「必須經過憲政時期，才足以證明政權已經鞏固，才可以放心大膽地掌黨去治理全國的政務而沒有什麼危險。」〔註 20〕那麼，聶紺弩認爲黨治什麼時候開始，什麼時候結束呢，他的結論是，以黨治國，開始於建國大功告成之日起，結束於「大同世界實現之日止」。〔註 21〕這樣的結論，看似嚴密，其實暗灘甚多。大同世界，何日可成？在生於後革命時代的我們看來，此種結論，只能得出黨治的結束將遙遙無期，因爲大同世界根本沒有。然而，彼時的革命青年，也許眞相信人類未來可以達到臻治的境界。這樣，聶紺弩既駁斥了黨治永遠論，也駁斥黨治的憲政終結論。而是把國民黨以黨治國與國民黨的終極性的意識形態聯繫起來，國民黨的意識形態三民主義也包含著某種終極指向。這也給聶紺弩設想一個大同世界在黨治的盡頭候著的未來歷史圖景。聶紺弩也許意識到了自己的論說與中山先生的三民主義體系中的其他要素可能發生潛在的衝突，所以，在討論了黨治的時間問題之後，以近乎附錄的方式討論了兩個問題，一個是黨治與民權主義。一個是一個政黨獲得絕對權力之後帶來的機會主義病變。筆者認爲，聶紺弩的黨治觀爲國民黨一黨獨裁建立了萬世永年的合法性。他爲什麼要討論民權主義與黨治的關係，並不是因爲他意識到人權問題的重要，而是中山先生三民主義中的應有之義。聶紺弩如何化解一黨永世獨裁與民權的緊張。聶紺弩將薩孟武的「故唯服從三民主義之人，始有權利」延伸，「就是只有奉行三民主義的中國國民黨的人（對於一般民眾，可以包括著非黨員，但以服從爲限）始有民權。」這一論斷包含著非常可怕的後果。在後來國民黨上海市黨部陳德徵與胡適的論爭中，陳的思路即與此同。凡不服從，即要受到獨裁政黨的裁斷，而且不享有民權。那麼制裁機關如黨部、法院、警察登即可隨意處置違反三民主義之個體。這樣的思維，和馬列主義的人民民主專政倒是異曲同工。至於關於政黨

〔註20〕聶紺弩：《中國國民黨的以黨治國》，《聶紺弩全集》卷二，武漢出版社，2004年，第 76、88、90 頁。

〔註21〕聶紺弩：《中國國民黨的以黨治國》，《聶紺弩全集》卷二，武漢出版社，2004年，第 76、88、90 頁。

獲得了絕對權力之後機會主義病變問題，聶紺弩亦高呼要打倒新舊腐敗分子。尤其是那些西山會議派如吳稚暉等，只知道「陞官發財、揚名顯親、喝奴使婢，狎妓置妾」，「昏庸老朽」。此詞專用來描述西山會議派，吳稚暉、戴季陶等。〔註 22〕通過這些有限的材料，我們可以看到國民黨內的革命青年的思想與精神構成。護黨、危機感、信奉三民主義、擁護蔣汪、反對國民黨外的一切政黨。那麼聶紺弩來說，他的內在觀念與傾向的邊界有這麼幾邊連成，反帝、厭蔣、愛黨、近汪。

四

處於這樣一種結構中，聶紺弩的苦悶帶有某種必然的意味。因爲因爲國民黨內的掌過權的派系最後都暴露出他們的政客嘴臉，並沒有特別有理想的政治家。政客凡事考量都是從自己的和自己所在的小團體的利益出發，昨日對手可以成爲今日合作夥伴。這樣的易妥協與擅利益交換的政治領袖，無法滿足富有道德理想主義的年輕人帶有潔癖氣的政治認同。聶紺弩受教育從喜讀老莊開始，中間經過五四與無政府主義點染，然而，由於無政府主義對社會現實的整體反抗以及對未來社會的整體性解決想像，這一點極大地滿足了聶的內心對於未來社會烏托邦渴求。可是，經過國民革命，聶紺弩的無政府主義思想中嫁接上了馬列主義的革命手段，馬列主義也是一個救世性質歷史想像，它的烏托邦在聶紺弩這裡實現了同類項合併。然而，在思想中合併馬列主義要素並不等於他認同了中共，恰恰相反，在這個時期的聶紺弩心中，共產黨是和法西斯、國家黨無異，這一形象是相當負面的。即使到了 1930 年，成了一名普通編輯的聶紺弩，依然把共產黨列入可軍閥張宗昌相提並論的政治類別。在《你不該拿走我的腿》中，詩人以一個受傷被截肢的軍官的口吻，敘述了自己受傷蘇醒後發現腿被鋸掉的壞心情。語氣粗暴，風格近似彼時滬寧一帶的文藝青年宣揚的「新流氓主義」。當護士向他解釋腿哪去了時，作者這樣組織軍官粗暴的言辭：「沒有老子在前方拼命／張宗昌要來抄死你這個臭女人／共產黨會來把你的醫院燒個乾淨／你們還要開口衛生、閉口衛生……」〔註 23〕也許質疑者會問，這不見得是聶紺弩的眞實心理，因爲他是

〔註 22〕周一志：《關於西山會議派的一鱗半爪》，《文史資料選輯》第 12 輯，中國文史出版社，1987 年，第 115 頁。

〔註 23〕聶紺弩：《你不該拿走我的腿》，《聶紺弩全集》卷五，武漢出版社，2004 年，第 480 頁。

在模仿一個國民黨的軍官，是軍官在說話，聶在模擬軍官的心理世界再做陳述。這樣質疑當然有道理。但是，我們對聶紺弩寫詩時對詩藝自覺程度有這麼深，值得懷疑，其次，整首詩聶紺弩都有出現敘事者與說話者情感上的重合，很難說到這裡就出現了分裂。三、聶紺弩在加入左聯後，把這首詩改成《我的腿》。詩歌主題改成了反戰詩，而本節則被刪去。若本節的意思不是聶紺弩的內心流露，而是模擬這個軍官代言的結果以隱匿抒情自我，聶也可以不刪去。因為隱匿抒情主體反而可以增加詩歌的意義深度與修辭的繁複。刪除表明這個時候的聶紺弩意識到了這節的不合時宜。四、考慮到刊發這詩的《文藝月刊》乃是南京由國民黨中央宣傳部資助的文藝刊物，聶在這裡發表政治詩，政治正確是其前提，只能說對中共的認知是如此，詩歌中，張宗昌是代表了侵犯肉體的暴力類型，而共產黨則被想像毀滅一切的暴力類型。聶紺弩為什麼會有這樣的想像，只能說明彼時聶紺弩對中共的理解是非常三民主義化的。那麼，聶紺弩最終離開國民黨而走向了「那一邊」，只是一個偶然的個體生存事件，並不能成為可以寄寓歷史必然性的象徵性細節。也就是說，聶紺弩離開國民黨陣營，並不是存在論意義上的決斷。聶氏逃離南京，首先是因為聶紺弩的散發抗日傳單的政治行動，作為國民黨中宣部的職員，違反領袖的政策和紀律，擅自提出各種政治主張，這與重建了權力中樞的國民黨的紀律是衝突的，招到陳立夫的問詢，自然是應有之義。是否出於恐怖不得而知，總之，他逃走了。事後的發展證明聶高估了上層傳見他的嚴重性。一個證據是，聶紺弩逃離南京後到上海，後來又回南京在他的改組派朋友沈苑明家住了幾個月，亦安然無恙，並讓人替他領薪水並領到了。這一點聶自己在肅反時也無從解釋。聶紺弩一逃，索性就離開了國民黨。從聶紺弩的精神世界解釋的話，那就是他的革命青年的道德理想主義使他無法認同國民黨權力派系，這是經過無政府薰陶的道德理想主義與現實主義政治的衝突。政治家為了達到目的，路徑會迂迴曲折，妥協交易，都是手段。但也使政治領袖革命的道德召喚力大量流失。這就可以解釋為什麼他最終不願意回去，即使他其實還是可以回去的。聶紺弩之所以能這樣順利地逃脫，還和當時黨國的控制體系的鬆散有關，儘管國民黨模仿蘇聯，但是，他並沒有建立起一個足夠監視與清除反對者力量的政權運作體制。此外，國民黨內有足夠的空間容納黨內年輕人的民族主義情緒。除了蔣介石本人是一個民族主義者外，在國民黨內，有許多像聶紺弩這樣的有極強的民族主義情緒的革命青年，亦

如後來聲名狼藉的藍衣社。創辦的激情也是來自滕傑等人的民族主義情緒。
〔註24〕故而可以說，聶紺弩的出逃並不是因爲他的無政府主義內在性的終極烏托邦和馬列主義的共產主義相通，而是首先，作爲國民黨員與組織的紀律衝突，二是，國民黨內的革命青年帶有潔癖氣的政治認同與領袖人物的現實主義行爲的衝突。因此，談不上是從「黑暗」走向「光明」。

〔註24〕 丁三：《藍衣社──中國法西斯運動始末》，語文出版社，2010 年，第 12 頁。

從《前茅》到《恢復》：「戎馬」生涯「書生」氣

彭冠龍[*]（四川大學）

彭冠龍[*]（四川大學）

　　1926 年，郭沫若豪情滿懷的隨軍北伐中原，臨行前，孫炳文爲之餞行，並贈徽號「戎馬書生」，郭沫若欣然接受，「眞眞感覺得十分誇耀，十分容顯」〔註 1〕。在後來所有關於郭沫若的傳記作品和研究成果中，「戎馬書生」都成爲他在國民革命時期的代名詞，用來表示其作爲文人參加革命、投筆從戎的經歷，突顯他在革命軍隊中特殊的「文人」身份。把「戎馬書生」一詞作爲身份指稱自然是一種合理的理解方式，然而這種理解還只停留在表面，與這一身份相對應的是一種「書生氣質」，從這個意義上講，孫炳文所說的「戎馬書生」更是對這種獨特精神氣質的概括。從 1923 年前後剛剛開始思考「革命」問題，到 1928 年迫於各方面壓力不得不中斷革命活動並流亡日本前夕，郭沫若經歷了從革命思想準備到走上前線參加革命戰爭，再到革命事業因受挫而終止的一系列過程，可以視爲他的一段戎馬生涯。在此期間，雖然郭沫若對革命的思考和認識不斷變化，但他首先是一個文人，而不是政治家或革命家，其獨具的書生氣始終沒變，並一直制約著郭沫若在這段時期的「革命」理想，在這裡，「戎馬」生涯與「書生」氣質並沒有形成矛盾，反而交織在一起，雖然這種書生氣質並不能涵蓋其「革命」理想的全部內容，但由於這是郭沫若

精神世界深處所固有的氣質，就形成了他「革命」理想的主導，這可以從他的詩集《前茅》和《恢復》中進行解讀。

一

　　郭沫若在 20 年代的思想轉變一直備受研究者重視，的確，其思想在這時期有了很明顯的一點變化，即「革命」理想從無到有。目前來看，學界對這一方面的論述已經非常豐富，且普遍認爲他在 1924 年前後出現質的飛躍，成爲一名馬克思主義者和無產階級戰士，並將促成質變的事件歸結爲《社會組織與社會革命》的翻譯，然而，他自稱直到 1921 年寫《女神》的序詩時「實際上連無產階級和共產主義的概念都還沒有認識明白」〔註2〕，1924 年翻譯河上肇的《社會組織與社會革命》時，也很難說他通過這件事認眞學習了馬克思主義的基本原理，這部作品究竟在多大程度上觸及到馬克思主義的實質暫且不論，僅就郭沫若本人而言，當時他的生活是非常困難的，翻譯這部作品的動機多半是「一家的生活迫切地有待解決之必要」，他自己也承認「科學家那種枯淡的生活是要有物質條件來做背景的，自己的乃至一家人的生活全無保障，結局只是一張畫餅而已」〔註3〕，在這種情況下，他幾乎不可能有心思深入研讀這部作品，也就是說，郭沫若的「革命」理想很可能與馬克思主義、無產階級戰士沒有關係，後來的史實也是他在國民革命中最先加入了國民黨，而不是共產黨。

　　馬克思主義者是無產階級戰士，是革命者，這是毫無疑問的，然而革命者未必是馬克思主義者，具有「革命」理想的人未必是無產階級戰士，尤其是在 20 年代的中華民國社會中，知識分子們懷抱著各種主義，他們都堅信自己的主張是革命的，自己是革命者，而且他們對於各種思想都會有瞭解，從中吸取自己所需要的營養，一部分人具有了堅定的主義信仰，但是更多的人對「革命」的普遍理解卻與任何主義無關，他們認爲「既讀書，必革命；既革命，即救國」〔註4〕，「革命不是改良，也不是僅僅的破壞，而是剷除不適用的一切，創設環境所需要的一切，其簡要的定義，就是除舊建新」〔註5〕，也就是說，在他們看來，「取消一種向來存在的制度，另行設立一種新的制度」

〔註2〕郭沫若：《創造十年》，現代書局，1932 年版，第 207 頁。
〔註3〕郭沫若：《創造十年續篇》，北新書局，1946 年版，第 25～26 頁。
〔註4〕王弼：《革命》，《湘湖生活》，1929 年創刊號。
〔註5〕愛吾：《革命》，《新潮》，1927 年 5 月 13 日。

〔註6〕就是革命，其中包含的是中國自古以來「革其王命」、「王者易姓」的觀念，「近代中國的憂患現實與改革挫折卻促使人們更多地容忍、理解乃至最終認同和激賞著改朝換代的『革命』概念」〔註7〕，他們革命的動力，完全是一種愛國激情，而絕非對革命理念的理性思考，他們對異域傳來的各種主義、各種思想的學習和接受，很大程度上是為中國革命尋找一個參照物，並為自己增加革命信心，從這個角度來看，郭沫若萌生了「革命」理想，卻並未成為信仰馬克思主義的無產階級戰士，是完全可能的。

與同時代所普遍具有的革命觀念一樣，他的「革命」理想也源於愛國激情，這在他與林靈光等人論爭時所寫的文章中充分體現出來。郭沫若以「革命救國」為出發點，在這些文章中提倡傲仿蘇聯，實行「國家資本主義」，以擺脫外國列強的侵略，《窮漢的窮談》、《共產與共管》、《新國家的創造》、《社會革命的時機》等等每一篇文章的討論都始終「以國計民生為前提」〔註8〕，郭沫若所謂的「國計民生」，大概就是指「我們真真是愛國的，我們真真是想救我們中國，救我們中國的國民的」〔註9〕。在愛國激情的推動下，他形成了自己對革命的思考。在他這段時期的經歷中，與「孤軍派」主要成員的最初接觸值得注意，他「對於政治問題發生了一些關心」，正是在與他們接觸的時候。這些「孤軍派」成員開討論會時，郭沫若也列席過幾次，雖然沒有發過言，但對他們靠恢復約法以維繫中國大局的主張「出馬便有點懷疑」，後來逐漸認為他們「護法的主張也不過替好人政府的主張提出了一個具體的辦法而已」，毫無實際價值，這時，郭沫若萌生了「傾向於革命」的想法，認為「中國的現狀無論如何非打破不可，要打破現狀就要採取積極的流血手段」。〔註10〕在他當時的一些文章中，都反對「溫文爾雅的內科夫子們走來開始平和的說教」，反對「總是怕流血」的現象〔註11〕，可見，「打破」和「流血手段」是這時郭沫若思考得出的兩大關鍵詞。

這兩個關鍵詞在自身書生氣質的影響下，逐漸形成了郭沫若自己獨特的「革命」理想。開始思考革命是郭沫若思想中發生變化的一方面，然而，還

〔註6〕張慰慈：《革命》，《東方雜誌》，1928年第25卷第18期。

〔註7〕李怡：《詞語的歷史與思想的嬗變》，巴蜀書社，2013年版，第359頁。

〔註8〕沫若：《社會革命的時機》，《洪水》，1926年第1卷第10／11期。

〔註9〕沫若：《新國家的創造》，《洪水》，1926年第1卷第8期。

〔註10〕郭沫若：《創造十年》，現代書局，1932年版，第202～207頁。

〔註11〕沫若：《盲腸炎與資本主義》，《洪水》，1924年第1期。

有不變的一方面,那就是作爲文人的郭沫若所具有的書生氣質,這才是他思想中最穩定、最本質的一面,在其「革命」理想萌芽時期,他始終沒有遠離對文史哲的關注,沒有割斷與文藝界的交流,也沒有停止文學創作,翻譯《查拉圖司屈拉》、《卷耳集》等外國著作,出版《星空》等作品集,創作《聶嫈》以及大量小說和散文作品,「他歸根結底仍是一個文化人,這就決定了在他的人格氣質和理想中,豐富地蘊涵著知識分子的文化內涵」〔註12〕,郭沫若在治學方面涉獵廣泛,不僅對文學有濃厚興趣,在史學、哲學等領域也有建樹,但他並沒有因爲廣泛而深厚的學術素養而變得理性,相反,他一直是個感情衝動的人,當他得知袁世凱已經迫於壓力,同意簽署「二十一條」,立即寫詩表示「男兒投筆尋常事,\歸作沙場一片泥」,每次面對博多灣,他總是想起史書中的「弘安之役」,並產生「無限的敵愾」,路過自己的舊居時,故地重遊的感覺也能使他「淚浪滔滔」,並作《淚浪》一詩,到了 1924 年前後開始思考「革命」問題時,他依然感情衝動,在與孤軍派成員最初接觸並列席他們的討論會時所形成的「革命」觀點只是一群知識分子思想碰撞中閃現出來的火花,遠未觸及革命的實質,但即使沒有全面理性的認識和系統的理論學習,郭沫若仍然以此反對孤軍派成員們的觀點,譯完《社會組織與社會革命》一書之後,他立即聲稱「對於文藝的見解也全盤變了」,這種例子不勝枚舉,從中可以看到,文史知識豐富、浪漫感性和充滿激情是其書生氣質的突出表現,這些始終不變的因素制約著郭沫若對革命的思考,將「打破」和「流血手段」這兩個關鍵詞納入符合自身精神氣質的軌道,形成了具有書生氣的「革命」理想,主要表現爲在缺乏實踐的基礎上靠已有的文史知識想像革命,以及對革命過於感性化、簡單化的理解。

這種「革命」理想在他的詩集《前茅》中充分表現出來。這部詩集出版於 1928 年,共收詩 23 首,其中《暴虎詞》作於 1921 年,《黃河與揚子江對話》和《哀時古調》作於 1922 年,《太陽沒了》作於 1924 年,其餘均作於 1923 年,在這些詩中,強烈的革命情緒與濃厚的書生氣交織在一起,爲我們展現出一個剛剛開始嚮往革命的書生形象。

整部詩集充滿了戰鬥氣息,對革命的讚頌溢於言表。作者不僅借黃河揚子江的澎湃歌唱喊出了對中國革命的期待:「人們喲,醒!醒!醒!/已往的美與法——是十八世紀的兩大革命,/新興的俄與中——是二十世紀的兩大

〔註12〕韓雲波:《郭沫若歷史文學與士文化傳統》,《郭沫若學刊》,1992 年第 4 期。

革命。／二十世紀的中華民族大革命喲，快起！起！起！」而且還直抒胸臆，表達革命的決心:「進！進！進！／點起赤誠的炬火！／鳴起正義的金鉦！／張起人道的大纛！／撐起眞理的戈鋋！／進！進！進！／我們雖是孤軍，／我們有多少後盾。……進！進！進！／世如有無衣的男兒，／我們有戈矛贈你。／我們願攜手同行，／向著那魔群猛進！／進！進！進！／愁城中的人們喲，／請替我們喊叫三聲！」〔註13〕以及對戰鬥的嚮往:「我要左手拿著《可蘭經》，／右手拿著劍刀一柄！」通過對這部詩集的閱讀，我們還可以感受到郭沫若革命理想中存在對社會底層貧困勞動者的同情，他在詩中直言:「我赤著腳，蓬著頭，叉著我的兩手，／在馬路旁的樹蔭下傲慢的行走，／赴工的男女工人們分外和我相親。」並表示:「我這點沒有價值的淚珠／不敢作爲你們容恕我的謝禮，／我明天還要來陪伴你們，／要死我們便大家同死！」這種高揚的革命主題是其此前以《女神》爲代表的詩作中所不具有的，由此使《恢復》成爲「一部在錯綜複雜的形勢下探索和奮鬥的詩集，是一部喚呼革命和追求革命的詩集」〔註14〕，但在表達對革命的嚮往時，所具有的浪漫情懷卻與此前的作品沒有太大差別，仍然是那位詩人郭沫若在激情洋溢的釋放自己的情緒。

再從字面上深入下去，一般來說，革命是一件容不得任何幻想的社會活動，無論是多麼富有浪漫情懷的革命詩人，都要在詩作中充分表現現實鬥爭，緊緊圍繞當下革命狀況進行創作，很難想像一位具有革命理想的詩人在創作富有革命戰鬥精神的詩作時會脫離現實情況而進入傳說和典故中尋找素材，而通過閱讀《前茅》會發現，郭沫若就是這樣一位讓我們意外的詩人。雖然詩集中的作品在字面上大量表現當下的壓迫和不滿情緒，但作者的精神總是不由自主的往古代傳說和典故中鑽，這一點在《暴虎辭》和《哀時古調》中表現的非常明顯。《暴虎辭》創作於 1921 年，作者將它收入這部詩集中是因爲這首詩在精神上與其他作品相通，整首詩歌頌了李廣之孫禹反抗漢武帝的英雄故事，或許在郭沫若看來這是一種反抗既成權威的革命精神；另一首詩《哀時古調》在作者自己看來是「可以暗示出當時中國的大勢和我自己的心理」〔註15〕，詩

〔註13〕這幾段在 1928 年編入《前茅》時做了文字上的改動，本文用的是最初發表時的語句。

〔註14〕閻煥東:《鳳凰、女神及其他——郭沫若論》，中國人民大學出版社，1990 年版，第 315 頁。

〔註15〕郭沫若:《創造十年》，現代書局，1932 年版，第 212 頁。

中把當時中國的政客、軍閥以及社會陰暗面都通過相似的歷史人物和傳說故事曲折的表現出來，最後通過「陳涉、吳廣起田間」的典故傳達出「一躍便想把中國赤化了」的理想，但是這些傳說故事與現實的聯繫相當牽強，「自然只是一些歪詩」〔註16〕。這種通過古代英雄聖賢傳說表達革命理想的方式在其他詩作中普遍存在，陳勝吳廣、祝融共工、叔齊伯夷等名字頻繁出現，諸如對《己亥歲》、《秦風・無衣》之類關於古代戰爭詩作的化用也很容易找到，用這些傳說、典故和古詩句來詩化革命理想的寫作手法本身沒有問題，問題在於從《前茅》中完全看不到這些素材與現實革命的關係，作者只是找了一些能表示「打破」和「流血手段」的典型案例渲染「反抗」情緒，進而以此來想像革命，從這個角度來看，郭沫若實際是把革命等同於傳說中的英雄的反抗行為，仔細觀察可以發現，這些英雄人物大多來自《史記》，另外一些來自古代私塾教育的基本讀物，這些書都是郭沫若幼年時閱讀過的，尤其是《史記》，郭沫若自稱「很喜歡太史公的筆調」，其中所寫的古人的生活引起了他「無上的同情」〔註17〕，據此可以推測，1923年前後郭沫若的革命理想中充滿了自己從小在書本裏看到的暴力英雄行為。

　　不僅如此，我們還可以在《前茅》裏讀出濃重的仇富情緒，這在1923年所作的幾首詩中表現得尤其明顯，詩中所反抗的並不是軍閥和帝國主義列強，而是「富人」，詩中所出現的「資本家」、「商人」也只是「富人」的別稱。比如，《上海的清晨》寫道：「坐汽車的富兒們在中道驅馳，／伸手求食的乞兒們在路旁徙倚。／我們把伸著的手互相緊握吧！／……／血慘慘的生命呀，血慘慘的生命／在富兒們的汽車輪下……滾，滾，滾，……／兄弟們喲，我相信：／就在這靜安寺路的馬路中央，／終會有劇烈的火山爆噴！」《歌笑在富兒們的園裏》寫道：「你厚顏無恥的自然喲，／你只是在諂媚富豪！／我從前對於你的讚美，我如今要一筆勾消。」很明顯是在表示對富人的仇視，結合郭沫若此時的生活狀況可知，「畢業之後的郭沫若，雖說可以獨立行醫了，卻不能再繼續享受官費待遇。唯一固定的經濟來源斷絕之後，五口之家的生活一下子難以為繼」，回到上海之後，「生計亦不裕，或竟窘」〔註18〕，「四

〔註16〕郭沫若：《創造十年》，現代書局，1932年版，第212頁。
〔註17〕郭沫若：《我的童年》，《郭沫若全集・文學編（第11卷）》，人民文學出版社，1992年版，第92頁。
〔註18〕徐志摩：《徐志摩未刊日記（外四種）》，北京圖書館出版社，2003年版，第162頁。

川老家彙來的三百塊錢，是郭沫若唯一的財產，但這一點點錢要負擔一家五口的開銷根本就不夠」〔註19〕，他開始「勤奮地著譯，靠賣稿爲生」〔註20〕，然而，泰東書局始終不給他發放正式薪水，迫使他不斷去討要自己應得的報酬，每次討得的報酬僅夠維持幾天的生活，這種長時間「奴隸加討口子」的困頓生活必然導致郭沫若對以商人和資本家爲代表的富人的敵意。窮人對富人的敵意往往與反抗具有某種天然的聯繫，於是，仇富情緒與反抗情緒在詩中渾然交融，仇富成爲了反抗的起因，反抗成爲了仇富的必然結果，二者被郭沫若一併認爲是「革命時代的前茅」。如果說把革命簡單的理解爲暴力反抗是依據他自幼從書中讀到的知識，那麼，把仇富作爲革命的原因則來自於對窮困生活的抱怨，其中根本看不到理性思索的痕跡，純粹是一個以賣文爲生的窮困書生所逞的一時之氣，帶有濃重的感性化色彩。

從《前茅》中可以看到，1923 年前後，郭沫若的具有書生氣的「革命」理想過於簡單、幼稚，甚至可以說是象牙塔內的空談，要麼根據書本裏的傳說故事和史傳典故來想像革命，要麼由於自己生活困頓卻無能爲力而幻想革命，總之，是一個文人在毫無實踐經驗的基礎上對革命的簡單嚮往，這就導致《前茅》中的作品雖然體現出了強烈的革命精神，但是由於缺乏豐富的現實鬥爭體驗，革命精神顯得更像空中樓閣，加之個人生活情緒的混入，使作者對於「革命」的理解植根於個人生活，而非社會公共生活，所追求的是個人經濟困境的擺脫，而非整個社會環境的根本變革，過於淺化了「革命」應有的內涵深度，由此造成《前茅》顯得更像「粗暴的喊叫」，「比較空一些」〔註21〕，缺乏詩歌應有的內蘊。

二

1924 年底參加盧、齊之戰的戰禍調查，使郭沫若第一次親眼目睹了軍閥爭鬥的戰場，深刻感受到「兵士的兇殘」和「劫掠的本事」〔註22〕，認識到「在二十世紀的現在的中國，要想找一個爲萬眾人所詛咒的東西恐怕沒有比

〔註19〕黃曼君、王澤龍、李郭倩：《郭沫若傳》，人民出版社，2013 年版，第 58～59 頁。

〔註20〕黃侯興：《郭沫若正傳》，江蘇文藝出版社，2010 年版，第 52 頁。

〔註21〕郭沫若：《郭沫若同志答青年問》，《郭沫若研究資料（上）》，知識產權出版社，2010 年版，第 343 頁。

〔註22〕郭沫若、周全平調查，全平記：《四戰場西部兵禍記——宜興》，《孤軍》，1925 年第 2 卷臨時增刊。

得上軍閥的罷」〔註23〕；1925 年目睹「五卅慘案」，郭沫若親眼見到了上海工人、學生前往工部局為死難工友顧正紅請願、示威以及在南京東路老閘捕房前慘遭屠殺的情景，明白了「帝國主義實在是今日之大敵，我們要自救，則非打倒它不可」〔註24〕。通過這兩次經歷，郭沫若對當時中國軍閥混戰和受列強欺壓的社會狀況有了初步瞭解，其革命理想開始與社會現實相結合，逐漸理性化，瞭解了處於軍閥戰禍中的底層民眾的不幸，以及面對蠻橫列強時中國百姓的無助，並對革命對象有了明確的認定，從此，郭沫若積極參加各類革命實踐活動，進入國民革命運動的洪流中。

首先是參加了各類戰前準備工作。1926 年 1 月與惲代英、沈澤民等人聯名發起成立「中國濟難會」，5 月與陳啓修等人共同發起組織四川革命同志會，5 月中旬加入中國國民黨，曾在第六屆全國農民運動講習所做報告、在第六屆廣州農民運動講習所做教員、在北伐戰時政治工作人員訓練班做報告，通過這些活動，與毛澤東、周恩來、鄧演達、瞿秋白、蔣光慈、劉少奇、惲代英等革命者結識。其次，踏上北伐征途，戰鬥在最前線。進入國民革命軍總政治部後，他隨軍出征，多次穿越炮彈橫飛、死屍橫陳的戰地，露營汨羅江畔，跋涉崇陽山中，奔波咸寧道上，流血賓陽門外，一套藍布的軍裝「自從由長沙出發以後在山裏跑了幾天，已經骯髒得很有點程度；腳上一雙爛草鞋套在一雙綠色帆布膠皮鞋上，兩腳都已經被泥漿緊了」〔註 25〕，在攻打武昌城時自告奮勇地要求跟隨敢死隊督戰，多次身處險地，毫不退縮。第三，經歷了革命事業的挫折。當他看到蔣介石把屠刀伸向民眾和自己的同志卻不是敵人時，便憤然而作《請看今日之蔣介石》，以近乎失去理智的瘋狂口氣痛罵「蔣介石已經不是我們國民革命軍的總司令，蔣介石是流氓地痞、土豪劣紳、貪官污吏、賣國軍閥、所有一切反動派——反革命勢力的中心力量了」〔註 26〕，堅定的站在武漢國民政府一邊聲討蔣介石，從而由一個被國民革命軍總司令重點培植的親信徹底變為通緝犯，然而武漢國民政府對蔣介石一直採取妥協的政策，就使他陷入了進退維谷的境地，只能

〔註23〕郭沫若：《到宜興去》，《孤軍》，1925 年第 3 卷第 4 期。

〔註24〕郭沫若講，蕭韻記：《國際階級鬥爭之序幕》，《民國日報·覺悟》，1925 年 8 月 23 日。

〔註25〕郭沫若：《北伐途次》，《宇宙風》，1936 年第 22 期。

〔註26〕郭沫若：《請看今日之蔣介石》，《郭沫若全集·文學編（第 13 卷）》，人民文學出版社，1992 年版，第 129 頁。

在聽說南昌成立的國民黨革命委員會的名單上有他的名字時，穿過重重崗哨，坐著簡陋的手搖車，甚至遭到散兵的毆打，「從死亡線上掙脫了轉來」〔註27〕，到達南昌，加入處於敵我力量懸殊境地、生存極端困難的南昌起義部隊〔註28〕。

如果說 1923 年前後創作《前茅》時的郭沫若是在毫無實踐經驗的基礎上想像革命，那麼，戰爭的炮火硝煙和革命的坎坷挫折必然給了他理性的認識和思考，戰場上的幸存與死難，革命陣營裏的團結與背叛，各種人與事交織在一起，讓郭沫若看到了中國革命的真實狀況，尤其是國民革命運動後期的挫折與種種分化，更讓他感受到革命的艱難，不僅僅是「打破」和「流血手段」這兩個詞所能概括的。然而，在對革命的認識發生變化的同時，郭沫若的書生氣質依然是他思想中最穩定的一面，在艱苦的行軍途中總不乏觸景生情的詩作便是最突出的表現，行軍過汨羅江，他想起了屈原，於是「攬轡憂天下，投鞭問汨羅：／楚猶有三戶，懷石理則哪？」在隨南昌起義軍南下途中，雖然兵力薄弱、處境危險，但他依然豪情滿懷的寫下「一聲傳令笛，鐵甲滿關山」的詩句。正如研究者所言：「儘管郭沫若在 1926 年前後的北伐時期曾經投筆從戎，與政治開始了最初的結緣，但那之中不乏浪漫詩人與書生意氣的孟浪、衝動。」〔註29〕他可以不顧中將軍銜的身份自告奮勇地要求跟隨敢死隊督戰；還任憑自己感情的支配，對於一切講究「策略」的革命手段感到厭煩；甚至以「我是來革命的，不是來做官的」理由堅決辭退了委任狀，認為「革命不一定要做官，抱著革命的志趣的人無論到什麼地方，無論做什麼事情，一樣可以革命」。可見，其浪漫情懷和青春激情一直制約著他的「革命」理想，使他沒有放棄對革命的追求，依然「要反抗到底」，認為「革命的職業可以罷免，革命的精神是不能罷免的」〔註30〕，可見，這種具有書生氣的「革命」理想在此時主要表現為對革命的天真執著和始終充滿信心的樂觀精神，這在詩集《恢復》中可以得到解讀。

〔註27〕郭沫若：《南昌之一夜》，《郭沫若全集・文學編（第 13 卷）》，人民文學出版社，1992 年版，第 227 頁。

〔註28〕〔美〕費正清：《劍橋中華民國史（上卷）》，中國社會科學出版社，1994 年版，第 667 頁。

〔註29〕蔡震：《抗戰：郭沫若的不歸路》，《涪陵師範學院學報》，2006 年第 3 期。

〔註30〕郭沫若：《脫離蔣介石以後》，《郭沫若全集・文學編（第 13 卷）》，人民文學出版社，1992 年版，第 174 頁。

　　《恢復》出版於 1928 年，收錄的 24 首詩都寫於大革命失敗後白色恐怖最為嚴重的歲月裏，但這些作品都毫無動搖絕望的低迷情緒，而是表達了高亢的氣勢和對革命堅決的追求，從中透出來的不是革命者的堅強意志，而是文人的浪漫情懷。

　　詩集中充滿了信心和樂觀精神，既有對工人運動的謳歌：「然而上海的工友們畢竟英勇，／在這樣寒冷的天氣公然罷工；／罷了工，又還支持了三個禮拜，／我們上海的工人們實在是英雄。」又有對農民運動的讚頌：「可我們的農民在三萬二千萬人以上，／困獸猶鬥，我不相信我們便全無主張。／我不相信我們便永遠地不能起來，／我們之中便永遠地產生不出陳涉、吳廣！」還有對新的革命高潮的期待：「我所希望的是狂暴的音樂／由於輳轆的聲鼓聲浪宣天。／／或者如那浩茫的大海／轟隆隆地鼓浪而前，／打在那萬仞的岩頭，／撼地的聲音隨水花飛濺。」受新民主主義話語的影響，研究者歷來側重於將這高昂的情緒與郭沫若堅定的共產主義信仰聯繫起來，論述「一個渾身迸射著共產主義思想光芒的革命者」、「在無產階級世界觀指導下創作」，理由在於詩集中有許多讚頌工農運動和無產階級的內容，這自然是一種有道理的闡釋，但是，詩集中更多的內容與工農運動無關，所寫的是自我內心的掙扎與思鄉，這又如何理解呢？

　　回到國民革命時期的歷史場景中可以看到，當時的工農運動轟轟烈烈的展開，工人運動發展迅猛，「工會組織紛紛成立，工會會員激增到 280 萬人。在全國總工會的旗幟下，工會開展了政治、經濟、軍事的鬥爭，同時建立了自己的階級武裝——工人糾察隊」〔註 31〕，「農民運動以空前的規模發展起來，它有力地支持了北伐戰爭；北伐戰爭的勝利，又大大推動了全國農民運動的迅猛發展」，〔註 32〕我們有理由相信，《恢復》中對工農運動的讚美是基於現實工農運動書寫的，是在表達對這些運動的內心感受，並非基於自己的信仰有意頌揚無產階級，其中透露出來的是郭沫若對革命鬥爭的密切執著的關注，結合他當時的遭遇來看，他當時至少處於兩重困境中，首先是病重，患斑疹傷寒住院治療，其次是被通緝，「1927 年 5 月 6 日，國民黨中央執行委員會致函國民政府，提出開除郭沫若國民黨黨籍，並通電嚴緝歸案懲辦。國

〔註 31〕 劉繼增、毛磊、袁繼臣：《武漢政府時期工人運動中的「左」傾錯誤》，《江漢論壇》，1981 年第 4 期。

〔註 32〕 周興旺：《北伐戰爭時期農民運動探析》，《北京師範學院學報》，1991 年第 5期。

民政府於 5 月 10 日行文至各軍兵種軍部和各省省政府發佈捉拿郭沫若的通緝令」〔註 33〕，在這樣的情況之下，病床上的郭沫若依然堅持追蹤革命動向，身居病室而心在前線，甚至在詩裏直接反映出這種關注：「租界與華界都是非常的戒嚴，／聽說上海的工人們快要暴動，／聽說南京方面也快引起戰爭，／又是太陽與太陽的甚麼內訌。」「罷了三禮拜的電車已經復了工，／我想那街上的人一定歡喜；／但在這長時期的罷工期間／工人方面不知道又出了多少悲劇。」基於對現實鬥爭的關注，在詩中表達了革命必勝的信心，充斥著樂觀的鬥爭精神，這正是他對革命天真執著的表現。然而這時的郭沫若由於疾病纏身和遭受通緝，已經無法直接參加鬥爭，內心的寂寞無助漸漸滋生，於是，他開始「述懷」，開始借《關雎》來表達內心的孤獨，開始思念「峨眉山上的白雪」、追懷「巫峽的回憶」，開始夢見昔日的坎坷經歷、紀念殉難的戰友，開始表達對親人的懺悔，但對革命的執著追求並沒有讓他消沉下去，他頻繁吼出高昂的情緒，在這類詩中屢屢出現的諸如「祖國的呼喚有無限的引力，／我不能不為解放前進，為群眾犧牲」，「我如今就好像囚在了群峭環繞的峽中──／但我只要一出了夔門，我便要乘風破浪」，「我今後的半生我相信沒有什麼阻撓，／我要一任我的情性放漫的引領高歌。／我要喚起我們頹廢的邦家、衰殘的民族，／我要歌出我們新興的無產階級的生活」等等句子充分反映出他對革命充滿信心的樂觀精神。至此可見，郭沫若自己所謂的創作《恢復》時「詩興的連續不斷的侵襲」完全可以視作孤獨無助卻又壯心未泯的心態，我們據此彷彿看到了一個身處困境卻感時憂國的文人形象，在那段革命低潮時期，許多作家在作品中表現出了迷茫和幻滅感，而郭沫若浪漫、激情的書生氣質卻讓他在《恢復》中展現出當時少有的革命樂觀精神和激昂格調。

當然，郭沫若在《恢復》中表達自己的樂觀情緒時，語言口語化和口號化嚴重，類似「在工人領導之下的農民暴動喲，朋友，／這是我們的救星，改造全世界的力量」、「我們有一天翻了身的時候呀，／無論你什麼個太陽都要打倒」這樣的詩句比比皆是，這直接降低了詩作的藝術水平，使詩歌的美感大打折扣，然而，我們對於這一現象還應該抱以諒解之心態，在郭沫若的回憶文章中有一個細節值得注意：「我睡在床上，把一冊抄本放在枕下，一有詩興，立即拿著一支鉛筆來記錄，公然也就錄成了一個集子。那便是曾經出

〔註 33〕黃侯興：《郭沫若正傳》，江蘇文藝出版社，2010 年版，第 73 頁。

版而且遭過禁止的《恢復》了。」〔註34〕從中可知，這些作品是「大病後，在臥榻上不能睡覺因而流出來的東西」〔註35〕，身體虛弱的狀態下，思維肯定沒有那麼活躍，語言表達難免膚淺，這一點自然不必說，在此情況下，由於郭沫若的心仍在前線，處於這種鬥爭激情中，他幾乎不可能靜下心來認真雕琢詩句，「一有詩興，立即拿著一支鉛筆來記錄」就反映了這種狀態，不僅如此，這一細節還傳達出更深一層信息，即這部詩集所記錄的是郭沫若從內心深處迸發出來的情緒，是一種自我感受的即時表露，而非一直以來所認爲的「無產階級的戰歌」，作爲一位執著追求革命的知識分子，被病魔和通緝令束縛住手腳，無法在鬥爭中一顯身手，其心中的鬱結會是多麼難解，將這種鬱結發而爲詩，是郭沫若當時唯一能做的事，從這個角度來看，詩中口語化、標語化的語句實際是作者在一腔革命激情無法釋放的情況下自我情緒的宣泄，噴湧而出，使作者無暇雕琢，也是病中的作者所無力雕琢的，這也從一個側面展現出作爲文人的他對革命的浪漫追求。

三

綜觀郭沫若這段戎馬生涯，從剛剛開始對革命進行思考，到走上戰場戰鬥在革命的最前線，再到理想受挫、被迫停止革命活動，雖然對革命的認識不斷變化並逐漸深入，但其作爲一個文人，骨子裏的書生氣始終不變，它一直制約著郭沫若對革命的思考和認識，使其「革命」理想始終具有濃厚的書生氣，這在《前茅》和《恢復》兩部詩集中充分展現出來，從中我們能讀到的，並非一位充滿共產主義理想的馬克思主義者和無產階級戰士，而是一介書生的單純幼稚和激情執著，這絕非貶低郭沫若，而是根據史實與作品的對照閱讀來客觀評述，從中反映出來的是具有獨特精神氣質的個體，這對於正確認識郭沫若是有意義的，同時，這個個體的獨特精神氣質又帶有那個時代知識分子的某種普遍性，在那個充滿激情的年代裏，一批熱血沸騰的青年知識分子懷著自己的革命理想自覺投入到實際運動中去，「受過『五四』潮流震蕩的人，青年以及中年，紛紛投身於國民革命」〔註36〕，正由於他們的加入，

〔註34〕郭沫若：《跨著東海》，《郭沫若全集·文學編（第13卷）》，人民文學出版社，1992年版，第313頁。

〔註35〕郭沫若答，蒲風問：《郭沫若詩作談》，《現世界》，1936年第1卷第1期。

〔註36〕羅家倫：《從近事回看當年》，《黑雲暴雨到明霞》，1943年重慶，第69頁。轉引自《五四運動史》，〔美〕周縱策著，陳永明等譯，第356頁。

使得革命軍「槍與筆聯合起來，所以到處如入無人之境」〔註37〕，回過頭來看他們當年的所作所為，無不透著中國文人自古以來的感時憂國之氣，以文人特有的精神氣質，矢志不移的致力於中國革命。

〔註37〕無名：《從南北到東西》，《現代評論》，1927 年第 6 卷第 131 期。

國民黨員茅盾的革命「留別」
——兼及《子夜》對汪精衛與國民黨改組派的「想像」

妥佳寧（北京師範大學）

　　作爲三十年代重要的左翼代表作家，茅盾於 1981 年 3 月 27 日去世。4 月 1 日的《人民日報》刊登了一條消息《根據偉大的革命作家生前的請求及其一生的表現黨中央決定恢復沈雁冰黨籍黨齡從一九二一年算起》，這條新聞下面附錄了 3 月 14 日茅盾臨終前口述的一封信，信中稱「如蒙追認爲光榮的中國共產黨員，這將是我一生的最大光榮。」〔註1〕與 3 月 14 日茅盾口述的另一封向中國作協捐獻稿費設立長篇小說文藝獎金的信相比〔註2〕，茅盾的黨籍問題在當時似乎比後來的「茅盾文學獎」更爲引人注目。

　　早在革命文學提出之初，阿英已把茅盾小說解讀爲大革命的政治史〔註3〕，儘管茅盾一生與共產革命的糾葛〔註4〕，以及早期小說中革命加戀愛

〔註 1〕　韋韜、陳小曼：《我的父親茅盾》，瀋陽：遼寧人民出版社，2004 年，第 71 頁。

〔註 2〕　沈衛威：《茅盾》，南京：江蘇文藝出版社，1999 年，扉頁。

〔註 3〕　錢杏邨：《〈動搖〉》，《太陽月刊》第 7 期，1928 年 7 月 1 日。

〔註 4〕　〔美〕陳幼石著：《茅盾〈蝕〉三部曲的歷史分析》，北京：社會科學文獻出版社，1993 年。另見〔美〕陳幼石著，姜靜楠譯，楊恩堂校：《茅盾小說中政治諷喻的運用：〈枯嶺之秋〉的實例研究（節譯）》，《山東師大學報（哲學社會科學版）》，1984 年第 3 期，第 60～64 頁；〔美〕陳幼石著，杜運通譯：《〈幻滅〉與 1927 年大革命》，《天中學刊》，1996 年第 2 期，第 39～41、78 頁；張立國、孫中田：《論〈動搖〉的歷史眞實》，《文學評論叢刊》第 17 輯，1983 年 7 月；梁競男：《〈動搖〉中的國民革命敘事之細讀》，《中國現代文學研究叢刊》，2010 年第 4 期，第 66～75 頁；張廣海：《論茅盾與革命文學派圍繞小

形式與時代女性之間的關係〔註5〕，早已爲研究者多所關注。然而，在探討所謂「脫黨」問題與大革命失敗的關係時，卻很少有人注意到曾經作爲國民黨黨員的茅盾，如何參與並最終告別了國民革命，又如何脫離國民黨。若要考察茅盾在國共合作之際的革命活動〔註6〕，更需瞭解國民革命前大批中共早期黨員的脫黨風潮，以及革命「失敗」後茅盾與國民黨左派之間複雜的關係，甚至《子夜》中茅盾對國民黨改組派的戀戀不捨〔註7〕。並由此觀察茅盾及其代表作品究竟在何種意義上構成左翼文學的典範。

一、中共早期黨員的脫黨風潮

　　茅盾 1927 年脫黨，之後曾四次「與恢復黨籍擦肩而過」〔註8〕，出於主觀的或客觀的各種原因，直到臨終前始終未能恢復黨籍。而茅盾早在 1920 年就參加上海共產主義小組，甚至早於中共「一大」。

　　1919 年尚未從事創作並使用筆名「茅盾」的沈雁冰，在上海商務印書館開始逐步革新《小說月報》。「五四」運動後，陳獨秀因散發傳單被捕關押三個月，保釋後仍被監視，亦辭去北大職務，無法繼續安身北京。故於 1920 年潛裝赴滬，約見陳望道、李漢俊、李達和茅盾商談滬版《新青年》。這是茅盾

資產階級問題的論爭》，《浙江大學學報（人文社會科學版）》，2011 年第 6 期，第 181～189 頁。

〔註 5〕陳建華：《「革命」的現代性——中國革命話語考論》，上海：上海古籍出版社，2000 年；陳建華：《革命與形式——茅盾早期小說的現代性展開 1927～1930》，上海：復旦大學出版社；楊聯芬：《女性與革命——以 1927 年國民革命及其文學爲背景》，《貴州社會科學》，2007 年第 10 期，第 92～100 頁。

〔註 6〕李廣德：《茅盾大革命時期在武漢的活動》，《中國現代文學研究叢刊》，1984 年第 1 期，第 191～210 頁；張廣海：《茅盾與革命文學派的「現實」觀之爭》，《中國現代文學研究叢刊》，2012 年第 1 期，第 16～31 頁。

〔註 7〕日本學者桑島由美子曾注意到茅盾與國民黨左派的關係，首先提出「《子夜》的問題是大革命時期的矛盾的延長」，卻認爲「《子夜》是爲了批判托洛斯基而寫的」。見〔日〕桑島由美子著，袁暎譯：《茅盾的政治與文學的側面觀——〈子夜〉的國際環境背景》，《中國現代文學研究叢刊》，1995 年第 3 期，第 215～227 頁。

〔註 8〕韋韜、陳小曼：《我的父親茅盾》，瀋陽：遼寧人民出版社，2004 年，第 68～70 頁。據家人所知，1931 年與瞿秋白在上海，1940 年在延安「魯藝」，茅盾都曾主動提出恢復黨籍，未獲批准；而早在 1928 年在東京，晚至 1959 年在北京，雖也都曾有機會獲批恢復黨籍，茅盾卻未主動提出申請。另見丁爾綱：《「有點幻滅」但「並沒動搖」——重新解讀 1927 年頃茅盾的思想與創作》，《紹興文理學院學報》，2003 年第 3 期，第 31～39 頁。

第一次見到陳獨秀。這年 5 月陳獨秀組織了馬克思主義研究會，商討建黨事宜，並在上海出了《新青年》八卷一號。8月，陳獨秀、李漢俊、俞秀松、施存統等正式成立了中國最早的共產黨，後來被稱爲「上海共產主義小組」。研究系成員張東蓀和戴季陶也參加了第一次會議，隨即退出。1920 年 10 月，由李達、李漢俊介紹，茅盾加入上海共產主義小組，與邵力子同時成爲最早的黨員之一〔註9〕。

值得注意的是，中國共產黨的建立除了共產國際的推動之外，從一開始就與邵力子等許多國民黨重要成員具有密切的聯繫。不僅是茅盾這些早期黨員在共產革命與國民革命的交錯之中曾有過脫黨經歷，即便是參與組建上海共產主義小組的大部分「元老」，後來也選擇了另外的道路。李漢俊、陳望道、施存統、俞秀松、沈玄廬等莫不如此。

其中李漢俊（1890～1927）對茅盾的影響，尤其值得注意。李漢俊留學日本期間結識戴季陶和沈玄廬，開始接觸日本的社會主義研究，1918 年回國後在上海向董必武等宣俄國革命。1919 年 6 月戴季陶、沈玄廬等倣傚北京的《每周評論》，在上海創辦《星期評論》，李漢俊成爲核心成員〔註 10〕。1920年施存統與俞秀松居滬，與戴季陶一同參與陳獨秀的「馬克思主義研究會」。同年李漢俊將一本馬克思經濟學通俗讀本的日文譯本，以《馬格斯資本論入門》之名轉譯爲中文，並在譯者序中肯定了戴季陶對考茨基所著《馬克斯資本論解說》的翻譯之功〔註 11〕。

茅盾與李漢俊因工作關係日漸相熟，對李十分欽佩。1920 年底陳獨秀離滬期間，李漢俊代理陳獨秀在「黨」內的書記職務，陳望道代編《新青年》，常拉李漢俊與茅盾寫稿。1920 年 12 月，茅盾在李達主編的秘密刊物《共產黨》上翻譯了《美國共產黨宣言》等四篇譯文〔註 12〕。而 1921 年 11 月，李漢俊翻譯的日本學者平林初之輔的《民眾藝術底理論和實踐》發表在《小說月報》第 12 卷第 11 號上，可說是最早的馬克思主義文學理論譯介。李漢俊的哥哥李書城，是創建同盟會的元老，中共「一大」即在李書城上海法租界寓所召開，

〔註 9〕 茅盾：《複雜而緊張的生活、學習與鬥爭（上）——回憶錄（四）》，《新文學史料》，1979 年第 4 期，第 1～15 頁。

〔註 10〕 田子渝：《李漢俊》，石家莊：河北人民出版社，1997 年。

〔註 11〕 馬爾西著，遠藤無水譯，李漢俊轉譯：《馬格斯資本論入門·譯者序》，出版者不詳，1920 年，第 2～4 頁。

〔註 12〕 P 生（譯）：《美國共產黨宣言》，《共產黨》，1920 年第 2 期，第 30～46 頁。

由李漢俊等負責籌備。中共「一大」後陳獨秀回上海就任總書記，茅盾代商
務印書館聘陳爲館外名譽編輯，陳則在自己寓所召開中央支部每周例會，後
遭法租界巡捕房查抄。支部例會有時便在茅盾寓所召開，茅盾任中央聯絡員，
以商務印書館編譯所爲各地支部聯絡中央的秘密通信地址。

然而中共「一大」的籌備者李漢俊，1923 年 5 月 5 日卻在北京寫信給中
共中央宣佈脫離共產黨。關於李漢俊脫黨的原因，蔡和森、馬林等人有不同
說法〔註13〕。而茅盾的回憶顯然對李漢俊仍保有認同：「李漢俊與陳獨秀、張
國燾，也與國際代表，在建黨問題上意見分歧，李的知識分子的高傲氣質很
重，檢視個人的獨立見解，對一切聽從國際代表的做法，很不以爲然；爭論
結果，就負氣脫黨回武漢去了。」〔註14〕到 1927 年國民革命期間茅盾在武漢
國民政府的國民黨湖北省黨部任職，作爲國民黨員的李漢俊同在武漢任湖北
省政府教育廳長。寧漢合流之際，早已脫離共產黨的李漢俊，卻因其國民黨
左派立場，遭桂系軍閥殺害。中共中央機關刊物《布爾什維克》第 11 期上發
表了《冤哉枉也李漢俊》，對 1924 年已將他除名之事做出說明〔註15〕。

事實上 1923 年有意脫黨的不止李漢俊一人，這一輪脫黨風潮還涉及陳望
道等建黨元老。陳望道原爲中共上海地方執委會委員長，因不滿陳獨秀而辭
職，後即寫信聲明退黨。1922 年 10 月私立東南高等師範學校學潮趕走校

〔註13〕對此，田子渝根據臺北中國國民黨黨史館發現的李漢俊 1927 年 9 月 10 日親
筆填寫的《湖北改組委員會職員登記表》第 4 條「自加入共產黨或共產主義
青年團起至脫離或被開除之經過秘密情況詳細報告」，及蔡和森 1926 年 2 月
10 日的《關於中國共產黨組織和黨內生活向共產國際的報告》等史料，進行
了對比考證。見田子渝：《對李漢俊脫黨與被開除黨籍的歷史考察的辨正》，《黨
史研究與教學》，2007 年第 5 期，第 85～89 頁。另見田子渝：《李漢俊》，石
家莊：河北人民出版社，1997 年，第 156～159 頁。

〔註14〕茅盾：《我走過的道路》（上），北京：人民文學出版社，1997 年，第 199 頁。
這段回憶錄最初在《新文學史料》上發表時，文字與《我走過的道路》有較
大出入，原文爲「『一大』後張國燾是中央組織部部長，他大權在握，任用私
人，儼然自封爲中央書記，李漢俊跟他鬥爭，十分激烈。張國燾濫用職權，
開除了李的黨籍。李漢俊就回武漢去了……」見茅盾：《複雜而緊張的生活、
學習與鬥爭（上）——回憶錄（四）》，《新文學史料》，1979 年第 4 期，第 5
頁。除 1981 年收入《我走過的道路》時作者本人修改外，1997 年出版社再版
時還依史料進行了校勘。

〔註15〕1926 年 7 月，李漢俊經過董必武介紹加入國民黨，1927 年 12 月 17 日，李漢
俊被桂系軍閥給他戴上「共產黨」紅帽子將其殺害，見田子渝：《對李漢俊脫
黨與被開除黨籍的歷史考察的辨正》，《黨史研究與教學》，2007 年第 5 期，第
87～88 頁。

長，改名上海大學，請于右任爲校長，邵力子等人將之創辦成爲國共最早的
合作大學。隨後鄧中夏任總務長，陳望道任中文系主任，瞿秋白任社會學系
主任，鄧中夏命茅盾請商務印書館周越然兼任英文系主任。茅盾自己則在中
文系教小說研究，併兼任英文系的希臘神話課程。曾在《星期評論》社工作
過的楊之華來滬就讀，加劇了沈玄廬對某些問題的意見。沈玄廬從家鄉蕭山
寫長信給邵力子轉交陳獨秀表示脫黨，而邵力子亦表示脫黨，故由茅盾轉交
該信。

　　1923 年 7 月 8 日召開了上海黨員全體大會，宣讀了中共三大的關於國
共合作的決議，開始號召共產黨員以個人身份加入國民黨。茅盾當選國民
運動委員會的委員長，專門負責與國民黨合作革命事宜。8 月 5 日，中央委
員毛澤東參加上海地方兼區執委會第六次會議，首次見到茅盾。而討論的
議題之一就是挽回邵力子、沈玄廬、陳望道等的退黨意圖，派茅盾去勸說。
結果未能挽回陳望道，而邵力子、沈玄廬雖暫時挽回，但不久後也各自脫黨
〔註 16〕。

　　不難發現，許多中共早期黨員的脫黨，不僅與某些黨內生活方式有關，
還往往與這些黨員的另一重政治身份密切相關，即國民黨黨籍。有些原本就
是國民黨甚至同盟會成員，而另一些則大多是在國共早期合作中加入了國民
黨，後來又有了更進一步的選擇。簡單的「脫黨」一詞，已經很難描述種種
不同的政治選擇。

二、國民革命與共產革命的交錯

　　1923 年 11 月國民黨發表改組宣言，1924 年初，國民黨一大召開，正式
開始國共合作。同時設立國民黨上海執行部，組織部、宣傳部、工農部部長
分別由胡漢民、汪精衛、于右任等國民黨高層擔任，分任其秘書的則是毛澤
東、惲代英、邵力子等共產黨員。而茅盾作爲中共上海執委委員，爲邵力子
編上海《民國日報》副刊《社會寫眞》，事物繁忙，故向執委會提出辭呈，通
過後仍暫任執委會秘書兼會計〔註 17〕。

　　1925 年孫中山逝世，國民黨一屆四中全會即西山會議在北京召開，通過

〔註 16〕茅盾：《文學與政治的交錯──回憶錄（六）》，《新文學史料》，1980 年第 1
　　　　期，第 165～182 頁。
〔註 17〕茅盾：《文學與政治的交錯──回憶錄（六）》，《新文學史料》，1980 年第 1
　　　　期，第 165～182 頁。

了《取消共產黨員的國民黨黨籍宣言》，並於上海環龍路四十四號另建「國民黨中央執行委員會」。對此，被「開除」國民黨黨籍的共產黨員惲代英，組建國共兩黨合作的「國民黨上海市特別黨部執行委員會」，惲代英為主任委員兼組織部長，茅盾任宣傳部長，並被上海市國民黨黨員大會選為代表，於 1926 年 1 月赴廣州參加國民黨二大。會上汪精衛被選為國民政府主席兼宣傳部長，毛澤東任代理宣傳部長。會後茅盾留在廣東在國民黨中央宣傳部任秘書，由汪精衛統轄，直接受毛澤東領導，並居住在毛澤東寓所，代毛澤東編輯國民黨政治委員會的機關報《政治周報》。1926 年 2 月 16 日，毛澤東稱病外出考察之際，茅盾代理國民黨中央宣傳部各項事務，並赴汪精衛家宴。中山艦事件中，汪府遭蔣介石派兵包圍監控。茅盾回滬前再去汪精衛府上辭行，即將下臺的汪精衛對茅盾不無感慨。4 月茅盾回滬後仍任國民黨中央宣傳部的秘密機關──上海交通局主任〔註 18〕，負責廣州國民黨中央與上海及北方的文件往來等事務〔註 19〕，曾擬借助交通局經費，在上海《民國日報》之外，另辦中共黨報《國民日報》，未果。同時兼任國民黨上海特別市黨部主任委員，並與汪精衛保持通信。

　　1926 年 10 月北伐軍攻克武漢，廣州國民政府遷往武漢。1927 年初茅盾被派往中央政治學校武漢分校任政治教官，4 月開始接替高語罕編輯漢口《民國日報》。漢口《民國日報》名義上是國民黨湖北省黨部機關報，但報社社長為董必武，總經理為毛澤民，編輯部還有宋雲彬等人，其宣傳內容由中共中央宣傳部確定，與國民黨新任宣傳部長顧孟餘控制的武漢《中央日報》，分別成為兩黨各自中宣部的喉舌〔註 20〕。

〔註 18〕 茅盾：《中山艦事件前後──回憶錄（八）》，《新文學史料》，1980 年第 3 期，第 1～14 頁。

〔註 19〕 1927 年 7 月國民黨上海特別市清黨委員會在上海中共機關查獲茅盾所留國民黨中央上海交通局「各省通訊留底二十三本、書籍無數、支款存根四本」，8 月 14、15 日在《申報》刊登《上海特別市清黨委員會披露中國共產黨操縱上海本黨幹部之真憑實據──在沈雁冰日記中檢出》。詳見包子衍：《國民黨清黨委員會公佈的有關沈雁冰的幾則材料──為茅盾「回憶錄」提供片斷的印證及補充》，《新文學史料》，1990 年第 1 期，第 205～212、146 頁。

〔註 20〕 徐義君：《沈雁冰主編〈漢口民國日報〉期間的思想述評》，《浙江學刊》，1983 年第 1 期，第 77～81 頁；金芹：《論茅盾在漢口〈民國日報〉社的活動和思想》，《鄭州大學學（報哲學社會科學版）》，1986 年第 3 期，第 36～41 頁；曾曙華：《茅盾主持時期的〈漢口民國日報〉》，《新聞大學》，1997 年第 1 期，第 69～70 頁。

就在茅盾接任漢口《民國日報》總主筆的同時，已經被排擠到海外的汪精衛，於 1927 年 4 月從法國經莫斯科回滬，與蔣就「容共」╱「清共」問題談判未果，遂以國民政府主席身份獨自與陳獨秀發表《國共兩黨領袖汪兆銘、陳獨秀聯合宣言》，堅持國共合作，並赴武漢主持國民政府。「四‧一二」之後，蔣介石在南京另成立國民政府，寧漢分裂。汪精衛再次成爲國民黨左派和共產黨共同擁護的領袖。

汪蔣之爭，一時之間也就成爲對國民革命話語權的爭奪。早在 1925 年 8 月，針對戴季陶的《國民革命與中國國民黨》一書〔註 21〕，瞿秋白於就撰寫了《中國民革命與戴季陶主義》，9 月發表於《嚮導》周刊社出版的《反戴季陶的國民革命觀》一書中。雙方就國民革命的性質與目的，分別從側重「民族主義」的角度和側重「民權」、「民生」的角度，予以各自的解說。而汪蔣之爭，則成爲對新三民主義、三大政策及國民革命性質的理論爭奪的政治體現。在國民革命隨著北伐一同推進的進程中，農民運動「過火」的問題，令地主出身的許多北伐將領惱怒，例如，唐生智的部下湖南三十五軍軍長何健的父親就曾被拉遊街。汪精衛的及時歸來與寧漢對立，「把本來已經尖銳化的工農運動『過火』問題暫時壓了下去。《漢口民國日報》整版整版地刊登討伐蔣介石、號召東征的消息和文章。」〔註 22〕而汪精衛作爲國民政府主席，也不斷發表文章用三民主義討論怎樣建設「非資本主義」而又「不是和俄蘇一樣」的國家〔註 23〕。武漢作爲國民革命的中心，在左右之爭中度過了最後三個月。而作爲「跨黨分子」的茅盾，則在共產革命與國民革命的交錯中，度過了一段最爲緊張而熱烈的革命經歷。並有范志超、黃慕蘭等年輕美麗的革命女性時常來家中與他的夫人講述革命中的浪漫故事。這也成爲茅盾日後創作靈感的重要源泉。

4 月 27 日中共五大召開，決議繼續土地革命但保護小地主和革命軍人的土地，並發佈了《中國共產黨宣言》，提出「農民革命是與國民革命不可分開的」。對此，汪精衛以國民黨中央執委會名義發表三道訓令，「一方面是整理已發展的工農運動，一方面是切實領導工商業者進一步更密切的加入革命戰

〔註 21〕戴季陶：《國民革命與中國國民黨》，上海：大東書局，1929 年版。

〔註 22〕茅盾：《一九二七年大革命──回憶錄（九）》，《新文學史料》，1980 年第 4 期，第 1～15 頁。

〔註 23〕汪精衛：《我們要建設怎樣的國家》，1927 年 7 月 7 日，引自恂如：《汪精衛集》第三卷，上海：光明書局，1930 年，第 145～155 頁。

線」〔註24〕，將國民革命定性爲工農與工商業者、小地主、革命軍人的聯合。漢口《民國日報》的「緊要新聞」版必須刊登國民黨中央執委會、國民政府、軍事委員會的各種布告、命令、訓令，以及國民黨要人的講話，並與之配合撰寫社論〔註25〕。5月20日、21日、26日，茅盾分別就汪精衛的訓令撰發表了三篇社論《鞏固工農群眾與工商業者的革命同盟》、《工商業者工農群眾的革命同盟與民主政權》、《整理革命勢力》，表達了對汪精衛所闡釋的國民革命的認同：「中央執行委員會屢次宣言，國民革命的目的在建立工商業者與工農群眾的民主政權」〔註26〕；「但是因爲工農運動的突飛進展之故，使工商業者疑慮不安，因而自惑國民革命這偉大事業中，乃沒有他們的份兒，甚至形成工農階級與工商業者中間的裂痕，影響及於工農階級與工商業者在革命戰線內的同盟，這也是事實，不容諱言者。」〔註27〕茅盾在社論中將聯合左右，整理革命勢力，作爲「我們的出路」：「中央執行委員會最近的三個關於整理革命勢力的訓令，就是實現民主政權的大路」〔註28〕。

而漢口《民國日報》並無記者，新聞都由各地工會、農協供稿，刊登大量罷工與土地革命的新聞，涉及許多所謂「過火」問題。茅盾不僅在當時以社論的方式表達了對汪精衛「同盟」說的認同，而且在後來的小說創作《動搖》中「描寫主人公方羅蘭陷身武漢政府裏左右翼分子的鬥爭裏」〔註29〕，也採用了這些「不能披露的新聞訪稿」〔註30〕，「不贊成店員對於店東的激進做法，更反對店東與反動派勾結，希望工商業者與工農一起成爲革命的同

〔註24〕 雁冰：《我們的出路》，漢口《民國日報》，1927年5月23日。引自茅盾：《茅盾全集》第十五卷，北京：人民文學出版社，1987年，第377頁。

〔註25〕 茅盾：《一九二七年大革命——回憶錄（九）》，《新文學史料》，1980年第4期，第1～15頁。

〔註26〕 雁冰：《工商業者工農群眾的革命同盟與民主政權》，漢口《民國日報》，1927年5月21日。引自茅盾：《茅盾全集》第十五卷，北京：人民文學出版社，1987年，第369頁。

〔註27〕 雁冰：《鞏固農工群眾與工商業者的革命同盟》，漢口《民國日報》，1927年5月20日。引自茅盾：《茅盾全集》第十五卷，北京：人民文學出版社，1987年，第367頁。

〔註28〕 茅盾：《茅盾全集》第十五卷，北京：人民文學出版社，1987年，第366～368、369～371、378～379頁。

〔註29〕 王德威：《歷史與怪獸：歷史‧暴力‧敘事》，臺北：麥田出版社，2004年，第73頁。

〔註30〕 茅盾：《從牯嶺到東京》，《茅盾全集》第十九卷，北京：人民文學出版社，1991年，第183頁。

盟。」〔註31〕。

而這最後的同盟，卻在夏斗寅叛變與長沙「馬日事變」，以及共產國際《關於中國問題之決議》（五月指示）的不斷衝突中走向破滅。6 月汪精衛與馮玉祥的鄭州會議，預示著曾經的容共領袖終於走向分共〔註32〕。等待跨黨分子的是留在國民黨內同禮送出境之間的抉擇。

三、對國民革命的「留」與「別」

眾所周知，1927 年 7 月底茅盾奉命經九江去南昌，卻停滯廬山牯嶺，直到 8 月中旬才下山，牯嶺成為茅盾政治生命與文學生命的重要轉折點。密謀的南昌起義在當時無疑是敏感問題，無論是通訊稿還是小說創作抑或作家筆談，都很難直接表現這一主題；而滯留廬山的脫黨事件，更使得茅盾在 1949 年以後的回憶錄中不得不對某些實情有所避諱。這一事件在民國時代與共和國時代各具不同的敏感性，成為一個歷史謎題，引得後來無數研究者對當事人種種撲朔迷離的表述做出不同揣測。

在汪精衛和平分共的背景下，身處武漢的眾多共產黨員或跨黨分子，開始向南昌大規模聚集準備進一步的秘密行動〔註33〕。茅盾 1927 年 7 月 8 日寫完最後一篇社論《討蔣與團結革命勢力》〔註34〕，給汪精衛寫信辭掉漢口《民國日報》的工作，同毛澤民、宋雲彬、于樹德一起隱蔽在武漢的法租界，並收到汪精衛的回信挽留。

而就在同時，1927 年 7 月 7 日國民黨上海特別市清黨委員會在上海中共機關查獲「藤箱一隻，內藏去年跨黨分子提取款項支票存根簿四冊、中央交通局各省通信留底全部、汪精衛致沈雁冰函三通、日記數冊、其他共產黨書籍不計其數」，即為茅盾留託上海的公私文件。南京國民政府於 1927 年 8 月 11 日《申報》第 13 版刊登《清黨委員會破獲共產黨秘密機關經過》，特別公

〔註31〕 梁競男：《〈動搖〉中的國民革命敘事之細讀》，《中國現代文學研究叢刊》，2010
年第 4 期，第 66～75 頁。

〔註32〕 汪精衛：《武漢分共的經過（在中大演說）》，《生路》，1927 年第 34 期，第 25
～36 頁。

〔註33〕 高利克據《牯嶺之秋》而知茅盾離開武漢赴九江目的是「治病」，茅盾 1960
年對高利克該文的批註「在當時只能說『治病』，其實是革命到南昌集中」，
見高利克著，茅盾批註：《茅盾傳略》，《現代中文學刊》，2013 年第 4 期，第
8 頁。

〔註34〕 茅盾：《討蔣與團結革命勢力》，《茅盾全集》第十五卷，北京：人民文學出版
社，1987 年，第 412～414 頁。

佈汪精衛之名，以顯示作爲武漢國民政府主席的汪精衛「通共」，蔣派企圖藉此攻擊汪派〔註35〕。

7月23日，茅盾與《民國日報》社的宋雲彬，以及宋敬卿一同乘日輪「襄陽丸」從武漢赴九江，輪上遇到兩位革命女性〔註36〕。24日到九江，五人仍是「同住一旅館」〔註37〕。25日兩位女性離去，茅盾與二宋上牯嶺，寫了通訊稿《雲少爺與草帽》，記述他和宋雲彬到九江上山的見聞，寄給武漢孫伏園發表於《中央日報》副刊。26日遊廬山，又給孫伏園寫了一篇通訊稿《牯嶺的臭蟲——致武漢的朋友們（二）》，此後滯留牯嶺〔註38〕。恰逢汪精衛等7月底赴九江上廬山開會討論其所謂「與共產黨分手」即和平分共問題〔註39〕。茅盾留在山中翻譯西班牙柴瑪薩斯小說《他們的兒子》並寫了作家評傳〔註40〕；遇到漢口舊識革命女性范志超，還訪過另一位被他稱爲「雲小姐」的患病女士〔註41〕。8月9日寫了一首「情詩」《我們在月光底下緩步》〔註42〕。八月中旬與范志超一同下山乘船回滬。其中8月12日作詩《留別》

〔註35〕 包子衍：《國民黨清黨委員會公佈的有關沈雁冰的幾則材料——爲茅盾「回憶錄」提供片斷的印證及補充》，《新文學史料》，1990年第1期，第205～212、146頁。

〔註36〕 茅盾：《幾句舊話》，載《創作的經驗》，上海：天馬書店，1933年，第49～57頁。

〔註37〕 玄珠：《雲少爺與草帽》，武漢《中央日報》副刊，1927年7月29日第22號，載《茅盾全集》第11卷，北京：人民文學出版社，1986年，第47～50頁。

〔註38〕 雲彬：《沈雁冰（茅盾）——「作家在開明」之二（節錄《人物雜誌》第八期）》，《開明》，1947年第2期，第3～6頁。另外，在這篇人物雜記中宋雲彬承認他就是茅盾小說《牯嶺之秋》中雲少爺的原型，「雖然不免寫得誇張一點，大體還近乎事實」。

〔註39〕 1927年7月31日，汪精衛在九江寫了《敬告江西民眾》：「我們今日只有兩條路：一是忍心將國民黨賣與共產黨，一是與共產黨分手；前一條路，我們萬萬不可行的，我們只有行後一條路。」載恂如：《汪精衛集》第3卷，上海：光明書局，1930年，第159頁。

〔註40〕 沈餘：《柴瑪薩斯評傳》，《小說月報》第18卷第8號，1927年8月，第27～29頁；柴瑪薩斯著，沈餘譯：《他們的兒子》，《小說月報》第18卷第8號，1927年8月，第30～47頁；柴瑪薩斯著，沈餘譯：《他們的兒子》，《小說月報》第18卷第10號，1927年10月，第50～62頁；薩馬科伊斯著，沈餘譯：《他們的兒子》，上海：商務印刷館，1928年。

〔註41〕 茅盾：《從牯嶺到東京》，《小說月報》第19卷第10號，1928年6月，第1138～1146頁。

〔註42〕 玄珠：《我們在月光底下緩步》，《文學周報》第5卷第18期，1927年12月，第563～564頁。

告別「雲妹」，寄給孫伏園發表在 8 月 19 日《中央日報》副刊第 146 期上：

　　雲妹：半磅的紅茶已經泡完，

　　五百枝的香煙已經吸完，

　　四萬字的小說已經譯完，

　　白玉霜、司丹康、利索爾、哇度爾、考爾辦、班度拉、硼酸粉、

白棉花，都已經用完。

　　信封，信箋，稿紙，也都寫完，

　　矮克發也都拍完，

　　暑季亦已快完，

　　遊興早已消完，

　　路也都走完，

　　話也都說完，

　　錢快要用完，

　　一切都完了！完了！

　　可以走了！

　　此來別無所得，

　　但只飲過半盞「瓊漿」，

　　看過幾道飛瀑，

　　走過幾條亂山，

　　但也深深地領受了幻滅的悲哀！

　　後會何時？

　　我如何敢說！

　　後會何地？

　　在春申江畔？

　　在西子湖畔？

　　在天津橋畔？〔註 43〕

早在當年，就有阿英等批評家注意到了這首詩和它背後對革命的幻滅感
〔註 44〕，後人遂將此詩與茅盾 1927 年 8 月滯留廬山脫黨一事相聯繫〔註 45〕。

〔註 43〕茅盾：《留別》，《茅盾全集（補遺）》（上），人民文學出版社，2006 年，第 257
　　　　頁。

〔註 44〕在「革命文學」論爭中，阿英最早注意到這首詩的「幻滅」感，直接針對茅

另一首《我們在月光底下緩步》也被認爲有特定情緒的流露〔註 46〕。更有學者對照多份當事人回憶資料，及茅盾在牯嶺所寫作品，重新考察茅盾盧山行跡〔註 47〕。這裡無意對這首詩中諸如「雲妹」是否眞有其人，或「四萬字的小說」是否《他們的兒子》等本事再做考據。亦不想根據 1928 年的《從牯嶺到東京》或 1933 年的《幾句舊話》等作家筆談，來對作者本意再做更多闡釋。更不打算從 1933 年刪節發表的小說《牯嶺之秋》中的「疲倦」表述〔註 48〕，來「索隱」茅盾的滯留究竟是有心還是無意。然而，作爲詩歌創作者的「詩人」茅盾本人所表達的，與詩歌文本中隱含的書寫者所流露的，並不一定完全吻合。當歧義紛紛呈現時，除了探尋原作者本意之外，或許亦可將作品本身視爲某種情結的象徵。而對這「超越」作者本意的文本意義的探尋，未始不是在本事之外發掘更深層面文學情感的一種有效視角。

從這個意義上講，無論雲妹是否實有其人，這首寫於牯嶺的詩恰成爲茅盾革命情結的最奇妙象徵。詩中留別對象究竟象徵何事，令眾多研究者產生無限探究趣味。正是茅盾滯留牯嶺導致的脫黨後果，令後人紛紛猜想其留別對象爲共產黨或共產革命。卻絕少有人注意到國民革命及國民黨左派對茅盾的意義，已經書寫「完」的未嘗不是轟轟烈烈的國民革命，值得留別的未始不可爲國共已逝的蜜月期。

盾爲自己辯護的《從牯嶺到東京》，於 1929 年 1 月寫了長文《從東京回到武漢》，有意揭示茅盾革命立場的動搖。見錢杏邨：《從東京回到武漢──讀了茅盾〈從牯嶺到東京〉以後》，見伏志英編：《茅盾評傳》，上海：現代書局，1932 年第二版，第 255～314 頁。

〔註45〕王德威：《歷史與怪獸：歷史・暴力・敘事》，臺北：麥田出版社，2004 年，第 19～20 頁。

〔註46〕對這兩首詩，丁爾綱有不同看法，根據《從牯嶺到東京》和《幾句舊話》，認爲「雲妹」確有其人，是一位患有肺病的舊識，而《我們在月光底下緩步》盡是一首情詩。見丁爾綱：《「有點幻滅」但「並沒動搖」──重新解讀 1927 年頃茅盾的思想與創作》，《紹興文理學院學報》，2003 年第 3 期，第 31～39 頁。

〔註47〕張廣海：《茅盾與革命文學派的「現實」觀之爭》，《中國現代文學研究叢刊》，2012 年第 1 期，第 16～31 頁。

〔註48〕小說中雲少爺問老明爲什麼滯留盧山不肯走，老明不予解釋：「我好想一件消失了動力的東西，停在哪裏就是哪裏了。疲倦！你總懂得罷！我不是鐵鑄的，我會疲倦。我不是英雄，疲倦了就是疲倦，用不到什麼解釋。」見茅盾：《牯嶺之秋：一九二七年大風暴時代一斷片》，《文學》，1933 年第 3 期，第 371～379 頁；第 5 期，第 752～761 頁；第 6 期，第 922～925 頁。

詩中情人感慨「一切都完了！完了！」可轟轟烈烈的南昌起義剛剛開始，無論南下撫州山區與否〔註49〕，都不預示著新的革命必定「完了」。究竟是什麼完了？遊興已盡，路也都走完，話也都說完，一切緣分都到了盡頭。情人分手，其實真正「完了」的是雙方的盟誓。曾經的工農與工商業者聯盟，曾經的國共合作，如今徹底走向「過火」與「反革命」的左右兩極。「完了」的，要「別」的，是此前的革命，而非此後新的開始。

然而「分手」的情人之間彷彿仍有不捨，依然惦記著「後會何時」、「後會何地」，而這個「後會」之約並未在革命中實現，卻在茅盾日後的文學創作中不期而至。「我如何敢說！」正是文學創作，令這不可言說的隱秘情感得以流露。所謂「留別」，固然是「別」，卻仍「留」著無限眷戀。

無論怎樣的回憶史料或自我辯白，作為「真實」的證據，其實都不及作品本身更為可信。如果說幻滅、動搖而又追求的《蝕》三部曲與《虹》，都是國民革命的直接呈現，《野薔薇》也顯示了革命者的心理結構，甚至小說《創造》都暗含著革命衝動，那麼從日本歸來後對1930年代中國金融與實業之衝突加以展現的《子夜》，又是否與國民革命或國民黨左派完全無關？作為國民黨員的茅盾，「脫黨」之後以文學書寫的這份革命「留別」，究竟是「留」還是「別」？

四、《子夜》對國民黨改組派的再次期許

儘管自《子夜》出世以來，重重疊疊的評論與作者的事後說明，都認為小說的主要創作意圖，是表現民族資產階級在買辦資產階級的擠壓下，無力通過發展民族資本主義來救國的困境。但借助讀者對主人公吳蓀甫自然產生的理解之同情與共鳴體驗，《子夜》在實業與金融之間分明表達了實業家對金融界的不滿。隱藏在吳趙兩派背後的政治立場分歧，卻因小說本身多維度的歷史敘事，與後來讀者特定時代的特定解讀視角，一再為眾多研究者忽視。

1930年茅盾從日本回到上海，在表叔盧鑒泉的公館及交易所中見聞頗多，構想了「都市三部曲」──《棉紗》、《證券》、《標金》，10月將最初設想

〔註49〕〔美〕陳幼石著：《茅盾〈蝕〉三部曲的歷史分析》，北京：社會科學文獻出版社，1993年。另見〔美〕陳幼石著，姜靜楠譯，楊恩堂校：《茅盾小說中政治諷喻的運用：〈枯嶺之秋〉的實例研究（節譯）》，《山東師大學報（哲學社會科學版）》，1984年第3期，第60～64頁。

寫成三個記事珠，涉及「中國金融資本的得利及工商業之倒閉」：一方面「中國金融資本家」、「完全是買辦階級化身」；另一方面「中國的工業家也難以自存」〔註50〕。

1931 年茅盾「重新構思寫出了一個《提要》和一個簡單的提綱」，《提要》首先寫了小說的主要人物，主要是「兩大資產階級的團體」：「吳蓀甫為主要人物之工業資本家團體」（包含周仲偉、朱吟秋等）和「趙伯韜為主要人物之銀行資本家團體」（包括韓孟翔、杜竹齋等）。以及「介於此兩大團體間的資產階級分子」。《提要》介紹了「他們的政治背景」，說「工業資本家傾向改組派（即汪精衛派）」〔註51〕，而「銀行資本家中，趙伯韜是蔣派」。不僅是中原大戰局勢影響著交易所的公債價格，蔣派與改組派更成為金融資本家與實業家較量時各自所藉重的勢力。

所謂改組派，正式的名稱是「中國國民黨改組同志會」。寧漢合流後政局動蕩，作為國民黨左派的汪精衛再次遭到排擠。除了此前和平分共放任南昌起義之外，汪精衛甚至在粵桂對峙時因中共突然發動廣州起義而被稱為「準共產黨」。1928 年 5 月陳公博創辦《革命評論》，6 月顧孟餘、王樂平創辦《前進》雜誌，強調「恢復 1924 年國民黨改組精神」，標榜回歸孫中山三民主義，將汪精衛奉為領袖。事實上，早在國民革命時期，1927 年 7 月汪精衛就在武漢接連發表了《我們要建設怎樣的國家》、《夾攻中之奮鬥》等文章：「國民黨不是一階級的黨，而是一切被壓迫民眾聯合起來的黨，其革命之目的，在使國民得到革命的共同利益」〔註52〕。這種對國民革命的定性和對國民黨的定位，是針對當時蔣派與共產黨激烈的左右衝突，結合工農與工商業者聯盟的訓令，提出了「不左不右」的路線，既主張反帝（英美）卻又不附庸於共產國際（蘇）。

改組派的影響頗廣，尤其在青年學生中間一時風行。改組派上海總部實

〔註50〕茅盾：《〈子夜〉最初構想──記事珠》，載茅盾：《茅盾作品經典》第 1 卷，北京：中國華僑出版社，第 507 頁。

〔註51〕在茅盾該《提要》手跡上，原文「工業資本家傾向改組派」之後，並無「即汪精衛派」幾個字，這四個字是在《提要》原文旁茅盾用另一支粗筆標注的，標注顯然與《提要》的原文撰寫不是同一次完成。粗筆修訂與《提要》手跡上的細筆刪改也不是同一時間完成的。見茅盾：《子夜（手跡本）》，北京：中國青年出版社，1996 年，第 448 頁。

〔註52〕汪精衛：《夾攻中之奮鬥》，載恂如：《汪精衛集》第三卷，上海：光明書局，1930 年，第 164～168 頁。

際負責人是王樂平，「改組思想其它宣傳家如王法勤、朱霧青、潘雲超、許德珩、施存統、劉侃元、蕭淑宇、黃惠平，有的是青年運動的領袖，有的是創報辦刊的行家裏手。繼《革命評論》、《前進》之後，《夾攻》、《民意》、《檢閱》、《急轉》、《革命道路》等應運而生。」〔註53〕國民黨改組派中有施存統等大批中共早期黨員，和茅盾一樣，多是在共產革命與國民革命的交錯之中成為「跨黨分子」而後「脫黨」的。其中王樂平被蔣刺殺，成為了1930年政治新聞的焦點，蔣派遭到各大報刊一致聲討其破壞基本的民主政治。而上述《提要》「總結構之發展」的第三條，就是「夾雜著政治上的與交易所中之種種陰謀，此兩大資產階級團體之鬥爭尖銳化到極點，且表面化，因而發生了暗殺及假借政治力量（趙勾通政治勢力將以勾通改組派之罪通緝吳蓀甫）等等醜劇。」〔註54〕

非常值得注意的一點，是汪精衛及改組派對實業與金融的態度。在1930年中原大戰期間，改組派在北平召開「中國國民黨中央黨部擴大會議」，即「北方擴大會議」，在馮、閻、桂軍閥的支持下另立國民黨中央〔註55〕。汪精衛擬在會上提出《經濟政策及財政政策草案》，提出「興辦生產事業」、「保障產業和平」、「發展農業並改良農村經濟生活」、「整理金融和幣制」、「獎勵移植」的經濟政策。有趣的是，其中「整理金融和幣制」不僅要創設國家銀行、實行金本位制，還明確規定「托拉斯及交易所的應受國家嚴格監督。」〔註56〕

《子夜》當中吳蓀甫作為實業家，與趙伯韜這些金融資本家不僅是在交易所中較量，兩者之間更有著對實業與金融關係的不同看法與立場分歧。小說第三章各色人等聚集吳府葬禮，陳君宜、朱吟秋、周仲偉等實業家交相訴苦「金融界看見我們這夥開廠的一上門，眉頭就皺緊了。但這也難怪。他們把資本運用到交易所公債市場，一天工夫賺進十萬八千，真是稀鬆平常」。金融界對實業的不支持甚至掣肘，被唐雲山解讀為蔣汪兩派代表不同階層利益

〔註53〕陳四新：《國民黨改組派思想風行一時的原因》，《汕頭大學學報（人文科學版）》，1994年第2期，第73～79頁。

〔註54〕茅盾：《子夜（手跡本）》，北京：中國青年出版社，1996年，第451頁。

〔註55〕陳進金：《另一個中央：一九三〇年的擴大會議》，《近代史研究》，2001年第2期，第101～129頁。

〔註56〕汪精衛：《經濟政策及財政政策草案》，《國聞周報》，1930年第7卷第35期，第1～4頁。

而有不同政策：「所以我時常說，這是政治沒有上軌道的緣故。譬如政治上了軌道，發公債都是用在振興工業，那麼金融界和實業界的關係就密切了。就不會像目前那樣彼此不相關，專在利息上打算盤了。然而要政治上軌道，不是靠軍人就能辦到。辦實業的人——工業資本家，應該發揮他們的力量，逼政治上軌道。」〔註57〕

唐雲山立刻利用機會來替他所服務的政派說話了。他一向對於實業界的大小老闆都是很注意，很聯絡的；即使他的大議論早就被人聽熟，一碰到有機會，他還是要發表。他還時常加著這樣的結論：我們汪先生就是竭力主張實現民主政治，真心要開發中國的工業；中國不是沒有錢辦工業，就可惜所有的錢都花在軍政費上了。也是在這一點上，唐雲山和吳蓀甫新近就成了莫逆之交。

儘管主人公吳蓀甫的政治立場並不能代表小說作者茅盾的態度，但是將《子夜》中實業家對金融界以及代表金融資本家利益的蔣政府的態度，與茅盾在國民革命時期寫於武漢《民國日報》的社論相比較，就不難發現茅盾本人對汪派振興實業政策的認可〔註58〕：

> ……但是事實上，國民黨早就有發展工商業的計劃，曾屢次宣言國民黨是要「造產」，又發展商農協會，以謀商人團結起來，謀他們自身的利益，不過國民黨對於那些不是真真工商業者的大地主和買辦階級是不幫助的，因為大地主和買辦階級是帝國主義這和軍閥的代理人，他們就是剝削工商業者的人。

吳蓀甫之所以成為汪精衛改組派的支持者，正是由於改組派對工商業的支持。而蔣派依靠金融資本支撐，由於軍費難支，蔣以南京中央政府名義發行了大量公債。僅 1929 年 1 月至 1930 年 4 月，就發行了「賑災公債」、「裁兵公債」、「續發捲煙稅國庫券」、「關稅庫券」、「編遣庫券」、「收回廣東粵漢鐵路公債」、「關稅公債」、「交通部電政公債」、「捲煙稅庫券」等 9 項單筆上千萬元的公債，而用作擔保的則是「捲煙統稅」、「關稅收入」等。其中的「關稅庫券」4,000 萬元、「裁兵公債」5,000 萬元和「編遣庫券」7,000 萬元〔註59〕，

〔註57〕茅盾：《子夜（手跡本）》，北京：中國青年出版社，1996 年，第 63 頁。

〔註58〕雁冰：《工商業者工農群眾的革命同盟與民主政權》，漢口《民國日報》，1927 年 5 月 21 日。引自茅盾：《茅盾全集》第 15 卷，北京：人民文學出版社，1987 年，第 370 頁。

〔註59〕千家駒：《舊中國公債史資料》，北京：中華書局，1984 年，第 370 頁。

數額巨大而漲跌難料,就被恐慌者戲稱為「棺材邊」。吳、趙分屬不同政治派別,某種程度上影響到了他們在投機市場上的行動,對中原大戰期間中央政府(蔣派)發行的公債,趙常看好而喜作「多頭」,吳則總不看好而喜作「空頭」。在《子夜》現存分章大綱的結局第十九章中,趙伯韜要用政治力量取締吳蓀甫等,而「杜姑太太勸蓀甫不要和汪派攪在一起」〔註60〕。金融投機的背後是政治立場的差異,卻也未必不是政治投機。

另一方面,上述《提要》當中涉及罷工中的工賊及黃色工會,其中就有「屬於黃色工會中之改組派者」和「屬於改組派而不在黃色工會中」的工賊。黃色工會是被資本家收買而軟化工人的工會組織。而茅盾「在構思《子夜》時反覆想到的」一些問題,1931年10月寫入了《中國蘇維埃革命與普羅文學之建設》,發表於當年《文學導報》第八期,其中就指出普羅文學必須反對閉門造車的描寫,「我們必須從工廠中赤色工會的鬥爭,左傾與右傾機會主義兩條戰線上的鬥爭,黃色工會的欺騙,黃色走狗的個人權利的衝突,改組派的活動,取消派的出賣勞工利益;就是要在這樣複雜的事態中,提出其中嚴重的問題,運用唯物辯證法的分析,透過表面而觀察其本質,由此獲得寫作的題材。」〔註61〕事實上,共產國際執委會給中共中央的信中一直出「大多數赤色工會,還沒有成為群眾組織。黃色工會和國民黨工會底影響還是很大。國民黨『改組派』,在黃色工會裏的影響特別大(在北方)。」〔註62〕

眾所周知,《子夜》寫作過程中茅盾接受了瞿秋白的部分修改意見。1931年4月茅盾告訴瞿秋白「現正在寫長篇小說,已草成四章,並把前數章的情節告訴他」。瞿秋白對茅盾前四章手稿和原大綱「談得最多的是寫農民暴動的一章,也談到後來的工人罷工。寫農民暴動的一章沒有提到土地革命,寫工人罷工,就大綱看,第三次罷工由趙伯韜挑動起來也不合理,把工人階級的覺悟降低了。」〔註63〕此後茅盾根據瞿秋白的建議重新寫了分章大綱。

而很少有人注意到的是,《子夜》現存大綱手稿後幾章的序號經過塗改,

〔註60〕 茅盾:《子夜(手跡本)》,北京:中國青年出版社,1996年,第486頁。

〔註61〕 轉引茅盾:《「左聯」前期──回憶錄〔十二〕》,《新文學史料》,1981年第3期,第81~104頁。

〔註62〕 轉引自周長明,樊銳:《試論國民黨改組派與中國共產黨》,《自貢師專學報》,1990年第2期,第26~31頁。

〔註63〕 茅盾:《《子夜》寫作的前前後後──回憶錄〔十三〕》,《新文學史料》,1981年第4期,第1~18頁。

將原來甚長的第十三章分爲了三部分，相當於各爲一章（即十三、十四、十五）。把原來已經詳寫裕華絲廠罷工的第十三章，更大地擴充成了三個章〔註64〕。最明顯的效果就是突出罷工運動在小說內容中所佔的比重。這無疑會使小說描繪的重心發生偏移，向一部資本家與工人鬥爭的階級問題記錄傾斜。

事實上，茅盾並不是接受了瞿秋白建議後才開始寫罷工的，早在最初設想《記事珠A——棉紗》中，就已經詳細設計了受煽動的罷工，和女工領袖被廠方設計離間的情節。茅盾之所以要寫罷工，並不只爲了專門寫資本家與工人之間簡單的階級矛盾，還要突出黃色工會在其中的複雜作用，這無疑又涉及到與之有密切關係的國民黨改組派。故而茅盾所寫的由趙伯韜煽動的罷工，很難符合瞿秋白作爲共產黨宣傳家的要求，卻展現了茅盾自己對蔣汪間不同政治立場的複雜理解。

再看1927年5月茅盾爲汪精衛訓令專門撰寫的社論《工商業者工農群眾的革命同盟與民主政權》：「現在我們應該大家明白反革命派的詭計陰謀了，工商業者和工農群眾都應該明白他們的共同敵人是帝國主義者和軍閥，他們才能得到共同的解放；他們尤其應該明白，工商業者要減輕自身的負擔，單在店員工人身上佔便宜是不行的，因爲工商業者在店員工友身上只占得一分的便宜，而帝國主義和軍閥卻要從工商業者身上剝削了十分去。」〔註65〕

實業剝削工人一分，金融卻又剝削實業十分，這樣也就不難理解茅盾爲何要在《子夜》中讓工商業者吳蓀甫同時在工廠罷工、交易所鬥法、托拉斯吞併這三條戰線上同金融買辦趙伯韜展開生死搏鬥了。趙伯韜的「工業托辣斯」以金融資本兼併工業，及其唆使罷工，和金融空轉套利而掣肘實業的描繪，都使《子夜》對工商業者和金融買辦對立關係的理解，成爲上述社論中茅盾所認可的汪氏政治理念最奇妙的文學展現。《子夜》的誕生，當年曾被視爲對「左聯」所謂「左而不作」之批評最好的回應，其實恐怕恰恰仍是「作而不左」〔註66〕。

〔註64〕茅盾：《大綱》，載茅盾：《子夜（手跡本）》，北京：中國青年出版社，1996年，第477～478頁。

〔註65〕雁冰：《工商業者工農群眾的革命同盟與民主政權》，漢口《民國日報》，1927年5月21日。引自茅盾：《茅盾全集》第十五卷，北京：人民文學出版社，1987年，第370～371頁。

〔註66〕原文「因爲做了忠實的左翼作家之後，他便會覺得與其作而不左，倒還不如

　　反之若貿然將《子夜》視作茅盾對汪精衛或國民黨改組派的簡單讚揚，
肯定是危險的。而阿英等人此前對《蝕》的尖銳批評，若繼續用於理解《子
夜》，在今天或許正可以成爲一種奇妙的洞見。反而是作者的不斷自我辯解與
立場再確認，及後世在左翼經典框架下層層疊疊的解讀，讓「經典」中隱含
的歧義難於完全呈現其精微之處。

餘　論

　　如果說《動搖》、《幻滅》、《追求》和《虹》等茅盾早期小說直接述及國
民革命而出現了大量工農運動，以及與國民黨左派相關的描述，是對作家眼
中耳中歷史的「自然主義」重現。那麼經歷了關於革命文學的論戰，因其所
描繪的小資產階級還不夠革命而受到批評之後，在《子夜》這樣的「左翼文
學代表作」當中，主人公對國民黨改組派即汪派的某種認同感，則很難說沒
有任何潛在情緒的流露。令人聯想到《留別》中的感慨：「後會何時？／我如
何敢說！」

　　儘管《子夜》寫成的 1933 年，國民黨改組派早已風流雲散，而國民革命
亦成爲昨日黃花，但《子夜》還是對 1927 年武漢國民政府的「聯盟」訓令，
以及 1930 年國民黨「北方擴大會議」上強調「托拉斯及交易所的應受國家嚴
格監督」的汪氏報告不無期許〔註67〕。

　　當然，汪精衛參與改組派未必是出於對總理遺願的尊重，或許只是又一
次政治投機。其實在國民革命時期的武漢，也並非只有茅盾一人追捧汪精衛，
而是蔣公開清黨屠殺背景下許多中共黨員共有的傾向，甚至是組織內的政策
導向，與中共五大的決議所倡。正如 1933 年茅盾「刪節」發表的小說《牯嶺
之秋》中國民黨員老宋對奔赴南昌的共產黨員主人公所說〔註68〕：

　　　　總是這一套！你們就喜歡擡人。先擡了張三，「革命領袖，革命
　　領袖」，喊得震天響，擡到半路上看看又不對了，你們就趕快丟掉張
　　三，去擡李四，又是「革命領袖，革命領袖」，到處亂嚷，現在半路

　　　　左而不作。而在今日之下，左而不作的左翼作家，何其多也！」見蘇汶：《「第
　　　　三種人」的出路》，《現代》，1932 年 10 月，第 776 頁。
〔註67〕小說第二章唐雲山就金融與實業關係發表上述汪派政治見解之前，已經與黃
　　　　奮、孫吉人擠在一張沙發榻上低聲密談「北方擴大會議」以及馮閻軍的戰略。
　　　　見茅盾：《子夜（手跡本）》，北京：中國青年出版社，1996 年，第 40 頁。
〔註68〕見茅盾：《牯嶺之秋：一九二七年大風暴時代一斷片》，《文學》，1933 年 12
　　　　月第 6 期，第 922～925 頁。

上看看李四也不行了，你們趕快再丟掉，再找第三個來攪罷？你們
這樣攪來攪去，「革命」就被你們送終了！

而當中共早就不再攪汪之際，茅盾卻依然對已經「分手」了的這位曾經的領
袖念念不忘。甚至瞿秋白這位在八七會議上與國民黨分手的中共領袖，也已
不再是領袖卻依然用共產革命的視域審視小說時，不僅要茅盾改寫罷工，更
要求描繪農村的暴動與土地革命，但茅盾自稱「關於農民暴動，由於我當時
連間接的材料都沒有，所以沒有按秋白的意見修改，而只是保留了游離於全
書之外的第四章。」〔註 69〕。可是茅盾在漢口《民國日報》天天觸及農民運
動「過火」的新聞材料，怎能說是不熟悉？恐怕他所認同的轟轟烈烈，並非
這種「過火」運動，而是另一種革命憧憬。與其說是汪派政策成爲了《子夜》
的期許，不如說是茅盾在《子夜》中再次「想像」了他理想中的國民革命，
以及那個被他一再認可的聯盟，甚至這聯盟中的另一種「騎士」英雄。而也
正是在《子夜》中，這一期許最終的徹底落空，英雄神話的朽腐，才使得作
爲國民黨員的茅盾，真正完成了其革命「留別」。

〔註 69〕茅盾：《回憶秋白烈士》，《茅盾全集》第 13 卷，北京：人民文學出版社，1986
年，第 445 頁。

巴蜀文化視野下的何其芳文學思想

王學東*（西華大學）

　　1912 年出生於四川萬縣（今重慶萬縣）涼風割草壩的何其芳，他四十多年的文學活動，在詩歌、散文和文學評論等領域都有著巨大的成就，成爲是現代文學的第二代代表性作家之一。他也是現代巴蜀的代表性作家之一，與郭沫若、巴金、李劼人、沙汀、艾蕪等人一起築建了現代四川文學的宏大殿堂，他們的創作有著共同的巴蜀地域特徵。

　　然而在現有「何其芳與巴蜀文化」的研究，一方面是集中於何其芳的早期創作，特是是以他的詩集《預言》和散文集《畫夢錄》爲探討中，來闡釋他與巴蜀文化的關係。同時另一方面，這些對於何其芳與巴蜀文化的關係研究，更多的是將何其芳的巴蜀文化因子限定在「西蜀《花間詞》」和「巴地三峽文化」這兩大基點之上：「何其芳帶有商標性質的作品——《預言》與《畫夢錄》……這些作品的藝術特徵包括字句雕琢、情感纖弱，溫情與穠豔是它的風格。從受巴蜀文化影響的角度來看，具體受巴地貶謫文化與民間竹枝詞影響，尤其受西蜀花間詞風影響甚大。」〔註1〕當然這些研究對我們理解何其芳與巴蜀文化的關係極爲重要，然而，由於這些研究缺少對何其芳與巴蜀文化關係的完整的、全局性的打量視野，就沒有呈現出一個完整的何其芳與巴蜀文化的有著怎樣的關係，由此也難以審視巴蜀地域文化對於現代作家的複雜而又重要的意義。

　　本文即使嘗試性地對何其芳與巴蜀文化之間的關係做一個全面的論述，

---

* 王學東（1979～），文學博士，西華大學人文學院副教授、碩士生導師。主要研究中國新詩、四川作家。
〔註1〕顏同林：《何其芳與巴蜀文化》，《貴州社會科學》，2007 年第 6 期。

並在巴蜀文化視域之下重新理解何其芳文學思想，以及何其芳文學思想的獨特性。

一

對於每一個作家來說，地域文化、鄉土文化始終是他們成長和創作所割捨不掉的一個重要支撐點。一個作家面對的並不是一個抽象的中國，感受到一種抽象的中國文化，而是在一個眞實的鄉土、眞實的社會人文風俗之中成長。所以，一個作家題材的選擇、意象的營構、氣質的表達，與他的地域文化是密切聯繫在一起的。乃至於他對自我、人生、社會和世界的認識，都有著地域文化的深深印跡。何其芳的成長和創作過程之中，巴蜀地域文化、萬縣鄉土文化就有深深地影響著何其芳。

（一）關注巴蜀人

何其芳是一個典型的巴蜀作家，他有著強烈的巴蜀情懷。在他的作品，出現了一系列的巴蜀人物。他以不同的方式，或以平實的手法記錄了他們的存在，或動情地關注他們的靈魂，或展示出他們獨有的個性精神，這一個個的巴蜀人物形象，構築出了現代巴蜀人的精神世界。

自古文宗出巴蜀，何其芳不僅僅是喜愛花間詞，對花間詞人情有獨衷，而且他對整個巴蜀偉大作家也是無比讚美。他作品中時時提到了巴蜀同鄉文人揚雄、司馬相如、李白、蘇東坡，以及長期居於四川的杜甫，展現了何其芳對巴蜀文化傳統的強烈關注。如何其芳造就關注過巴蜀文豪司馬相如，有一篇文章記載到，「以『相如題橋』爲題，……其芳在時限內果然寫成了一篇千多字的文章……事後，我問到他有關司馬相如的一些事，他向我介紹了這位漢代辭賦家的《子虛》、《上林》等賦，他說相如能夠寫出較好的賦，並決定在文學方面有所作爲，這一點是可取的。」〔註2〕在這些詩人之中，李白、杜甫，是何其芳常常歌詠的重要詩人，其中一個原因就與他們都與何其芳的故鄉三峽有關。何其芳幼年讀書之處「太白書院」，相傳就是李白在此結廬讀書。據譚文興、楊君昌考證「李白兩次出峽與三次到萬州」〔註3〕：該文提大

〔註2〕何海若：《何其芳瑣憶》，《何其芳研究專集》，成都：四川文藝出版社，1983年，第121頁。
〔註3〕譚文興、楊君昌：《李白兩次出峽與三次到萬州》，《成都大學學報》，1993年第3期。

量的歷史記載：如宋王象之《輿地碑目》：「絕塵龕三字在西山上石壁，字畫瘦勁，類晉、宋間物，唐人題詠甚多。相傳李太白讀書於此，有『大醉西崖一局棋』之語。」明曹學佺的《萬縣西太白祠堂記》「縣西有太白岩，在西山，即絕塵龕也。……予謂太白讀書此岩中，宜有太白祠。」清顧祖禹《讀史方輿紀要》：「又縣西三里有西山，上有太白岩，以李白名岩，下有池，爲登臨之勝。」以及清修《萬縣志》有：「李白，字太白，彰明人，往來夔州，題詠甚多。萬邑西山名太白岩，相傳太白讀書於此，有『大醉西岩一局棋』之句。……後人於岩置祠以祀，明曹學佺有太白祠記。」這些史實，何其芳應該是極爲瞭解的。對於何其芳來說，李白不僅是巴蜀偉大的詩人，更是在他生活過的三峽土地上浪遊過的李白，這在感情上使得何其芳對李白有了更深的認同感。在 1976 年《雜詩八首》中《屈子》詠道：「屈子文章懸日月，謫仙歌詠俯瀛州，生前放逐難銷恨，身後喧爭猶未休。」而在「自注」中何其芳指出，「指對李白評價問題之爭論。自元稹尊杜貶李以後，對李白之評價迄無定論。今日看來，李杜雖各有獨創之處，就整個作品精神而論，李白畢竟更高一籌，他更藐視封建統治、封建秩序，與人民有更多有形無形聯繫，這種精神更接近人民，或可定矣。」〔註4〕在這裡，他絲毫不掩飾自己對李白的崇拜。1977年何其芳所作《蜀中紀遊》，分歌詠「諸葛祠」、「成都杜甫草堂」、「萬縣太白岩」。在詠《太白岩》詩二首，也有著對李白的謳歌，「萬州方志有瑕疵，不載才人鄭谷詩。蔥鬱山青環鬧市，飄零李白騁高祠。欺無腳力追前跡，空與成言待後期，如壁謫仙遊覽苑，草堂那可比雄奇。」李白所代表的巴蜀文化及其精神，始終是何其芳思想重要的精神之源之一。

杜甫也是何其芳用了時間和精力還思考和關注的重要作家。他曾有專門的「詠杜詩」：「文驚海內千秋事，家住成都萬里橋。山水無靈添嘯詠，瘡痍滿目入歌謠。當年草屋愁風雨，今日花溪不寂寥。三月海棠如待我，枝頭紅豔鬥春嬌。更重要的，何其芳對杜甫的關注，除了杜甫詩歌藝術的偉大之外，也在於杜甫於三峽結下了不解之緣。所以何其芳在其《憶昔》第二首中：「曾依太白岩邊住，又入岑公洞裏遊。萬里寒江灘石吼，幾杯旨酒曲池浮。」的「自注」中說，「杜甫晚年由成都至夔州，中經渝州、忠州、雲安（今四川雲陽縣），當亦經萬縣。唯集中無專詠萬縣景物詩，或未停留也。又，在雲安作

〔註4〕何其芳：《何其芳選集》第 1 卷，成都，四川人民出版社，1979 年，第 190 頁。

《長江二首》有句云：『眾水會涪萬。』《杜鵑》云『涪萬無杜鵑』。萬縣有杜鵑，杜甫或未聞其啼聲耳。」〔註5〕1962 年，何其芳關於詩歌藝術的長篇講稿《詩歌欣賞》，以「獻給愛好詩歌的同志們」。其重要內容是通過一些具體的詩歌作品，來討論如何欣賞詩歌，以提高對於詩歌鑑別力。具體操作過程中，何其芳選擇了三類詩歌來分析他心中的「好詩」。除開第一類「民歌」，在第二類古典詩歌中，他選的是唐代作品，有杜甫、李白、白居易、李賀、李商隱的詩歌作品，杜甫、李白是拍在首位的。在第三類是現當代詩人的詩歌，他選擇的詩人有郭沫若、聞一多、馮至、未央、聞捷。郭沫若不僅排在首位，而且他還用了一個章節來做全面分析，展示出了何其芳對於巴蜀作家的關注和尊重之情。

何其芳筆下所關注的巴蜀人，除了對何其芳創作有著重要影響的巴蜀作家之外，還有就是與何其芳自身成長經歷有關的巴蜀普通人。在何其芳的作品中，他以自己周圍的人群，來建構起了他所理解的現代巴蜀人的世界。這些人物有他的祖父、祖母、姑姑、姊妹、舅舅，也有他的老師、僕人。在《哀歌》中，他刻畫出了他家庭成員的喜怒哀樂。有他的姑姑，「最使我們懷想的是我們那些年輕的美麗的姑姑，和那消逝了的閨閣生活。呃，我們看見了蒼白的臉兒出現在小樓上，向遠山，向藍天和一片白雲開著的窗間，已很久了；又看見了纖長的，指甲上染著鳳仙花的紅汁的手指，在暮色中，緩緩地關了窗門。或是低頭坐在小凳上，迎著窗間的光線在刺繡，一個枕套，一幅門簾，厭倦地但又細心地趕著自己的嫁妝。嫁妝早已放滿幾隻箱子了。那些新箱子旁邊是一些舊箱子，放著她母親她祖母的嫁妝。在尺大的袖口上鑲著寬花邊是祖母時代的衣式。在緊袖口上鑲著細圓的緞邊是母親時代的衣式。都早已過時了。當她打開那些箱子，會發出快樂的但又流出眼淚的笑聲。」在這篇文章之中，他也為我們展示了他的一個博學的祖父，「我祖父是一個博學者，知道許多奇異的知識，又堅信著。誰要懷疑那些古老的神秘的知識，去同他辯論吧。而他已在深夜，在焚香的案前誦著一種秘籍作禳解了。誦了許多夜了。」……另外，他還在作品中細緻的刻畫出了其他的普通人生活狀態，深入地透視了他們的精神面貌。如《老人》中，就有對一個普通老僕人生活的記錄，「我想起了幾個老人：首先出現在我記憶裏的是外祖母家的一個老

〔註 5〕何其芳：《何其芳選集》第 1 卷，成都，四川人民出版社，1979 年，第 176 頁。

僕。……他是一個聾子。人們向他說話總是大聲地嚷著。他的聽覺有時也能抓住幾個簡單的字音，於是他便微笑了，點著頭，滿意於自己的領悟或猜度。他自己是幾乎不說話的，只是有時為什麼事情報告主人，他也大聲地嚷著，而且微笑地打著手勢。他自己有多大年紀呢，他是什麼時候到這古宅裏來的呢，無人提起而我也不曾問過。他的白髮說出他的年老。他那種繁多然而做得很熟練的日常工作說出他久已是這宅的僕人。」《私塾師》中對一個綽號「打鐵」私塾先生的刻畫，「右手執著長長的竹板子，臉因盛怒而變成猙獰可怕了……，而板子就落在那些瘦瘦的手指上，……一直打到破裂或折斷」。如果沒有對巴蜀大地獨特的情懷，何其芳怎麼能這塊土地上生活著的人有這樣眞切的展示？正是這樣的一些巴蜀普通人，不僅讓何其芳有了獨特的想像空間，也使他更好的理解了巴蜀大地。

（二）豐富的巴蜀意象

何其芳的文學創作不僅出現了大量的巴蜀人，體現出他的巴蜀情懷。而且他的創作，還大量是以故鄉、故土為創作題材。特別是「鄉土記憶」的凸顯，作品中豐富的巴蜀意象，這成為他創作中的一個重要特徵。

在何其芳的作品中，他經常回憶起故鄉，會時時想起故鄉。何其芳散文集《畫夢錄》、《還鄉雜記》中大多數篇章，正如他在《我和散文》中所說的，是對「家鄉的一角土地」展示。散文《弦》、《雨前》、《墓》、《岩》、《爐邊夜話》、《伐木》、《哀歌》、《貨郎》、《魔術草》、《鄉下》、《我們的城堡》、《私塾師》、《老人》、《樹蔭下的默想》，都是作者鄉土記憶、巴蜀意象的呈現。1936年何其芳回萬縣老家所創作的《還鄉雜記》，就明確表示是「抄寫過去的記憶」。《街》裏有「老舊的頹朽的童年記憶」這樣複雜的故鄉記憶；在《雨前》中，「我想起故鄉牧雛鴨的人了。」此時的故鄉，不僅是一個風景優美的地方，更是何其芳的理想生存之地。所以到了老年，何其芳也還一直試圖從故土之中去尋找自我的拯救之路。如《弦》，「我獨步在園子裏，走進一樹綠蔭下低垂著頭，突然記起了我的鄉土，當我從夢中醒來時，我深自驚異了，那是一顆很平常的槐樹，沒有理由可以引起我對鄉土的懷念，後來想，大概我在開始衰老了，已有了一點庭院之思吧。」這裡何其芳的故土，就更飽含著他自身所尋求的皈依向度了。《縣城風光》更是詳細地記錄他所生存著的故土情懷，「瀕長江上游的縣邑是依山為城：在山麓像一隻巨大的腳伸入長流的江水之間，在那斜度減低的腳背上便置放一圈石頭壘成的城垣，從江中仰望著臂

椅。……順江水東流而下，在離開了市廛不久但已聽不見市聲的時候，我們便發見一個長七里半寬三里的磧岸。鋪滿了各種顏色各種形狀的石子。白色的鵝卵。瑪瑙紅的珠子。翡翠綠的耳墜。以及其他無法比擬刻畫的琳琅。」直到 1958 年，何其芳還在《夜過萬縣》中歌詠，「憑著船上的欄杆，／我很想多看看它：／這是我的家鄉，／我吸它的奶汁長大。……憑著船上的欄杆，／一直到望不見這山城，／江面的紅綠燈標／好像在依依送人」何其芳筆下的故鄉，不僅僅只是一個曾經生活過的地方，而具有了多重意味的情感世界了。這些「還鄉記憶」，既展現了何其芳濃濃的思鄉之情，也無一不提示著何其芳與巴蜀大地的密切關係。

與此同時何其芳的的詩文創作，還呈現出了豐富的「巴蜀意象」，特別對巴蜀地域風光做了出細緻而深入的描繪和展示。如散文作品《哀歌》中，「我們已離家三年、四年、五年了。在長長的旅途的勞頓後，我們回到鄉土去了。一個最晴朗的日子。我們十分驚異那些樹林、小溪、道路沒有變更。」以及《雨前》中，他所不斷地想起的故鄉，「我懷想著故鄉的雷聲和雨聲。那隆隆的有力的搏擊，從山谷反響到山谷，彷彿春芽就從凍土裏震動，驚醒，而怒茁出來；細草樣柔的雨聲又以溫存之手撫摩它，使它簇生油綠的枝葉而開出紅色的花。這些懷想如鄉愁一樣縈繞得使我憂鬱了。我心裏的氣候也和這北方的大陸一樣缺少雨量，一滴溫柔的淚在我枯澀的眼裏，如遲疑在這陰沉的天空裏的雨點，久不落下……我想起故鄉放雛鴨的人了。一大群鵝黃色的雛鴨游牧在溪流間。清淺的水，兩岸青青的草，一根長長的竹竿在牧人的手裏。他的小隊伍是多麼歡欣地發出啁啾聲，又多麼地隨著他的竿頭越過一個田野又一個山坡！夜來了，帳幕似的竹篷撐在地上，就是他的家。但這是怎樣遼遠的想像呵！在這多塵土的國土裏，我僅只希望聽見一點樹葉上的雨聲。一點雨聲的幽涼滴到我憔悴的夢，也許會長成一樹圓圓的綠陰來覆蔭我自己。」這裡他一會兒想的故鄉的雷聲與雨聲，一會又想起故鄉的放鴨人，雖然他處在北方，而在何其芳的心靈世界裏，他卻總是要想起故鄉，想到巴蜀。

實際上，而何其芳作品中的「巴蜀意象」，凸顯出鮮明的「南方」特點。《預言》裏那位「年青的神」來自巴蜀大地，也來自南方。「你一定來自那溫鬱的南方！／告訴我那裡的月色，那裡的日光！／告訴我春風是怎樣吹開百花，／燕子是怎樣癡戀著綠楊！／我將合眼睡在你如夢的歌聲裏，／那溫暖

我似乎記得，又似乎遺忘」這裡，月色、楊柳、春風、日光、歌聲、百花、
燕子等，一一構成何其芳詩歌那夢幻似的，溫暖的，充滿了詩情的「南方」。
而在何其芳更多的詩歌中，我們也可以發現他對以巴蜀爲代表的「南方世
界」的迷戀。如《愛情》中有「當南風從睡蓮的湖水／把夜吹來，原野上／
更流溢著鬱熱的香氣，／因爲常春藤遍地牽延著，／而菟絲子從草根纏上樹
尖。／南方的愛情是沉沉地睡著的，／它醒來的撲翅聲也催人入睡」；《季候
病》中，「南方的喬木都落下如掌的紅葉，／一徑馬蹄踏破深山的寂默，／或
者一灣小溪流著透明的憂愁，／有若漸漸地舒解，又若更深地綢繆……」；
《腳步》中，「阿，那是江南的秋夜！／深秋夜正夢得酣熟，／而又清澈，脆
薄，如不勝你低抑的腳步！你是怎樣悄悄地扶上曲折的闌干，／怎樣輕捷地
跑來，樓上一燈守著夜寒，／帶著幼稚的歡欣給我一張稿紙，／喊著你的新
詞，／那第一夜你知道我寫詩！」都在所說著何其芳心中那無比多情的南
方。正如他在《冬夜》中的感歎：「但你知道，我們是往熱帶去，／那兒的氣
候是適宜於愛情的，／我們將有永遠的夏夜的夢」，「南方」而不是「北方」，
才是詩人的夢幻，也開啓了詩人的想像的世界。所以，何其芳所要呈現出來
的巴蜀大地的風貌，是與他生活的、現實的「北方」不同的「南方」。以巴蜀
巴地爲代表的南方，正是心中夢幻的地方，理想的地方，也是詩人將永久棲
居的地方。將巴蜀大地的南方特點凸顯，更展現了何其芳對巴蜀大地的強烈
依戀之情。

（三）巴蜀民俗的記錄者

何其芳在書寫自己那一片土地之時，也細膩地勾勒出了這片土地上的風
俗人情，這使得他成爲巴蜀現代文化的重要傳承者之一。在荒蕪的《我所知
道的何其芳同志》曾記敘了何其芳對於巴蜀民俗的關注，在他們談到養豬的
話題只是，何其芳就專門提到了四川特產臘肉。他問荒蕪，「不知你們吃過四
川臘肉沒有？我們那裡的豬肉是香的。」並說「因爲我們那裡的豬是吃糧食
長大的。我媽媽每年都託人帶一包她親手作的臘肉給我們。」〔註6〕可以，巴
蜀風俗，已經侵染到了何其芳的日常生活之中。

何其芳在他的作品，就有著對於巴蜀民俗中治病、祈雨、斗雞等的記載，
而且都非常細緻，極爲細膩。散文《鄉下》，就記載了巴蜀地區的關於瘧疾的

〔註6〕荒蕪：《我所知道的何其芳同志》，《邊疆文藝》，1978年第10期。

傳說和治療偏方，讀起來很有趣味。「這陰暗低濕的古宅是適宜於疾病的生長的，我這次回來正逢著瘧疾的流行。關於瘧疾的來源鄉間有兩種說法，普通是由於飲食，尤其是吃多了鮮水果，而特別厲害的則由於邪鬼。我那剛讀滿初中二年級的弟弟便爲這流行病苦了許久，聽說曾吃了一些古怪的藥方，請了一次巫婆，並且還向人借來一隻據說可以壓邪的殉過葬的玉鐲在手腕上戴了幾天，但都無靈驗，結果還是幾粒金雞納霜一類的瘧疾丸治好了。」而在這篇文章中，他也爲我們呈現了巴蜀地區特有的民間祈雨方式，「今年這山之國裏又遇著了旱災。當家業上還是繼續用著古老的稼穡方法時，天然的災害是無法避免的。在這鄉下，人們都同時以兩種迷信的舉動期望著雨的降落：一方面市集上禁止屠宰，想以不殺生去感動或者討好上天；一方面舉行著驅逐旱魃的遊行示威。人們都相信有一種滿身長著白毛，棲息在山林間，能阻止著雨的降落的旱魃。讀過書的人說書上有，農人們則傳說有人在樹枝上看見過，總之無人懷疑它的存在。於是大家攜著打鳥的土槍，結隊成群的穿過那些茂盛的山林，吆喝著，鳴著槍，去驅逐那幻想的東西，便算盡了人力了。然而還是不下雨。」如果沒有對於川東農村民間風俗的深入瞭解何其芳是難以有著深刻的描述的。此時帶有「巴山文化」色彩的求雨風俗，以化爲何其芳思想的一部分。在《私塾師》中對萬縣地區的民間鬥雞的習俗，進行了生動描寫，「我的那些比我大幾歲的舅舅，也就是我的同學，卻比較生性豪放，他們常常鬥雞，鬥蟋蟀。兩隻雄雞對立在石板鋪成的大院子裏，項間的羽毛因發怒而豎立，而成一個何其芳散文創作的蛻變美麗的領環，像兩個驕傲勇敢的將軍。在這樣對峙比勢之聲，它們猛烈的奔上前去，猛烈地戰鬥起來了，互相殘忍的用角質的尖咀啄擊著對方頭頂上的紅色的肉冠，一直到彼此都肉破血流，那光榮的冠冕凋殘得如一朵萎謝的花。自甘敗北的一隻才畏縮的退到後方去。有時戰鬥得很長久，有時退卻之後又重新猛烈的啄擊起來。彷彿至死不肯認輸，必得兩方的主人親自去解開。」另外他的《摸秋》一文，不僅有著田園情趣，更重要是將巴蜀地域的風俗清晰的記錄下來了。所以何其芳的作品，在對巴蜀民間風俗的呈現上，在現代四川作家中，也是極爲出色的一位，這使得何其芳成爲一位重要的巴蜀文化大家。

　　如果沒有對巴蜀人物、巴蜀風景、巴蜀民俗的浸潤，何其芳是不會打算以四川爲背景來創作一本百萬字的長篇小說。所以，何其芳與巴蜀大地的關係是極爲密切的，他已與巴蜀大地，巴蜀文化融在了一起。

二

　　正是在巴蜀大地的薰染之下，何其芳的文學思想具有鮮明的巴蜀文化色彩。何其芳與巴蜀文化的關係，就不應該再僅僅局限在西蜀花間詞和巴地三峽文化的範疇之內了，而是與整個巴蜀文化有著深切的關聯。也正是在巴蜀文化的視野之下，使得我們能更好地理解何其芳文學思想。

（一）青春主題

　　巴蜀文化，充滿了青春氣息。青年激情，可以說是巴蜀文化行進中一個重要生長因子。在歷代巴蜀作家之中，他們創作都體現出一種青年心態和積極的探索精神。洋溢著青春氣息的郭沫若就高喊道「青年呦，人類的春天！就靠著有這青春的一季，使我們每一個人的精神發展，進行到拋物線的頂端；也就靠著有這青春的不斷的來復，使我們整個民族或整個人類的精神發展，永遠的保持著上行的階段。」〔註7〕現代巴蜀作家巴金，更是集中以「青年」為他創作的主角，表達出理想和夢幻，以及反抗、叛逆的自由精神和個性意識，朗現出鮮明的巴蜀文化特色。

　　而通過巴蜀地域文化的薰染，何其芳與郭沫若、巴金等現代作家一樣，也迷戀與沉迷於青春主題的表達之中。在何其芳的文學創作與文學思想之中，體現出一個重要的特點就鮮明的「青春主題」追求。在何其芳的作品之中，有著大量的青春書寫，他的詩歌代表作《預言》、《花環》就是典型的「青春主題」的表達。如《預言》中詩人所迷戀、所歌詠、所追求的「年青的神」，一方面，我們可以把她看做是詩人心中的戀人、或者是心中的某種理想。而另一方面這個「年青的神」，也可以說就是「青春」，就是「青春本身」。所以，這整首詩歌是由「青春」將至而引發，然後呈現出詩人對於青春的癡情，以及青春來臨之時的激動。直到「青春」卻高傲地無語而來，無語而去，這使得詩人黯然神傷，失魂落魄。換句話說，這首詩歌的主題，就是對「青春」的詠歎，一首「青春之歌」。同樣，何其芳為一個夭折的女孩而作的《花環》，雖然我們不知道詩人要悼念的女孩子是誰，她為什麼夭折。但是在閱讀之後，我們卻並沒有悲哀和沉痛之感。其實在這裡，詩人是以一個夭折的女孩為契機，來表達他的「青春主題」。雖然女孩夭折了，但她卻把青春留住了，讓永恒的青春主題留在了人間。所以正是由於有了「青春」這一主

〔註7〕郭沫若：《青年呦，人類的春天》，《新華日報》，1941年5月4日。

題，即使是這樣一首悼念的詩歌，也也顯得明朗乾淨，充滿詩意。所以延安時期的何其芳寫出了《我為少男少女們歌唱》：「我為少男少女們歌唱／我歌唱早晨，／我歌唱希望，／我歌唱那些屬於未來的事物，／我歌唱正在生長的力量／／我的歌呵，／你飛吧，／飛到年輕人的心中／去找你停留的地方」。這是一曲高亢的「青春之歌」，詩人以充滿激情歌聲來歌唱少男少女，其實也是在歌唱青春。從「青春主題」來看，從《預言》到《我為少男少女們歌唱》，儘管何其芳詩歌中的青春主題所蘊含的價值追求，隨著環境的變化而變化，但從何其芳文學創作的青春主題追求來看，他對「青春」的歌詠是一以貫之的。

這並不是偶然現象，在何其芳的創作過程之中，他的散文、小說都朗現出一種明確的「青春主題」。在散文《扇上的煙雲》中說，「暮色與暮年。我到哪兒去？旅途的盡頭等著我的是什麼？我在車廂內各種不同的乘客的臉上得著一個回答了：那些刻滿了厭倦與不幸的皺紋的臉，誰要靜靜的多望一會兒都將哭了起來或者發狂的。但是，在那邊，有一幅美麗的少女的側面剪影。暮色作了柔和的背影了。於是我對自己說，假若沒有美麗的少女，世界上是多麼寂寞呵。因為從她們，我們有時可以窺見那未被詛咒之前的夏娃的面目。於是我望著天邊的雲彩，正如那個自言見過天使和精靈的十八世紀的神秘歌人所說，在刹那間捉住了永恒。」在這個片段中，我們看到，何其芳其實設置了一個二元對立的世界：一邊是充滿了厭倦和不幸的「暮色與暮年」，另外一邊是能捕捉住永恒的「美麗的少女」。面對此景，詩人毫不猶疑地喊出，「假若沒有美麗的少女，世界上是多麼寂寞呵。」在何其芳的大量作品，便是對於「美麗的少女」的展示，便是對於「青春」的尋覓。當然，他的散文中多次提起自己的十九歲，直接提到一種獨特的「青春」：「是誰竊去了我十九歲的驕傲的心，而又毫無顧念地遺棄？」（《雨中》）。「突然我回覆到十九歲時那樣溫柔而多感……在你眼睛裏我找到了童年的夢，如在秋天的園子裏找到了遲暮的花」（《遲暮的花》）。所以「青春」，是何其芳創作中的一個重要主題。

何其芳在 1936 年創作的，未完成的小說《浮世繪》，其中《蟻》、《棕櫚樹》、《遲暮的花》、《歐陽露》這四個片段裏出現的幾個人物形象比較鮮明的主要人物，都是青年人。這顯然就是何其芳「青春」主題的另一種表達。當然，比起何其芳在詩歌之中的對青春的詠歎，何其芳小說的中的「青春主題」，

則具有了更爲豐富的社會特徵了。這些小說片段通過青年哲學家勞子喬、少校應麟生、美麗任性的歐陽露、感情失敗的庾紫雲、藝術家歐陽延陵，這些青年形象，既展示出了那個時代的精神特徵，也呈現出何其芳以「青年」主題來探討個體、民族、國家出路的宏大關懷。此時的「青春主題」，在何其芳的作品中，就有了多層和豐富的含義。但具有鮮明的巴蜀文化的「青春」特色，是何其芳文學思想的一個重要特徵。

（二）我是熱情的

巴蜀文化歷來就有熱情的特徵。班固曾《漢書·地理志》中說：「景武間，文翁爲蜀守，教民讀書法令，未能篤信道德，反以好文刺譏，貴慕權勢。」巴蜀文化中的個性張揚精神，就展示出熱情蓬勃的生命樣態，這在郭沫若等現代巴蜀作家中有著鮮明的體現。「作爲區域文化的最表層的體現，我們的確容易在現代四川作家身上發現一種普遍存在的『青春激情』，如『永遠是那麼天眞，熱烈』的郭沫若。『生龍活虎一般的熱情』的李劼人，『說話帶感情，好激動』的沙汀，『熱情炙人』的艾蕪，同樣，巴金也以他的『熱情』的待人與寫作給人留下了深刻的印象：『在談天的時候，對一件事，一種社會現象，他常常會激動地發表意見，說得很多，往往說不下去了，就皺起眉用斷續的『眞是……』結束。』」〔註8〕

在何其芳的作品之中，儘管他前期作品我們更多地感受到陰冷、寂寞、悲哀、痛苦，但實際上即使是他早期的文學創作和思想，用何其芳自己的話來說——「我是熱情的」。何其芳在《給艾青先生的一封信》中，曾發出了這樣一個疑問，「爲什麼他能夠感到我是熱情的，而書評家們卻沒有找到這個字眼呢？」〔註9〕因爲在何其芳看來，艾青並沒有眞正讀懂他的內心，並沒有認識到他文學創作的眞正追求。而在何其芳看來，只有一個陌生的青年讀者，才懂得了他的文學追求，那就是「我是熱情的」。而且何其芳也多次表達過他文學的「熱情」追求，如在談及《畫夢錄》和那篇「代序」時他就說過，「對於人生我實在充滿了熱情，充滿了渴望，因爲孤獨的牆壁使我隔絕人生，我才『哭泣著它的寒冷』。」同樣在《還鄉雜記·代序》中他也談到，「對於人

〔註8〕 李怡：《文學的區域特色如何成爲可能——以巴金與巴蜀文化關係爲例》，《社會科學研究》，2010 年第 5 期。

〔註9〕 何其芳：《給艾青先生的一封信》，《何其芳研究專集》，成都：四川文藝出版社，1983 年，第 176 頁。

生，現在我更要大聲地說，我實在是有所愛戀，有所憎惡。並不像在《畫夢錄》的代序中所說的，『對於人生我動心的不過是它的表現』。使我輕易地大膽地寫出那句話來的是驕傲。」〔註10〕所以，當何其芳情感「粗起來了」，發出叫喊、控訴之聲時，並不是一種轉變，而就是他文學思想底色的呈現而已。而到文革後期，何其芳的這種「熱情」，更變成了一種激情，一種控訴、批判的激情。他在《我控訴》中喊道，「我老年的血管雖有些變異，／裏面還流著青春的血液。／我還能爬山，還能走路，／借著手杖的一點扶助，／我參加了兩天慶祝遊行，／快步加奔跑，都不算難事情。／我歌唱的鞭錘也還有力量，／可以痛擊萬惡的『四人幫』！」其實，何其芳建國過後的詩歌《我們最偉大的節日》、《成都，讓我把你搖醒》、《一個泥水匠的故事》、《北中國在燃燒》、《叫喊》、《解釋自己》、《革命——向舊世界進軍》、《讓我們的呼喊更尖銳一些》、《我控訴》等都是熱情的極端表現。

而且他現代文學時期的《預言》、《畫夢錄》的創作，也都是熱情的。只不過由於各種原因，何其芳早期的作品將他的「熱情」壓制了，以至於我們忽視了他早期文學創作中的「熱情」。「我當時的最不可饒恕的過錯在於我抑制著我的熱情，不積極地肯定地用它去從事工作，去愛人類；在於我只是感到寂寞，感到苦悶，不能很快地想到我那種寂寞和苦悶就是由於我脫離了人群；在於我頑固地保持孤獨，不能趕掉長久的寂寞的生活留給我的沉重的陰影。」〔註11〕這使得我們在對早期何其芳的研究之中，更多的是看到一個憂鬱、痛苦、寂寞的孤獨者形象，而忽視了他的熱情。

更值得關注的是，何其芳還將「強烈的情緒」作爲詩的本質，作爲詩歌欣賞的一種重要標準，這進一步體現了何其芳文學思想中的「熱情氣質」。他說，「不管是直接抒情還是歌詠事件，都應該有這樣的特點，都應該有強烈的詩的情緒。」〔註12〕何其芳是把「強烈的詩的情緒」作爲詩歌的重要特點的，而其而不僅僅限於抒情詩，歌詠事件的敘事詩，也必須有「熱情」。所以在分

〔註10〕 何其芳：《我和散文——〈還鄉雜記〉代序》，《何其芳研究專集》，成都：四川文藝出版社，1983年，第238頁。

〔註11〕 何其芳：《給艾青先生的一封信》，《何其芳研究專集》，成都：四川文藝出版社，1986年，第172頁。

〔註12〕 何其芳：《關於寫詩和讀詩——一九五三年十一月一日在北京圖書館主辦的講演會上的講演》，《何其芳全集》第3卷，石家莊：河北人民出版社，2000年，第66～67頁。

析和欣賞民歌的時候他說到，「只有生活的強烈的力量鼓動我們的心靈，詩歌的翅膀才會飛騰，詩歌的魔笛才會奏出迷人的曲調。爲寫詩而寫詩的人，爲了想獲得詩人的稱號而寫詩的人，是寫不出眞正激動人心的好詩來。」〔註13〕強烈、力量、飛騰、激動人心，成爲了他詩歌欣賞、詩歌評價的重要關鍵詞。當然，何其芳的這種「強烈的詩的情緒」，在建國後，也有了特定的指向。在評價郭沫若的詩歌的時候，他就特別讚賞郭沫若《女神》中的「時代精神」：「它強烈地表現了當時中國人民、當時的進步的青年知識分子對於祖國的新生的希望，表現了他們的革命精神和樂觀主義精神。它寫出了對於舊中國的現實的詛咒和不滿，然而更突出的是對未來的新中國的夢想、預言和歌頌。」〔註14〕所以，何其芳認爲的好詩，蘊含於生活中的「時代精神」，融合著革命的熱情。總之，何其芳文學創作中，不僅出現了大量的青春主題，而且也具有典型的巴蜀式「熱情」特徵。

（三）文學的功利色彩

巴蜀文化重實用、講事功。劉咸炘在《論蜀學》中就提煉出了古代巴蜀文化中「蜀學崇實，雖玄而不虛」的「崇實」特徵。清末洋務派首領張之洞來川創辦尊經書院，王闓運來執掌尊經書院，更全面提倡「通經致用」，「實用」的思想在巴蜀大地上蓬勃。戊戌變法六君子中的楊銳、劉光弟，參加變法維新的洪流之中，鄒容、羅綸、蒲殿俊、彭家珍、張瀾、吳玉章、郭沫若等都狂熱地投身到革命……與這些巴蜀文化人一樣，何其芳也極爲看重文學的功利性。在他的文學思想中，義無反顧地提倡文學的功利性，重視實際的革命行動，乃至於否定文學本身的價值。

儘管何其芳早期的創作中，迷戀於自我的天地，精心營構著夢幻的世界，但是他的整個文學思想，就飽含著濃濃的功利主義色彩。「只要有對於某種生活的知識的積蓄，爲了及時教育群眾，臨時的政治事件只要激發起了作者的創作靈感，是可以寫，也應該寫。」〔註15〕他還特別指出，「我們相信脫離了

〔註13〕 何其芳：《詩歌欣賞》，《何其芳全集》第 4 卷，石家莊：河北人民出版社，1998年，第 373 頁。

〔註14〕 何其芳：《詩歌欣賞》，《何其芳全集》第 4 卷，石家莊：河北人民出版社，1998年，第 417 頁。

〔註15〕 老洪：《認眞‧嚴謹‧質樸‧熱忱——回憶何其芳同志》，《何其芳研究專集》，成都：四川文藝出版社，1986 年，第 172 頁。

人生，脫離了時代，脫離了為這民族的自由而戰鬥，而死傷，而受著苦難的群眾，無論任何形式的文學作品都不會偉大起來。」〔註16〕在他看來，作品的偉大，必須與人生、時代、民族、群眾結合，必須有著現實功利性，這成為他判斷文學價值的一個重要標準。所以，在何其芳的詩歌之中，有著一系列的實用性、功利性詩文。如《革命——向舊世界進軍》中這樣的詩節：「今日的中國是什麼樣的中國！／四分五裂的中國！／血淋淋的中國！／光明與黑暗交錯著的中國！／被鐵鏈捆御著而又快要打破它的中國，／革命的武裝活躍在各個地方，／在渤海邊，在東北的森林裏，在海南島上，／而延安，革命的心臟／我白天和晚上都聽見它巨大的跳動！」以及詩歌《讓我們的呼喊更尖銳一些》，「今大輪到我們來為歷史的正常前進而戰鬥了，／我們要以血去連接先驅者的血，／以戰爭去撲滅戰爭！」……都是以詩歌直接為現實而吶喊的作品，直接體現出文學的功利性追求。

甚至何其芳提出的新詩格律化，都隱含著功利主義的色彩。他說，「中國新詩我覺得還有一個形式問題尚未解決。從前，我是主張自由詩的。因為那可以最自由地表達我自己所要表達的東西，但是現在，我動搖了。因為我感到今日中國的廣大群眾還不習慣於這種形式，不大容易接受這種形式。」〔註17〕建國後何其芳專門探討格律化問題，實質上也是解決文學如何適應廣大群眾欣賞的功利性問題。由此，何其芳的文學思想的追求，不僅是文學內容有著功利化色彩，走上了與工農兵結合的道路，而且他對文學形式的格律化要求，也是一種功利主義的表現。

並且何其芳文學思想的功利性，更直接體現在的生活實踐之中。他在《叫喊》中寫道，「我要證明／一個今天的藝術工作者，／必須站在群眾的行列裏，／與他們一同前進。／／我還要證明／我是一個忙碌的／一天開幾個會的／熱心的事務工作者，／也同時是一個詩人。」他進一步將文學的功利性落實到實際，重視現實中的革命工作。此時，在何其芳看來，作為一個「熱心的事物工作者」也是一個詩人，社會工作者和詩人這兩種身份角色是完全可以合二為一的的。「我寫著『從此我要嘰嘰喳喳發議論』，就是說從此我要以我所能運用的文字為武器去鬥爭，如萊蒙托夫的詩句所說，讓我的歌唱變

〔註16〕何其芳：《論工作》，《何其芳全集》第 2 卷，石家莊：河北人民出版社，2000年，第 7 頁。

〔註17〕何其芳：《談寫詩》，《何其芳文集》第 4 卷，北京：人民文學出版社，1983年，第 62 頁。

成鞭笞。」﹝註 18﹞所以何其芳熱切地投身於革命，積極從事革命工作，這與他的文學思想的功利主義追求是一致。

　　同時，當他的這種文學功利性思想達到極致之時，否定自己早期的文學創作，乃至在否定文學本身的價值，就成為何其芳功利主義的極端表現。儘管何其芳早期的作品，也不乏鮮明的功利主義色彩，只不過更為凸顯的功利主義色彩相比，還是比較淡的。因此，何其芳此後對自己的早期的創作，站在功利主義的文學思想之上，展開了反思和批判。「這個時代，這個國家，所發生過的各種事情，人民和他們的受難，覺醒，鬥爭，所完成的各種英雄主義的業績，保留在我的詩裏面的為什麼這樣少呵。這是一個轟轟烈烈的世界，而我的歌聲在這個世界裏卻顯得何等的無力、何等的不和諧！」「當時為什麼要那樣反覆地說著那些感傷、脆弱、空想的話呵。有什麼了不得的事情值得那樣的纏綿悱惻、一唱三歎呵」﹝註 19﹞否定自己早期的作品，這是何其芳文學思想功利主義的一種表徵。同時在否定早期文學作品的基礎上，進一步否定文學、否定文學自身的價值，這成為了何其芳文學思想的又一種呈現，「在1942 年春天以後，我就沒有再寫詩了。有許多比寫詩更重要的事情要去做。」﹝註 20﹞何其芳曾經極為重視的文學事業，在勞動人民的事業面前，已經完全不重要。所以他說，「假若我們有機會有能力去做更切實，更有效，更有利於抗戰的事情，放棄文學工作並不是可惜的」﹝註 21﹞這種否定文學、否定文學自身的價值，當然並非僅僅只是在戰時何其芳思想的閃現，而是指導著他後期生命的一根思想紅線。而這種否定文學、否定文學自身的價值的文學思想，這又與「崇實」的郭沫若、巴金等現代巴蜀作家是一致的。

三

　　儘管何其芳與郭沫若、巴金、李劼人、沙汀、艾蕪、羅淑、周文、陳銓、沈起予、劉盛亞等人一起築建了現代四川文學的宏大殿堂，體現出共同的巴

﹝註 18﹞ 何其芳：《一個平常的故事》，《何其芳研究專集》，成都：四川文藝出版社，1986 年，第 147 頁。
﹝註 19﹞ 何其芳：《何其芳文集》第 2 卷，北京：人民文學出版社，1982 年，第 254～256 頁。
﹝註 20﹞ 何其芳：《何其芳全集》第 1 卷，石家莊：石家莊：河北人民出版社，2000 年，第 520 頁。
﹝註 21﹞ 何其芳：《論工作》，《何其芳文集》第 2 卷，北京：人民文學出版社，1982 年，第 139～142 頁。

蜀式的青春、熱情、功利等方面特徵。但與此同時，在這些現代巴蜀作家的共同特點之外，何其芳的文學思想凸顯出了這些現代巴蜀作家所少有的，但也是比較典型的、鮮明的巴蜀文化特色。

（一）「年輕的神」

巴蜀大地，從早期《山海經》充滿想像和幻想思想，呈現出奇詭、怪誕、誇張的世界，到張道陵在巴蜀大地上創辦「五斗米道」，再到《華陽國志》中的蜀王譜系蠶叢、柏灌、魚鳧、杜宇、開明等蜀王，以及「蠶叢目縱」、「魚鳧仙道」、「杜宇化鳥」、「朱利出井」、「五丁開山」、「廩君化虎」、「魚鹽神女」、「三峽神女」等神話傳說……巴蜀大地，是一個充滿了仙道之氣的神奇浪漫的土地，並且是誕生了「謫仙」李白的土地。同時，萬縣、巫山又更是一個有眾多神仙故事流傳的土地，據《四川通志》記載：「萬縣西五十里，羊飛山。相傳有道士令童子牧羊，戒使勿放。一日，童子放之，其羊衝天而去。按《蜀鑒》羊飛山下，有羊渠縣，即此。」以及宋玉《高唐賦》的渲染，「昔者先王嘗遊高唐，怠而晝寢，夢見一婦人，曰：『妾巫山之女也。爲高唐之客，聞君遊高唐，願薦枕席。』王因幸之，去而辭曰：『妾在巫山之陽，高丘之阻。旦爲朝雲，暮爲行雨。朝朝暮暮，陽臺之下。』」這些浪漫的神仙、神話、傳說，構成了何其芳創作的一個重要背景。

何其芳的創作及文學思想，一個重要的特點就是，在他作品中呈現出神性、仙氣氛圍的「何其芳特色」，以至於被稱爲何其芳的「神話情結」。「在這條『夢中道路』上，詩人一路擷取著各式各樣充滿奇麗色彩的夢幻。其中，他對古今中外的神話童話、民間傳說、志怪故事的內容和典故尤爲偏愛，並在詩文作品中將之精心化用，使其成爲一系列與現代詩情完美融合的意象群，從中反映出詩人自身獨特的審美觀念與心態情感。在我看來，這種偏愛與化用，體現出何其芳一種獨特的『神話情結』。」〔註22〕不管是稱之爲神性、仙氣氛圍，還是「神話情結」，我們看到，何其芳的創作，是具有比較典型呈現出了巴蜀大地上的仙道之氣特徵的。

如果細讀何其芳的作品，我們會在他作品中感受到強烈的神、仙、靈的氛圍。何其芳「相信著一些神秘的東西」，喜歡並迷戀著這樣的「一個不存在的世界」。如他的散文《魔術草》中那顆「具有無比魔力的魔術草」，就洞開

〔註22〕張潔宇：《夢中道路的迷離：早期何其芳的「神話情結」》，《中國現代文學研究叢刊》，2003 年第 4 期。

了何其芳的心靈,「魔術書上記有一種神奇的草,無論怎樣難開的鎖都不能抵抗它。這句話開啓了我的幻想。從深山中,採摘者尋著那種草,青青的,放進緊閉的木匣裏過了許多日子,變成枯黃的了,乃有無比的魔力。」「那時我最羨慕的一種法術是定神法:以一種魔力使人恍惚覺得身臨絕岩或者四面皆水不敢稍動,聽說我那位遠祖老來拄杖出遊,若是沒有禮貌的青年人冒犯了他,就施行這種法術,使他呆立路旁,直到在前途遇見行人才捎信叫他走。」他的詩歌也是這樣,如《扇》,「設若少女妝臺間沒有鏡子,/成天迷望著懸在壁上的宮扇,/扇上的樓閣如水中倒影,/染著剩粉殘淚如煙雲,/歎華年流過絹面,/迷途的仙源不可往尋,/如寒冷的月裏有了生物,/每夜凝望這蘋果形的地球,/猜在它的山谷的濃淡陰影下,/居住著的是多麼幸福⋯⋯」那「迷途的仙源、寒冷的月裏、蘋果形的地球」,都是何其芳試圖築建起來的另外一個世界。當然,何其芳創作中對仙、道之氣的呈現,是極爲寬泛的,「他大量擇用了古今中外的神話傳說、童話故事、民間志怪等情節內容,用以婉曲傳達他自身的情感心緒。西方童話中,從『小人魚』到『幸福王子』,從『賣火柴的小女孩』到『一千零一夜』;中國民間故事中,從『牛郎織女』到『邯鄲一夢』,從『聊齋』故事到『齊諧』志怪。何其芳對各類神話故事的熟悉程度是驚人的,而他將其運用於詩文作品中的數量之大和頻率之高更是獨一無二。」〔註23〕可見,何其芳的作品,有著對於「神」、或者說神秘世界的多重展示。正是這樣一種神秘的力量,開啓了何其芳獨特的詩歌世界,也構成了何其芳文學思想的神性特色。

何其芳的這種對於「神秘世界」展示,凸顯出「年輕的神」這樣一個獨特的藝術形象。正如前面所說,何其芳的創作有大量的鮮明的「青春主題」,而且他的青春又是他所迷戀的神,構成特有的「年輕的神」這樣藝術形象。《預言》中的「年輕的神」,正是一樣一個代表,她影影綽綽、飄忽不定,令人難以釋懷。她既可以說是從古希臘神話中取材的一個形象,更明確的說是何其芳心靈世界編織出來的一個「神」,是他對巫山神女的現代演繹,是他對神的迷戀的表達。正如他在《遲暮的花》所說,「我給自己編成了一個故事。我想像在一個沒有人跡的荒山深林中有一所茅舍,住著一位因爲干犯神的法律而被貶謫的仙女,當她離開天國時預言之神向她說,若干年後一位年青的

〔註23〕張潔宇:《夢中道路的迷離:早期何其芳的「神話情結」》,《中國現代文學研究叢刊》,2003 年第 4 期。

神要從她茅舍前的小徑上走過，假若她能用蠱惑的歌聲留下了他，她就可以得救；若干年過去了，一個黃昏，她憑倚在窗前，第一次聽見了使她顫悸的腳步聲，使她激動的發出了歌唱。但那驕傲的腳步聲踟躕了一會兒便向前響去，消失在黑暗裏了。」所以，不管如何解釋《預言》中的「年輕的神」形象，與巴蜀大地上「巫山神女」是密不可分的。「巴文化與楚文化在三峽地區碰撞和交融，再加上中段巫溪、巫山一帶的遠古的巫文化互相影響和滲透，多種宗教在這裡交融。何其芳的散文古樸而不陳腐，新鮮卻有本色，把楚人的浪漫幻想，喜聽奇談的心理嗜好，巴人的巫風習俗與古樸夢幻帶進了現代中國文學。」〔註24〕而何其芳的創作中那種氤氳的、柔美的、飄渺的神、仙、靈的世界，為我們呈現出來一個，與巴蜀大地的仙道文化精神相似的神性世界。

（二）文字魔障

在巴蜀文化之下，何其芳文學創作及其文學思想凸顯的另一個特色是對濃豔、華美的追求。他不僅追求著文字表達的魅力，而且還陷入到了「文字魔障」之中，這讓何其芳的文學創作在現代巴蜀作家之中，乃至整個現代作家中都顯得極為突出。

我們知道，巴蜀文化中就有著對繁複、濃豔的強烈興趣和追求。一方面，巴蜀作為「天府之國」，使得這片土富饒、豐腴、濃豔。對於巴蜀「天府之國」的記載不勝枚舉，《史記·貨殖列傳》稱道：「巴蜀亦沃野，地饒巵薑，丹沙、石、銅、鐵、竹、木之器。」《漢書·地理志》曰：「巴、蜀、廣漢本南夷，秦並以為郡，土地肥美，有江水沃野，山林竹木蔬食之饒。」《華陽國志·蜀志》云：「蜀沃野千里，號為陸海，旱則引水浸潤，雨則杜塞水門，故《記》曰：水旱從人，不知饑饉，時無荒年，天下謂之天府也。」《成都古今集記》也有記載：「成都二月花市，各地花農闐圍賣花，陳列百卉，蔚為香國。」……另一方面，巴蜀文化又尚誇飾、鋪張、華麗。如「廣漢三星堆」青銅器，以及龍紋、異獸紋、雲紋等各種紋飾，皆精緻、華美、豔麗。司馬相如的《子虛賦》、《上林賦》、《長門賦》、《美人賦》以及他「合綦組以成文，列錦繡而為質」的賦學追求；常璩在《華陽國志·蜀志》中提到的蜀「多斑彩文章」；西蜀《花間詞》所錄的西蜀文人的詞作，錯彩鏤金、詞藻華麗。

〔註24〕趙琳、趙井泉：《論何其芳〈語言〉中「三峽情結」的創作意義》，《山峽大學學報》，2006 年第 5 期。

　　著意於文字建築的構造，追求華美的風格，是何其芳文學思想的重要表現。「我傾聽著一些一些飄忽心靈的語言。我捕捉著一些在刹那間閃出金光的意象。我最大的快樂或酸辛在於一個嶄新的文字建築的完成或失敗。」〔註25〕所以在創作上，何其芳的作品從題目上也可看出，如《畫夢錄》、《浮山繪》、《刻意集》，就特別注重於「畫」、「繪」、「刻」，追求藝術表達上的精雕細作。「我寫最早的那些散文，是在作大學生的時候。那時候功課不多，有許多空閒的時間由自己支配。所以我能夠全神貫注地去雕琢它們。寫之前醞釀得比較充分。寫的時候有很從容，一天寫幾百字到一千字左右。每一篇都經過了反覆推敲，再三修改」〔註26〕這樣使得他的詩歌每一個字似乎都是作者精心的安排、刻意的表達。如詩歌《昔年》，「黃色的佛手柑從伸屈的指間／放出古舊的淡味的香氣；／紅海棠在青苔的階石的一角開著，／像靜靜滴下的秋天的眼淚；／魚缸裏玲瓏吸水的假山石上／翻著普洱草葉背的紅色；／小庭前有茶漆色的小圈椅／曾扶托過我昔年的手臂。」正如何其芳所說，「我追求著純粹的柔和、純粹的美麗。一篇兩三千字的文章的完成往往費兩三天的苦心經營，幾乎其中每個字都經過我的精神手指的撫摩」〔註27〕而其看重文字表達成功與失敗的「文字魔障」何其芳的文學思想，更呈現出何其芳的一種獨特的文學姿態。「我喜歡那種錘鍊，那種色彩的配合，那種鏡花水月。我喜歡讀一些唐人的絕句。那譬好一微笑，一揮手，縱然表達著意思但我欣賞的卻是姿態。我自己的寫作也帶有這種傾向。」〔註28〕他對「文字魔障」的著迷，回過頭來說，也是爲了呈現出一種獨特的神秘的氛圍。所以在他的詩歌作品中，我們更多是感受到一種特有的、迷人的、神秘的氛圍。而這又與何其芳創作中的神性，融爲一體，一起構築起他獨特的文學世界。

　　也正是由於何其芳的文學思想中的「神性」和華美風格的追求，即使是在現實功利主義的強大壓力之下產生了一種「何其芳現象」，但他後期的創作依然保持著一種獨特的魅力。所謂的「何其芳現象」，是何其芳自己在 1956

〔註25〕何其芳：《論夢中道路》，天津《大公報・文藝》，1936 年 7 月 19 日，第 182 期。

〔註26〕何其芳：《文學藝術的春天》，北京：作家出版社，1964 年版，第 37 頁。

〔註27〕何其芳：《我和散文──〈還鄉雜記〉代序》，《何其芳研究專集》，成都：四川文藝出版社，1983 年，第 236 頁。

〔註28〕何其芳：《夢中道路》，《何其芳研究專集》，成都：四川文藝出版社，1986 年，第 164～165 頁。

年出版《何其芳散文選序》中提出來的,「使我抑鬱的還是我發現這樣一個事實:當我的生活或思想發生了大的變化,而且是一種向前邁進的變化的時候,我寫的所謂散文和雜文卻好像在藝術上並沒有什麼進步,而且有時候甚至還有些退步的樣子。」但是何其芳後期的欣賞水平,卻並沒有退步,依然保持著極高的水準。他的《詩歌欣賞》,就特別看重「形式」的完美和諧。比如在賞析郭沫若的詩歌的時候,他說《女神》裏的很多詩都是形式和內容完美結合的好詩,但是不一定全部都是好詩。在他看來,《鳳凰涅槃》、《晨安》、《匪徒頌》即使是熱情的詩,但都是有缺點的詩,因為他們沒有完美的形式。他認為,「從『五四』早期的詩歌起,而且可以說直到現在這種現象仍然存在,我國古典詩歌的精錬和完美的傳統,錬字錬句的傳統,在新詩裏面實在太少見了;寫得輕鬆寡味、十分慷慨地浪費行和節的詩實在太多了。」〔註29〕何其芳建國後的詩歌鑒賞中對「形式」獨特意義的尊重,正是他文學思想中「文字魔障」追求的延續。

總之,我們看到,在巴蜀文化視野的整體觀照之下,何其芳不僅是一位重要的巴蜀文化傳承者,而且他也是一位巴蜀文化特色十分鮮明的作家,他的文學思想體現出明顯的巴蜀地域文化色彩。而與此同時,由於何其芳個體對地域文化的不同薰染和選擇,特別是他在巴蜀地域文化之中更加凸出了「神秘」色彩和華美風格的追求,這又使得何其芳的文學創作在現在巴蜀文學之中呈現出鮮明而獨特的個性。

〔註29〕何其芳:《詩歌欣賞》,《何其芳全集》第 4 卷,石家莊:河北人民出版社,1998年,第 426 頁。

胡適「八事」爲何從「不用典」開始

袁繼鋒（重慶大學）

通覽胡適在 1916～1917 年前後的日記、書信和發表的相關文章，便會發現「不用典」一條，在《文學改良芻議》之前的日記和書信文本中一直首當其衝地列在第一條位置，到了《文學改良芻議》公開發表之時才突然更換了次序。所以，要解釋何以「不用典」在「八事」中「最易誤會」，不妨先討論在新文學正式發難之際，胡適何以要臨陣換將，主動修改他的理論體系。爲論述方便起見，我們把在 1917 年 1 月 1 日《新青年》發表《文學改良芻議》之前三個文本以「不用典」開頭而講的「八事」稱之爲「八事 I」，而把《文學改良芻議》的「八事」稱爲「八事 II」。

一、「八事 I」中「不用典」的結構性解讀

先來看三個文本中八事 I 的結構順序，以從中探尋其脈絡發展。

1. 「八事」之說首次出現，是胡適在 1916 年 8 月 19 日的《寄朱經農》一信中〔註 1〕。「八事」的順序爲：（一）不用典、（二）不用陳套語、（三）不講對仗、（四）不避俗字俗語（不嫌以白話作詩詞）、（五）須講求文法、（六）不作無病之呻吟、（七）不摹倣古人、（八）須言之有物。以「不用典」開端，統領「八事」。

2. 胡適再一次強調「八事」，是兩天以後的 8 月 21 日在題爲「文學革命八條件」的日記中。日記中（一）不用典、（二）不用陳套語、（三）不講對仗、（四）不避俗字俗語（不嫌以白話作詩詞）、（五）須講求文法五類標爲「形式的方面」；而（六）不作無病之呻吟、（七）不摹倣古人、（八）須言之有物

〔註 1〕 胡適：《胡適留學日記》（下），安徽教育出版社，2006 年，第 275 頁。

三類作為「精神（內容）的方面」。這個比之前的文本多了「形式」和「精神
（內容）」方面的區分，先談「形式」後談精神「內容」的思路很清晰，「不
用典」作為胡適集中火力攻擊的一點，仍被放在了首位。我們且先不論「先
形式後精神」的論斷框架是否合理，事實是，胡適面對他心目中的批判對象，
「八事」一開端即以「不用典」式的否定句式為特色，無疑是在亮出一副挑
戰者的姿態，從此開始他「用白話作詩」的第一步探索。

　　3. 在同一天，即 8 月 21 日，胡適在《寄陳獨秀書》中第三次說到「八
事」，也是「先形式後精神」，「八事」結構依然，「不用典」依然排在第一
位。見下圖。

圖一：「八事 I」三版本對照表

《寄朱經農》1916.8.19	《文學革命八條件》1916.8.21	《寄陳獨秀》1916.8.21
一曰，不用典。	一曰，不用典。	一曰，不用典。
二曰，不用陳套語。	二曰，不用陳套語。	二曰，不用陳套語。
三曰，不講對仗。	三曰，不講對仗。	三曰，不講對仗。（文當廢駢，詩當廢律）
四曰，不避俗字俗語。（不嫌以白話作詩詞）	四曰，不避俗字俗語。（不嫌以白話作詩詞）	四曰，不避俗字俗語。（不嫌以白話作詩詞）
五曰，須講求文法之結構。	五曰，須講求文法之結構。	五曰，須講求文法之結構。
以上為形式的方面。	以上為形式的方面。	此皆形式上之革命也。
六曰，不作無病之呻吟。	六曰，不作無病之呻吟。	六曰，不作無病之呻吟。
七曰，不摹倣古人，語語須有個我在。	七曰，不摹倣古人，語語須有個我在。	七曰，不摹倣古人，語語須有個我在。
八曰，須言之有物。	八曰，須言之有物。	八曰，須言之有物。
以上為精神內容的方面。	以上為精神內容的方面。	此皆精神上之革命也。
	「白話作詩不過是我所主張新文學的一部分」；「能有這八事的五六，便於『死文學』不同，正不必全用白話」	「凡人用典……最可鄙薄！」

　　胡適小試牛刀，從「不用典」入手，批評陳獨秀主編的《新青年》雜誌
登載南社詩人謝无量詩句中的用典錯誤，胡適指出謝氏（「八十四韻」）用古
典套語「不下百餘事」，說謝詩「下催桑海變，西接杞天傾」，「上句用典已不

當，下句本言高與天接之意，而用杞人憂天墜一典，不但不切，在文法上亦不通也。」不但批評謝詩爲「下駟」，爲「下下句」，更毫不客氣把矛頭指向批評陳獨秀本人，「足下論文已知古典主義之當廢，而獨極稱此種古典主義下下之詩，足下未能免於自相矛盾之誚矣」〔註2〕。陳獨秀面對這樣的指責，也只能在給胡適的回信裏承認說：「以提倡寫實主義之雜誌，而錄古典主義之詩，一經足下指斥，易勝慚感！」並進一步爲自己辯解：「唯今之文藝界寫實作品，以僕寡聞，實未嘗獲靚。本志文藝欄，罕錄國人自作之詩文，即職此故。」又說「不得已偶錄一二詩」，「以其爲寫景敘情之作，非同無病而呻。其所以盛稱謝詩者，謂其繼跡古人，非謂其專美來者」〔註3〕，陳獨秀這樣的解釋，可能有其「不得已」的緣由。對此，胡適卻並不能像陳獨秀希望的那樣「平心察之」，並在日後多次提起，引以爲他的一個關鍵證據。陳胡二人都是現代思想史上引領潮流的招牌式大人物，「用稿」這樣的事情本是小節。但胡適的一再糾纏，即說明這本身就是值得注意的一個文化事件，起碼對當時的胡適來說，有著特殊意義。16 年之後，胡適在《陳獨秀與文學革命》（即1932 年）中仍然說得字字清楚，「他（陳獨秀——筆者注）這樣恭維他（謝无量——筆者注），但他（陳獨秀——筆者注）平日的主張又是那樣，豈不是大相矛盾？我寫了封信質問他，他也承認他矛盾……」〔註4〕如果聯想到胡適此

〔註 2〕 胡適：《胡適留學日記》（下），上引書，第 275～276 頁。姜義華因二者內容相同認定此信作於 1916 年 8 月 21 日。胡適在《逼上梁山》中則自說此信爲「那年 10 月中，我寫信給陳先生。」而信是 10 月 1 日載於《新青年》的。另按：筆者發現姜義華主編：《胡適學術文集·新文化運動》，中華書局，1993 年 9 月版此信與《新青年》原文有出入，胡適原信及《新青年》之文俱明確標示「謝无量」之名，姜義華主編：《胡適學術文集·新文化運動》，中華書局，1993 年 9 月版則稱爲「某君」（參見姜義華主編：《胡適學術文集·新文化運動》，中華書局，1993 年 9 月版，第 15 頁）；《胡適書信集》，北京大學出版社，1996 年版，第 82 頁，也稱「某君」。又查，1921 年 12 月亞東圖書館初版《胡適文存》（1 頁）與 1935 年良友版的《中國新文學大系·建設理論卷》（31 頁），這兩個版本已經標作「某君」，因此我們推斷自《文學改良芻議》和《藏暉室札記》後，「謝无量」的大名就沒在該文裏出現過，而代之以「某君」，而姜義華主編：《胡適學術文集·新文化運動》，中華書局，1993 年 9 月版的「疏忽」可能就是根據後面版本來的。以「某君」代稱，可能是出於避嫌的動機，但具體原因不詳，故特於此提出並存疑。

〔註 3〕 陳獨秀：《答胡適之》，載《新青年》第 2 卷第 2 號，1916 年 10 月 1 日。

〔註 4〕 姜義華主編：《胡適學術文集·新文化運動》，中華書局，1993 年 9 月版，第191 頁。

時（1915～1916）正跟任鴻雋、梅光迪等人糾結於「白話」是否入詩而焦頭爛額、孤立無援之時，陳獨秀的刊登謝无量舊詩的自相矛盾之舉，可能恰恰給了胡適一個發聲的契機。胡適在《逼上梁山》、《四十自敘》及《陳獨秀與义學革命》中做的所有事後回憶和追述，則無非是胡適把自己的新文學構想加以歷史化的過程。

時過境遷，再回首來看這段歷史，我們清楚地看到胡適已經把自己和陳獨秀的爭辯言辭編輯到新文學發生歷史的敘述結構中了。此時，新詩的歷史從胡適手裏就已經開始有意識的自覺書寫了。

以上三個文本「八事」的敘述順序和基本結構保持一致，但各有不同的敘述對象和語氣。特別是第三個文本，這個結構並非簡單的重複前面，而是胡適借由給陳獨秀的信把之前在札記裏面的思路理順了。這個「八事 I」的版本，可以看作我們分析胡適初期新文學的理論構想的一個標誌文本。

二、「八事 I」爲何從「不用典」開始？

對照《寄陳獨秀》、《胡適留學日記》和《逼上梁山》及學者研究等諸多相關文本中的「八事 II」，我們不禁要疑惑：作爲胡適「文學革命的起因」的「八事 I」何以要從「不用典」開始講起？要搞清這個問題，就必須先追問「八事 I」是怎麼來的，這樣才可能理解「八事 II」又爲何改變。

之所以劃分「八事 I」、「八事 II」首先是因爲兩個文本前後結構的不一致，更重要的還在於通過比較前後兩種版本，我們發現事實跟胡適在《寄陳獨秀》、《文學改良芻議》以及《逼上梁山》等幾個文本在敘述上各有各樣，並不完全吻合，而相互之間存在邏輯和史實的出入。揭示這諸多文本間的差異，是嘗試探尋胡適在「挪用」、「互證」、「填充」多個文本背後潛在的前提。

針對「八事 I」，我們簡單總結有以下幾個關鍵的脈絡節點，即從「三事」到「三病」到「八事 I」。1916 年 2 月 3 號給梅光迪的信裏，胡適說要救今日文學大病，應從「三事」入手，即：第一須言之有物，第二須講文法，第三當用「文之文字」〔註5〕。1916 年 4 月 17 號又說吾國文學有三大病：「一日無病呻吟。二日摹倣古人。三日言之無物」〔註6〕。除了「言之無物」重複外，

〔註 5〕姜義華主編：《胡適學術文集・新文化運動》，中華書局，1993 年，第 199 頁。

〔註 6〕姜義華主編：《胡適學術文集・新文化運動》，前引書，第 203 頁。

「八事」到此已經有「五事」了。這個前後相續的結構是胡適展示給我們的思路，但問題是他沒說（一）不用典、（二）不用陳套語、（三）不講對仗這三項；這個中間的關鍵環節漏掉了，沒有說明出處和著落。

圖二：「三事」與「三病」對照表

「三事」（1916.2.3）	「三病」（1916.4.17）
一曰，言之有物。	一曰，無病而呻。
二曰，須講文法。	二曰，摹倣古人。
三曰，當用「文之文字」時，不可避之。	三曰，言之無物。
「三者皆以質救文勝之弊也。」	「豈徒責人，亦以自誓耳。」

　　胡適不講，我們只能從上下文裏找答案。對於胡適日記、書信的眞實性問題，我們應該適當保持審愼的態度，用胡適自己的話說就是「一點點懷疑的精神」。我們在前文也發現「某君（謝君）」的疏漏問題；關於胡適日記書信準確性問題，朱文華在《中華讀書報》發文《關於胡適日記書信準確性問題的懷疑》〔註7〕，對意識形態、手民誤植、校對問題等各類情況做了分析和歸類；正如很多學者發現的，胡適在他的日記、書信和回憶中是有所隱瞞和取捨的，江勇振先生就看到「事實上，不但是胡適後來一生的哲學思想，即便是他的文學革命的主張，也不是在哥倫比亞大學才形成的。其開花結果的地點是在哥倫比亞大學，可是其孕育發芽的地點是在康奈爾大學。所謂的實驗主義也者，所謂《嘗試集》的題名也者，只不過是他在日後倒回頭去冠給它的名稱與語言。」〔註8〕這正是抓住了胡適不斷嚮之前的文本摻加入後來意緒的敘述現象。「胡適一輩子愛說他是一個有歷史癖的人；他有愛說自己是一個有歷史眼光的人。然而，每當說到他自己的時候，特別是關係到他思想發展上的關鍵問題的時候，胡適卻常有爲德不卒，不能貫徹他的這個追本溯源的態度。其結果常是驅使旁人去猜謎。如果他願意夫子自道，許多有關他的爭議就不會成爲歷史的公案。可惜，他常在關鍵點上賣關子」〔註9〕。這些關鍵點在日後構成了胡適研究繞不開的節點。胡適是學史哲專業出身的，也是

〔註7〕http：//www.china-review.com/cat.asp 抬 id=15407。
〔註8〕江振勇：《舍我其誰：胡適（第一部）璞玉成壁，1891～1917》，新星出版社，2011 年，第 298 頁。
〔註9〕江勇振：《舍我其誰：胡適（第一部）》，前引書，第 565～566 頁。

一個很謹慎的人，唐德剛也提到說胡適絕不「苟且落筆」，他的日記和書信都有與人分享傳播閱讀的習慣，而且特別是從他 1917 年回國入職北京大學之後，內心想必肯定知道他日後必會成為新文學史上的人物，所以他的前後行文的內容、語氣等方面都必定經過他本人內在的嚴格把關。所以，他不講「不用典」三項的出處，疏漏的可能性不大，這個地方他做這樣的安排應該是有他內在「遮蔽」的考慮。我們還只能從他前後的文本裏，去探究其前後隱藏的思緒和脈絡。

我們從時間的上下限，來逐一推查。「八事 I 」之所以有（一）不用典、（二）不用陳套語、（三）不講對仗，而且位置靠前，肯定是在 1916 年 4 月 17 號「三病」以後至 1916 年 8 月《寄陳獨秀》文章發表之前，期間發生了某些刺激他靈感的事情。在這個時間範圍的上下限裏，去翻閱對照《胡適留學日記》和《逼上梁山》等相關資料。我們發現有所謂的「綺色佳翻船事件」。胡適之所以起名叫「逼上梁山」說的就是這件事。「綺色佳翻船事件」發生在 1916 年 7 月 8 號，任鴻雋、梅光迪等四人在綺色佳遊玩卻遇到翻船和大雨，事後任鴻雋寫了古體詩一首，其中「載笑載言」的「言」字引起做過《詩三百中「言」字解》的胡適的反感。該文在《胡適留學日記》中題為《〈詩經〉言字解》〔註 10〕，胡適考證以後的主要觀點就是說傳統古詩文太缺乏文法。這篇文字是他的「辛亥舊稿（1911 年）」，但「自視絕非今日所能為也。去國以後之文，獨此篇可存」〔註 11〕，他對此文的自得和珍惜還體現在他在日記的序言裏，他舉例說他發現並研究「言」字的文法就是通過做札記的方法來的〔註 12〕。「為了以識吾衰退，用自警焉」，胡適再一次黏貼在他 1916 年 2 月 24 號的札記裏。

因此，胡適自己說在 1916 年 2 月份就形成自己比較成型的對於新文學的改革思路了，有了「根本的新覺悟」，在前後文本裏也是清晰的。這個「根本覺悟」簡單說即歷史上的「文學革命」全是文學工具的革命〔註 13〕的認識。有這個觀念和之前研究的底子，使得胡適一看之下就立即指出任鴻雋詩歌裏面「載和言」為「死句」，並特別指出「我們應該鑄造今日的活語來達我今日之情景，不當亂用意義不確定的死字」，特別批評任鴻雋的「泛湖」翻船一段

〔註 10〕胡適：《胡適留學日記‧下》，安徽教育出版社，2006 年，第 200～203 頁。
〔註 11〕胡適：《胡適留學日記‧下》，前引書，第 190 頁。
〔註 12〕胡適：《胡適留學日記‧上‧自序》，安徽教育出版社，2006 年，第 4 頁。
〔註 13〕姜義華主編：《胡適學術文集‧新文化運動》，中華書局，1993 年，第 200 頁。

所用字句，皆前人之套語，「惟中間寫覆舟一段，未免小題大做。讀者方疑爲巨洋大海，否則亦當時鄱陽洞庭。」並直言說「足下避自己鑄詞之難，而趨借用陳言套語之易，故全段一無精彩。趨易避難，非不用氣力而何？」〔註14〕這是胡適第一次提及典故套語對於詩文的影響之弊端問題。而後，梅光迪也「打抱不平」加入了混戰，說文字是世界上最守舊的東西，想改革也需要經歷長期的鍛鍊，並稱胡的觀點是「以暴易暴」〔註15〕。接下來，雙方的言辭更加的激烈。胡適說梅光迪動了火氣，但估計他自己內心也十分不爽，他作了一千多字的打油詩來諷刺梅光迪，結果引來梅光迪的大罵（稱胡適文字爲「蓮花落」）。胡適當然「不服」，他強烈而清醒地意識到自己已經找到了那把夢寐以求的引發「新文學」革命的鑰匙，但任鴻雋和梅光迪也有他們的思路。所以看起來似乎雙方都有各自的道理，但都無法說服對方。結果就是如胡適自己說的「因爲梅、任諸君的批評竟逼得我不能不努力試做白話詩了」〔註16〕。這是他在《逼上梁山》給讀者解釋的「逼上梁山」的來由（在這裡，胡適也用了一次「典」，而且說的是他親身遇到的一件「本事」）。

　　這件事情的焦點問題，一開始只集中在「載笑載言」這類詩歌用詞的典故和套語的是否屬於「死」和「活」。胡、任辯論的就是這類凝聚古典意象的詞能否表達「今日之情景」，而胡適則堅決反對。胡適在 7 月 6 日《白話文言之優劣比較》的追記中比較了白話文和文言的異同，特別強調了白話文的「活的語言；不鄙俗；且優美適用；白話所長文言未必及之；白話乃文言之進化；白話可產生一流文學；白話文字既可以讀，又聽得懂」等九項優勢，已經形成自己的一套通過革新語言工具進而革新文學和思想的「白話」詩文改革思路，因此胡適說「梅、任諸君都贊成『文學革命』……但他們贊成的文學革命，只是一種空蕩蕩的目的，沒有具體的計劃，也沒有下手的途徑。等到我提出了一個具體的方案（用白話做一切文學的工具），他們又都不贊成了。」〔註17〕相比於梅光迪等日後被稱爲「學衡派」知識分子的「空蕩蕩的」理論化傾向，胡適的「不用典」及白話理論無疑更有針對性、行動性和可操作性。因此總結來說，我們可以看到偶然發生的「綺色佳翻船事件」及圍繞

〔註14〕胡適：《胡適留學日記·下》，安徽教育出版社，2006 年，第 261 頁。
〔註15〕姜義華主編：《胡適學術文集·新文學運動》，中華書局，1993 年，第 207 頁。
〔註16〕姜義華主編：《胡適學術文集·新文化運動》，前引書，第 209 頁。
〔註17〕胡適：《胡適留學日記·下》，安徽教育出版社，2006 年 12 月版，第 242～243 頁。

任鴻雋的五言詩引發的爭論，促使胡適意識到革新舊體詩特別是律詩中典故、套語的必要性。革新律詩，成了胡適形成「白話文學」即「活文學」的改革觀念以後的「第一仗」。

胡適雖然聲稱這些辯論都是「少年朋友的遊戲」，但他認識到「也許是我當時的少年意氣太盛，叫朋友難堪，反引起他們的反感來了」，因此，「我回想起來，若沒有那一班朋友和我討論，若沒有那一日一郵片，三日一長涵的朋友切磋的樂趣，我自己的文學主張決不會經過那幾層大變化，決不會漸漸結晶成一個有系統的方案，決不會慢慢尋出一條光明的大路來」〔註18〕。

在《談新詩》裏面也深情款款回憶說「至今回想當時和那班朋友，一日一郵片，三日一長函的樂趣，覺得那真是人生最不容易有的幸福。我對於文學革命的一切見解，所以能結晶成一種有系統的主張，全都是同這一班朋友切磋討論的結果。」〔註19〕回憶起來都是一派其樂融融的景象，但用「一切」和「全都是」這樣的絕對化辭藻，胡適在這裡明顯是誇大其詞了，當日論爭並非這樣溫情脈脈，胡適和梅光迪、胡先驌們也都是非常認真而執著地堅持各自論點的人，從日後「學衡派」的言論即可以看出他們仍在糾結與胡適的論戰。因此，胡適在《逼上梁山》的敘述中仍重申自己的觀點，堅持咬定「無論如何，死文字決不能產生活文學……有了新工具，我們方才談得到新思想和新精神等其他方面」〔註20〕的方案。胡適在這一段的文字雖然是在談文學革新，但飽含真情，感人肺腑，一方面倔強的一個人「孤立」堅守理念，另一面對自己的孤立無援又感到深深的」「寂寞和失望」。他說 8 月 4 號給任鴻雋的信是告別書，不再跟梅任諸君打筆墨官司而投身白話詩的試驗中。

正好在這個時期，胡適有個視線轉移，這個「轉移」讓他的「孤立寂寞」有了一個抒發的宣泄口。這個線索還是胡適本人在 1932 年《陳獨秀與文學革命》裏透露出來的信息，雖然這線索依然掩埋在一堆歷史材料裏面。不過，我們可以順著這個線索，正好可以梳理並抓出胡適寫《寄陳獨秀》這封信的動機。

胡適說大概在 1916 年 8 月份翻閱《青年雜誌》（實為第 1 卷第 6 號）的

〔註18〕 姜義華主編：《胡適學術文集‧新文化運動》，前引書，第 214 頁。
〔註19〕 參見姜義華主編：《胡適學術文集‧新文化運動》，中華書局，1993 年 9 月版，第 380 頁。
〔註20〕 姜義華主編：《胡適學術文集‧新文化運動》，中華書局，1993 年 9 月版，第 215 頁。

時候，看到上面有個叫張永言的，在讀者來信裏面跟陳獨秀請教理想主義和寫實主義及人口問題。陳獨秀回答的很漂亮：「歐文中古典主義，乃模擬古代文體，語必典雅，援引希臘、羅馬神話，以眩瞻富，堆砌成篇，了無真意。吾國之文，舉有此病，駢文尤爾。詩人擬古，畫家倣古，亦復如此。理想之義，視此較有活氣，不為古人所囿。然或懸擬人格，或描寫神聖，脫離現實，夢入想像之黃金世界，寫實主義自然主義乃與自然科學實證哲學同時進步。此乃人類思想由虛入實之一貫精神也。」〔註21〕胡適說張永言的信引起陳獨秀「文學的興味」，「引起我與陳先生通訊的興趣」〔註22〕，而這個興趣發生的觸媒，就是他看到登載在《青年雜誌》的謝无量長律《寄會稽山人八十四韻》。他指出任鴻雋用典套語的不足便引來大家的猛烈攻擊，而遠在國內的謝无量這樣一首典故套語遍地的長律竟然獲得隱然有國內文化領袖地位的陳獨秀無以復加的誇讚，這樣大的落差肯定刺激了胡適。胡適不能接受的是陳獨秀在謝无量律詩後面的跋語「文學者，國民最高精神之表現也，國民此種精神萎頓久矣，謝君此作，深文餘味，稀世之音也。」謝詩在胡適眼裏用典套語「不當」，「不下百餘事」，實為律詩「下駟」，這與陳獨秀的「謬贊」形成了極大的反差。

唐德剛在後來做《胡適口述自傳》的時候說胡適那一代的「留學生一旦出國，真是立地成佛」〔註23〕，有調侃之意，但對比同時期國內的知識分子，胡適等出國留學生們內心那種「天之驕子」的自我意識和外在形象，卻被唐德剛形象描繪出來。加之胡適自小有「神童之譽」，來美國留學也是眼界頗高，與任鴻雋等人以革新時代思想的「瑪志尼（Mazzini）」相互期許。因此，胡適內心對國內文人特別是傳統舊詩文作者的那種不敬就可以理解，年少得志且輕狂，在所難免。我們就看到1916年的8月19日胡適寫信給朱經農，第一次提到「八事」。而且再一次強調「適嘗謂凡人用典或用陳套語者，大抵皆因自己無才力，不能自鑄新辭，故用古典套語，轉一灣子，含糊過去，其避難趨易，最可鄙薄！」〔註24〕這句話，我們似曾相識，其實就是前所引述7

〔註21〕陳獨秀：《答張永言》，載《青年雜誌》第1卷第6號，1916年2月15日發行。
〔註22〕姜義華主編：《胡適學術文集‧新文化運動》，中華書局，1993年9月版，第191頁。
〔註23〕唐德剛譯注：《胡適口述自傳》，華東師大出版社，1993年版，第75頁。
〔註24〕姜義華主編：《胡適學術文集‧新文化運動》，中華書局，1993年9月版，第16頁。

月 16 日他對任鴻雋說過的意思，只是沒有這麼嚴厲（沒有「最可鄙薄」云云）。他說「嘗謂」，的確他是說過的，只是對象不同，時間地點不同罷了。他沒有對知己朋友任鴻雋說過的嚴詞在這裡噴泄而出。胡適在「八事Ⅰ」的第二個文本《文學革命八條件》挪用《給朱經農的信》，並在前後做了按語，他說「我主張用白話作詩，友朋中很多反對的。其實人各有志，不必強同。」又說「白話乃是我一人所要辦的實地實驗。倘有願從我的，無不歡迎，卻不必強拉人到我的實驗室中來，他人也不必定要搗毀我的實驗室。」在《寄陳獨秀》的前夕，胡適的這種「不平之氣」表露無遺。

　　梳理到此處，我們應該可以推斷說，胡適關於（一）不用典、（二）不用陳套語、（三）不講對仗三點的靈感首先來自於跟任鴻雋和梅光迪關於舊體詩歌用典及套語的辯論。他在發表「八事Ⅰ」《寄陳獨秀》的時候把「用典」與「今日文學之腐敗極矣」聯繫到一起，通過批評謝无量的「用典」進而把南社末流詩壇規摹古人的「文學贗鼎」的現實，這就是把詩歌用典問題的擴大化，把「用典」問題提升到了時代創新與歷史繼承的高度，顯示了胡適對當時國內文壇的整體眼光和準確把握。而且自鍾嶸以來「用典」和「不用典」是舊詩的一個大問題，從這個角度出發，胡適應該說是抓住了舊詩的一個致命傷。從本文所梳理的舊詩文「典化」傾向來看，胡適的「不用典」正是抓住了舊詩文的根本問題，即自漢唐以來詩文作者們原創力的逐漸下降，而只能依附在對古詩文典故的因襲崇古和亦步亦趨的使用上。這並非是說後世的文學家沒有創新，而恰恰是他們看到無法在詩歌領域有創新而轉換到詞曲以及小說等其他文體領域，這正是後世詩文作者自覺的轉換創新。胡適的「不用典」沒有轉換文體，而恰恰是迎難而上，著意從古文學堡壘最堅固也最保守的舊詩入手，試圖以更換語體以「白話」帶來新的生機。頗具諷刺意味的是胡適竟然用了《水滸》中「逼上梁山」的古詩文典故來說明「不用典故」的道理。而且他「逼上梁山」一詞稍顯誇張的地方，可能還在於他自稱被「逼上梁山」，但這一套由朋友激發他的關於新文學的觀念在在恰恰是他孜孜不倦、夢寐以求的收穫，朋友的辯論的確是他說的「一班朋友做了我多年的他山之錯」。他的確應該「感激」，不應有「絲毫的怨望」〔註25〕。

　　雖然胡適並未清醒意識到從文言到白話的語言轉型的重大意義，但胡適

〔註25〕姜義華主編：《胡適學術文集・新文化運動》，中華書局，1993 年 9 月版，第 214 頁。

的「不用典」等「八事」在實質上開啓了對舊詩文因襲「典化」傾向的現代反撥。「正是白話文運動導致了中國現代文學和文化運動的發生，正是白話文運動導致了漢語從古代漢語向現代漢語的變革，並從深層上構成了中國文化和社會現代轉型的基礎。」〔註26〕胡適以「不用典」起首的「八事 I」結構，就這樣形成了。從此，這個本來只是幾個留學生範圍的「文學革命」討論，便一下子脫穎而出跳入到全國文化人的視野中，一個風起雲湧、煥然一新的「現代」時代即將開始。

〔註26〕高玉：《現代漢語與中國現代文學》，中國社會科學出版社，2003 年，第 238 頁。